BOPビジネス 市場共創の戦略

Next Generation Business Strategies for the Base of the Pyramid:
New Approaches for Building Mutual Value

スチュアート・L・ハート
Stuart L. Hart
テッド・ロンドン
Ted London
清川幸美訳

英治出版

見事な女性である母、エリザベスへ
この本には、あなたが息づいている
そしていつも支え、励ましてくれる素晴らしい妻、ダニエルに感謝をこめて
——T・L

私にこの本を書く力を与え、励ましてくれた素晴らしい家族、
パトリシア、ジャレン、ジェーンに捧げる
——S・H

NEXT GENERATION BUSINESS STRATEGIES FOR THE BASE OF THE PYRAMID

New Approaches for Building Mutual Value

by

Ted London, Stuart L. Hart

Published by Pearson Education, Inc., publishing as FT Press,

Japanese language edition published by Eiji Press, Inc., copyright © 2011
Japanese translation rights arranged with Pearson Education, Inc., publishing as FT Press
through Japan Uni Agency, Inc., Tokyo Japan

ＢＯＰビジネス　市場共創の戦略　§　目次

故C・K・プラハラードへの献辞　9

大いなる展望――C・K・プラハラード　13

まえがき――Y・C・デヴェシュワル（ITCリミテッド会長）　23

序章　BOPと富を共創する　31

テッド・ロンドン Ted London／スチュアート・ハート Stuart Hart

なぜ、次世代のBOPビジネス戦略は「ピラミッドの底辺で富を探し出す」のではなく「ピラミッドの底辺と富を共創する」ことなのか。これまでのBOPビジネスをめぐる動向を踏まえ、本書執筆にいたる経緯を明らかにする。

第I部　成功へのロードマップ

第1章　より良い事業を構築する　53

テッド・ロンドン Ted London

BOPビジネスを成功させる可能性を最大化するにはどうすればよいか。事業の設計、パイロット試験、規模拡大の各段階で採るべきビジネス手法、そして絶対に避けるべきこととは。事業構築において重要な指針＝ロードマップを提示する。

第2章　4つのイノベーション
――ペイシェントキャピタル（忍耐強い資本）の視点　87
ロバート・ケネディ Robert Kennedy ／ジャクリーン・ノヴォグラッツ Jacqueline Novogratz
通常のベンチャーキャピタルより長い時間をかけて利益をあげることを想定した「ペイシェントキャピタル」。その経験を通してＢＯＰ市場での成功に重要な役割を果たすと判明した、四種類のイノベーションを事例とともに紹介する。

第Ⅱ部　戦略的ビジネスチャンス

第3章　緑の飛躍戦略　133
スチュアート・ハート Stuart Hart
今、次世代の起業家たちは、ＢＯＰの状況に適した小規模な分散型の「エコロジカルフットプリントの小さい」製品とサービスを開発しようとしている。それらは、ＴＯＰにとってもより良い道を示してくれる可能性を秘めている。

第4章　どこにでもあるニーズ、どこにもない市場　163
エリック・シマニス Erik Simanis
市場創出は市場参入とは根本的に異なる。ＢＯＰは「切実なニーズでいっぱいのバスケット」ではあるが、まだ伝統的な意味での「市場」にはなっていない。ケーススタディを通して、ＢＯＰとともに市場を築きながら事業を軌道に乗せる方法を解説する。

第III部　効果的なビジネス導入

ＢＯＰの人々の経済活動にはどのような特徴があるだろうか。具体的な事例を交えて現地の状況を解説し、製品やサービスをＢＯＰ市場に適合させるための指標と留意点を提示する。

本章では、アップルのｉＰｈｏｎｅとチョトクール冷蔵庫を対比させ、経済ピラミッドの頂点で成功した戦略的デザインの手法をピラミッドの底辺の市場に用いるのは有効か、という挑戦的な問題を探る。

社会的企業は有益な仕事をしている。だが、かなりの規模に拡大しなければ、何百万人ものＢＯＰ顧客にサービスを提供したり経済発展に貢献したりすることはできない。規模拡大を達成するための「ハイブリッド型」組織の構築に向けた戦略を提示する。

終　章

旅は続く　309

テッド・ロンドン Ted London／スチュアート・ハート Stuart Hart

ＢＯＰビジネスの未来と、現場をよりよく理解するために必要な研究という二つの観点から、「これからの旅」を考察する。まず、ＢＯＰの分野の柱である五つの重要な前提を示し、論じていく。それが最終的には、ＢＯＰビジネスの成功を助けるだろう。

謝　辞　330

原　注　347

故C・K・プラハラードへの献辞

執筆者一同

C・K・プラハラードは未来を見通す人であり、同僚であり、友人であった。長年にわたり、本書の執筆陣すべてにインスピレーションを与え、道を示してくれた。二〇一〇年四月、私たちは彼の訃報に接し、言葉を失い、悲しみにくれた。彼の不在が強く惜しまれる。同時に、将来私たちが受けたであろう彼の貢献を思うと残念でならない。

C・Kの存在なくして本書は成立し得なかった。テッドとスチューが本の共同執筆を最初に着想し、同僚たちに明かしたとき、真っ先に声をあげたのはC・Kだった。「素晴らしいアイデアだ。私も参加させてほしい。みなで創造的なことをやろうじゃないか」と。そして二〇〇九年五月に執筆陣がミシガン州アナーバーに集まったときには、きわめて重要な役割を果たした。彼が執筆する予定の章の素案を紹介するだけでなく、本全体について非常に説得力のあるビジョンを提示してくれた。**BOPビジネスについて考えている企業、非営利、開発セクター、すべてのマネジャーの本棚に置かれるような本**を構想しようと私たちを励ました。その構想を土台として生まれたのが本書である。

C・Kの体調は悪化し、結局、担当の章を完成することはかなわなかった。しかし私たちは本書に彼の声をぜひとも反映させたいと思った。そこで、C・Kの先駆的著作『ネクスト・マーケット』[1]（英治出版）に向けられたいくつかの厳しい批判に対する返答として、二〇〇六年に書かれた未刊行の覚書を収録することにした。C・Kがウェブ上で発表していたこの一編を私たちが選んだのは、これほどまで影響力を持つにいたった彼の、卓越した思想の神髄が余すところなく表れていると考えたからだ[2]。C・Kはかすかな信号をキャッチして増幅させる稀有な能力を持っていた。必ずしも科学的な厳密さを目標とはせず、「多次元性と方向性」を示すことによって影響を及ぼすことに力を注いでいた。

C・Kの創造性は比類のないものだった。彼の天賦の才の一つに、現状認識の枠組みを再構築するよう、人々、特に起業家やビジネスマンを導く能力がある。たとえば、「戦略的意図（strategic intent）」「未来に向けての競争（competing for the future）」といった概念に代表される画期的な戦略観は、ビジネスリーダーたちがこの領域に対する認識を根本から改めるのを促した。そこには、「BOP（Base of the Pyramid）ビジネス」という概念につながる重要な前提も提示されていた。彼は、物事を見るときにはできる限り「望遠鏡をひっくり返して反対側からのぞく」ということを教えてくれた。また、どんな行動からも生じ得る意図しない結果を「有毒な副作用」と呼び、つねにこれらに目を凝らすようにとも教えてくれた。

彼はまた、核心をつく質問を投げかけることにも優れていた。たとえば、貧困層にとってグローバリゼーションは善か悪かを論じるのではなく、より現実的な課題に目を向けた。「どうすれば貧困層がグローバリゼーションから恩恵を受けるようにすることができるか」と問うのだ。彼のユニークな視点と投げかけられた質問を組み立て直す能力に助けられ、研究者や実務家は新しい研究課題に取り組んだり積極的な行動を起こしたりすることができた。批判や対立する意見を尊重すること、そして解決できそうにない難問に対する創造的な解決策を探す方がはるかに大きな満足が得られる（そして

コインバトゥール・クリシュナラオ（C・K）・プラハラード
1941〜2010年
企業戦略論の第一人者。彼が提唱した「BOP市場」「BOPビジネス」という概念は、世界中の企業、政府、NGOなどの取り組みに大きな影響を与えつづけている。世界で最も影響力のあるビジネス思想家を選ぶ「Thinkers 50」において2007〜2009年まで第1位に選出された。2010年4月に逝去。著作に『コア・コンピタンス経営』（日本経済新聞社）、『ネクスト・マーケット』（英治出版）などがある。

意欲がかき立てられる）ことを教えてくれたのもC・Kだった。

次に収めた論考でC・Kはこうした資質をよく示している。ある争点や重要な前提に関して、自分と批判者が異なる見方をしているかもしれない部分を特定し、自分の考え方を示し、問うべきと考える問題について洞察を与えてくれる。C・Kの返答を掲載するにあたって、個人名が特定されないよう最小限の編集を加えている。引用や参考資料も更新した。本文の内容と、どちらかといえば穏やかな、くだけた文体には手をつけていない。読者は彼の部屋で語りながら考えるC・Kに耳を傾けるのだ。彼の卓越した才能と雅量がおのずと感じ取れることだろう。

C・Kは『ネクスト・マーケット』に対する次の三点の批判に対して答えている。

- 『ネクスト・マーケット』における貧困の定義は妥当か？
- 消費を促すことは貧困緩和に寄与するか？
- BOPには本当に市場機会があるのか？

これらの重要な問題についての彼の見解以上に本書の背景としてふさわしいものはないだろう。悲しいことであるが、私たちは心から本書を彼の思い出に捧げる。

大いなる展望

C・K・プラハラード

『ネクスト・マーケット』の主張

私の主張は単純明快だ。世界の総人口の八〇％以上は、組織化されたセクター（多国籍企業と国内大企業を含む）から市場とは見なされていない。かつても今も、「ほとんど、あるいはまったく相手にされていない市場」だ。この層は通常、世界の標準レベルの製品やサービスを入手する手段も、自分たちの労力や製品を地域や世界の市場に供給する手段も持たない。意識（Awareness）、アクセス（Access）、手ごろな価格（Affordability）、入手のしやすさ（Availability）が問題であることは変わらない。

そう、私は消費と生産の両方に目を向けている。ITCとEIDパリーのケースは生産に関するものだ。マイクロファイナンスの例もしかり。透明性の高い市場と市場ベースの経済エコシステムの創出も議論の重要な一部だ。**取引統治力**（Transaction Governance）、つまり市場の繁栄のために透明性の高い状況をつくり出すことについては、一章を充てている（『ネクスト・マーケット』第五章）。MNC（多国籍企業）だけでなくSME（中小企業）、個人起業家、NGO、協同組合なども含めた市場ベースの経済エコシステムについても一章を充てた（前掲書、第四章）。BOP市場向けにいかに収益性の高い製品やサービスをつくり出すかについても論じている（前掲書、第二章）。さらに、取りあげたケースのほとんどは個人や家族の生産性に関するものだ。ITC、EIDパリー、セメックスがそうであるし、健康関連のケース（アンナプルナ・ソルト、ヒンドゥスタン・リーバ〔現ヒンドゥスタン・ユニリーバ〕の石けん、ボクシーバ）もそうだ。**私はこれら全体を通して貧困緩和について議論しているのだ。消費という議論の一面にしか目を向けない人がいるのはなぜだろう。**生産と所得創出を他の選択肢として提案している人もいるが、これについても取り上げている。ＩＴＣがそのケースだ。透明性の高い市場を創出する必要性についても、新しいビジネスモデルと創造性の必要性についても触れている。

『ネクスト・マーケット』が焦点を当てたのは、ほとんど市場から相手にされていない五〇億人の人々だ。彼らは貧しくもある。しかし、五〇億人をひとかたまりの同じような人々（一つのセグメント）とみなすのは単純すぎる。紹介した実験的な試みすべてが、市場からほとんど無視されている五〇億人のすべてのセグメントを対象とする必要はない。どんなビジネスモデルでもそんなことは無理だ。私の狙いは、大きな可能性を秘めたかすかな信号や実験を増幅させて見せることにあった。アンナプルナ・ソルトとユニリーバの石けんの例では、貧困層に健康上の利益について教育することの難しさと、セクター間協力にともなう困難を浮き彫りにした。企業が実験で失敗することはあるのか。もちろん、ある。

貧困の定義は妥当か？

所得や支出を基準にした貧困の定義に問題があることは私も認識している。「市場からほとんど相手にされていない」状況の捉え方には大きな幅があるのだろうか。その通り。たとえば、「一人当たり年収二〇〇〇ドル」とか「一日二ドル」といった基準が議論では用いられる。実際には、貧困層はどれくらいいるのだろうか。私も他の人も、市場からほとんど相手にされていない貧困層の尺度の問題はよく理解している。世界資源研究所（WRI）は国際金融公社（IFC）と共同で大規模な研究を行い、さまざまな情報源からのデータを再評価し、国ごとのピラミッド構造を明らかにした。[3] 二〇〇六年に発表したこの家計調査のデータが、おそらく最も新しいデータだろう。ここでも別の見方が示されている。少し紹介しよう。[4]

- 一人当たり二万一七三〇ドル以上（購買力平価換算）　五億人
- 一人当たり三二六〇〜二万一七三〇ドル（購買力平価換算）　二〇億人
- 一人当たり三二六〇ドル未満（購買力平価換算）　四〇億人

WRIとIFCの研究は、一日二ドル以下で暮らす人々を四〇億人としている。これ以外に、地下経済と海外からの送金がある（昨年一年間にインドが受け取った海外からの送金は二一〇億ドル以上。メキシコは一八〇億ドル）。問題の複雑さが厳密な定義を難しくしている（私がこの「忘れられた人々」をクローズアップした結果、この層をもっとよく理解しようとする人が増えたことをうれしく思う）。この悩ましさから逃れる一つの方法は、所得状況の特徴を微に入り細にわたり研究するのではなく、むしろこの世界をつくりかえていくことだ。膨大な数の人々が市場の恩恵をほとんど受けていないことは分かっている。四〇億でも五〇億でもいい（この市場の規模は所得状況のみで決まるのではない。いかにして消費能力をつくり出すかにかかっている。これについては後述する）。**世界をつくりかえるには、ある見解と、**

それが可能であることを示す証拠が必要だ。『ネクスト・マーケット』は一つの見解を提示したものだ。執筆に際して判断基準にしたのは次の問いだけだ。「これは会話の方向を変えるだろうか」「機会を示しているだろうか」「何らかのアクションにつながるだろうか」

厳密さは大事だと思う。だが、貧困ラインを一・〇八ドルとするか一・四八ドルとするかなどというのは見せかけの厳密さだ。その所得層に該当する人口を正確に算定するにはどうすればよいかというのも同様だ。私が求めていたのは**次元性と方向性**である。私の目標は、決して貧困を測定することではなかった。まして厳密に測定することではない。そういうことならもっとうまくやれる人がいる。私の目標は、政府補助や公的な事業計画などの試され尽くしたやり方に代わる、状況改善の方法を探すことだ。

変化を起こすためにある問題や機会に向けられるまなざしは、市場の恩恵を受けず、大多数は組織化されたセクターのレーダーには捉えられていない四〇億から五〇億の人々の生活の質を向上させることに関するものである。三五億人だというのなら、それでいい。膨大な数であり、私たちが目を向ける価値があることに変わりはない。

消費を促すことは貧困緩和に寄与するか?

この罠〔消費の改善は所得向上ではないため、貧困解決に役立たないという考え方〕に陥る人がいるのは驚きだ。消費は所得を押し上げることができるし、現実にそうなっている。

カサス・バイア〔その他の同じような消費の例〕は貧困を緩和することができるのか。これはきわめて興味深い議論だと思う。四つの命題から始めてみよう。

a．貧困層は高コストのマイクロ経済システムの中で生活している（『DIAMONDハーバード・ビジネス・レビュー』二〇〇三年一月号「第三世界は知られざる巨大市場」プラハラード、ハモンド著を参照[5]）。

b．貧困層は質の良い製品やサービス（水、食料品、家具、信用取引など）を利用することができない。

c．貧困層は貸金業者など、その土地の独占業者の囚人のようになっている。

d．貧困層には法律情報も法的手段に訴える能力もない。地主は民衆に自分たちの意思を押しつけることができる。

収入が不安定なBOP層の人が信用販売を利用できるようになれば（年利三〇〇％ではなく二〇％で）、所得が向上するのではないだろうか。四人家族が小さな冷蔵庫を手に入れ、食生活が改善されれば、生活の質が上がるのではないだろうか。他人に頼らなくてもよくなればどうだろう（一人が視力を失えば、二人が収入を失う。誰かが世話をしなければならないからだ）。たとえ最低賃金であっても、少なくとも一人が働けるようになれば、世帯の所得能力は向上するのではないだろうか。貧しい人々の下痢を防ぐことは、無駄な医療費はもちろんのこと、無駄な死を防ぐことにならないだろうか。これも所得を増やしているのではないか。生活の質を改善しているのではないか。精神遅滞を防ぐことにコストをかければ、所得を増やすことにつながるのではないか。「貧困ペナルティ」という概念は現実のものだ。ブルッキングズ研究所の報告書を参照してほしい[6]。米国では貧困層の家庭は、あらゆるものに余分な支出を強いられている。食品にも自動車にも金融にも。貧困ペナルティを緩和することは実質所得の増加に貢献する。

貧困緩和とは、要するに、サービスのコストを下げ、その質を高め、生産的な仕事に向ける時間をつくり出すことによって、世帯の可処分所得を増やすことだ。

また、携帯電話革命をあまり真剣に受けとめない人もいるようだ。信じられるだろうか。二〇〇九年には携帯電話の購入者の半数以上を、サハラ以南のアフリカ（セルテル）や南アフリカ（MTN、ボーダコム）といった極貧地域を含む新興市場の貧困層が占めるようになると予想されているのだ。インドと中国については言うまでもない（携帯電話メーカーはすべてMNCだ。中国の新規参入メーカーも多国籍化しつつある）。もちろんこうした企業は、グラミンフォンから「プリペイドカード」まで、新しいビジネスモデルを考案しなければならなかった。貧困層の役に立ちたいと願う人々の創意工夫には、いつも頭が下がる。

教訓——消費能力を創出することは、既存の市場に奉仕することとは異なる。消費能力を創出することによって可処分所得を増やすことができる（所得創出となんら変わらない）。**消費能力を創出すればBOPに新しく収益性のある市場を築くことができる。**

その方法はいくつもある。

a．小分け包装（シャンプーが良くないというが、アスピリンなら良いのか）

b．月払い（テレビは良くないというが、キッチンの棚なら良いのか）

c．従量課金制（ビデオゲームは良くないというが、携帯電話なら良いのか）
d．新しい販売モデル（シャクティ・アマが良くないというが、ＩＴＣのｅサガールは良いのか）
e．低価格（ヨード添加塩が良くないというが、浄水フィルターは良いのか）

消費を所得創出につなげる方法がもう一つある。たとえば、グラミンフォンには、フォンレディと呼ばれる女性が二五万人いる。すべて起業家だ。アフリカには一〇万人以上の電話ブース運営業者がいて、まだまだ増えている。通信会社のバルティ・エアテルは、インドだけでも携帯電話利用者向けに「プリペイドカードの販売と携帯電話の充電」を行う個人起業家が五〇万人必要になると見積もっている。

ユニリーバが開発した、肌を白くする「フェア・アンド・ラブリー」は良くないと考える人がいることは承知している。[7]これはイデオロギーに彩られた意見だ。**私は選択を支持する。貧しい人々にも選択肢があってしかるべきだと思う。**「金持ちとエリートが貧困層にとって何が良いのかを決めればよい。貧困層は自分で決められないのだから」と思っている人がいるかもしれない（フェア・アンド・ラブリーにはたしかに保湿剤と日焼け止めが入っている）。紙巻きたばこのばら売りに反対する人がいることは知っている。では、もっと安く健康に悪いビーディはどうなのか。[8]消費者はビーディか紙巻きたばこを自分で選べるべきではないだろうか。

貧困層にはパソコンは必要ないと主張することも可能だ。ＡＭＤもニコラス・ネグロポンテもインテルも、手ごろな値段のパソコンをつくる努力をやめるべきだろうか。[9]まずダラヴィ（ムンバイのアジア最大のスラム街）の下水溝を補修してから、彼らに世界とつながる手段を与えるべきなのだろうか。私はわれわれのアプローチがいかにイデオロギーと絡み合っているかを示したいだけなのだ。私は自分が何を優先したいかをはっきりと言う。他の人もそうすべきだ。「誰が貧困層に関することを決定するのか」についての自分の意見を述べてほしい。私は消費者の立場を強調した。本でも次のように明確に述べている。「十分なサービスを受けていない消費者と市場について議論を始めるべきだ。**このプロセスはピラミッドの底辺にいる消費者を個人として尊重することから始めなければならない。**……消費者とその社会は選択を要求し、それを手に入れるだろう。……BOPを市場に変えるということは、基本的には開発的活動であるという認識を持たなければならない。……**貧困を関係者すべてにとってのチャンスに変えるには、新しく創造的なアプローチが必要である。それこそがチャレンジなのだ**[10]」

BOPには本当に市場機会が存在するのか？

BOPが市場であるか、そうでないかは時間が教えてくれるだろう。私はそうだと考えている。同じように考えている人は他にも大勢いる（「愚かにも」かもしれないが）。ICICIは農村部でのマーケティングの役割を強化したばかりだ。彼らはインドの農村部のクレジット市場は総額一五兆ルピー〔約三四〇〇億ドル〕に達すると考えている（現在は貸金業者がほとんどを扱っている。おそらく年利一〇〇％で）。銀行はそのうちの四〇〇億ルピー〔約九億ドル〕に手をつけたにすぎない。表面をかすった程度だ。組織化されたセクターが一〇兆ルピー〔約二三〇〇億ドル〕までしか獲得できないとしても、利率を一〇〇％

から二〇％に下げれば、貧困層にどれくらいの所得がもたらされるかは計算できるだろう。クレジットの消費は、たとえそれがテレビを買うためであっても、所得を創出することができるのだ。ＩＣＩＣＩは当然、収益を期待している。これはＩＣＩＣＩの二つのイニシアチブの一つだ。一つはグローバル、もう一つは地方の農村部だ！　ＩＴＣは収益をあげられると思っている。Ｐ＆Ｇもヒンドゥスタン・リーバもネスレも、みなそう考えている。

世界は前進している

私は、世界は動きはじめたと信じる。米州開発銀行（対象はラテンアメリカ）は最近、ＢＯＰを重点課題として取り組むことを決定した。彼らは「マジョリティのための機会」と呼んでいる。[11] 米国経営学会は「すべての人に恩恵をもたらすビジネス」と呼んでいる。[12] この一年間、私は**「商取引の民主化」**を訴えてきた。もはや貧困層の人口が本当はどれくらいかという議論は過去のものとなった。いかにして世界標準の製品やサービスの恩恵を手ごろな価格で提供し、アクセスを増やすかに議論は移っている。

本稿がその一助になれば幸いだ。

まえがき

ＩＴＣリミテッド会長
Ｙ・Ｃ・デヴェシュワル

数週間前にスチュアート・ハートとテッド・ロンドンから本書のまえがきの執筆を依頼されたとき、正直に言うと私は引き受けるかどうか迷った。彼らの業績はよく知っており、その才能と志には敬服している。しかし、『ネクスト・マーケット』の出版以来、ピラミッドの底辺（ＢＯＰ）に関する会議や討論、ディスカッションペーパーが氾濫している。この主題の理論的基盤についても、このアプローチを特徴づけるいくつかの企業の例についても、およそ考えられる議論はすでに出尽くしていると思われた。そこにさらに何ページかの論考を付け加えることにためらいを覚えたのだ。

本書の草稿を読み進めるうちに、私はそのアプローチに歓迎すべき変化を感じ取った。単にピラミッドの底辺「において」富を得る機会を探るのとはまったく異なっていた。ハートとロンドンと共著者たちはピラミッドの底辺の人々の「ために」、彼らと「ともに」富を築くことの必要性を強調していた。彼らのこの斬新なアプローチは、ＩＴＣが一五年以上前から取り組んできた方向性――革新的なビジネスモデルを通してすべての人のために持続可能な社会をともに創造すること――とほぼ重なっていた。ＩＴＣは「トリプルボトムライン」アプローチによって、五〇〇万人以上の人々に持続的な生計の手段を生み、二酸化炭素・水・廃棄物リサイクルに積極的に取り組み、インド経済でもトップクラスの経済価値を生み出す企業となることができた。ＩＴＣの姿勢と本書で提示された幅広いアイデアに相通じるものがあるからこそ、私はこうして喜んでこの前書きで私見を述べ、世界にきわめて重要なこの分野を牽引しようとしているハートとロンドン、共著者たちを後押しするのだ。

物質的な富の創造にまい進してきた世界は、百年以上かかってようやく、これほどの長い年月にわたって追求してきた経済モデルが、あらゆる人が参加する公平な社会をつくるには恐ろしく不適切であると気づいた。過去五〇年間だけで世界のＧＤＰは六〇倍に増大した。しかし、世界人口の三分の二は貧困に苦しんでおり、一〇億人以上が極度の窮乏と飢餓にあえいでいる。国連開発計画（ＵＮＤＰ）の報告書は、所得上位一〇％が家計資産の八五％を所有する一方、下位五〇％が所有する資産はわずか一％と推定している。世界の消費の六五％は上位一〇％によるもので、下位五〇％の消費は全体の二・五％という推定もある。この不均衡はまさに人類の進歩に対する深刻な脅威である。また、世界中で社会不安の要因となり、不安定極まりない状況をつくり出している。不安定な社会では経済発展は持続できない。この基本的な経済の現実を無視すれば、大きな危険を冒すことになる。

また、経済発展の一世紀は、地球の貴重な天然資源と生態系の保全の必要性にほとんど関心を払ってこなかった。過去五〇年だけでも、世界は表土の四分の一、森林資源の三分の一、生物多様性の三分の一以上を失い、多くの種の絶滅を見た。とどまるところを知らない土地、森林、水資源の劣化は貴重な生命維持システムを次第に蝕み、今日私たちが直面している地球温暖化やそれにともなう干ばつや洪水といった現象を引き起こしている。この惑星の現在の住人は、四〇億年分の自然資本を継承した。しかしそれは一世紀もたたないうちに、物質的な進歩という名の下に食い荒らされた。その結果私たちは、二〇三〇年代半ばには九〇億に達すると見込まれる世界の人口を維持するには、「地球二つ分」に相当する資源を必要とするほどのエコロジカル・フットプリント〔人間活動が環境に与える負荷を、資源の再生産および廃棄物の浄化に必要な面積として示した数値〕を持つにいたった。地球は一つしかないのだから、このようなぜいたくを続けるわけにはいかない。ともに生きるか、ともに滅びるか、なのだ。

こうした脅威は、「経済開発」と「持続可能な開発」は必ずしも同じものではないというまぎれもない事実を裏打ちしている。また、持続可能な開発とは環境に配慮した経済を創出することだけを意味しない。進歩と開発とは、持続可能であると「同時に」あらゆる人が参加できる社会をつくり出すことでもある。したがって経済成長モデルは、物質的な富だけでなく、より大きな社会的価値を生み出すというもっと大きな必要性に応えるものでなければならない。そのためには、持続的な生計手段の創出を格段に重視する必要がある。この地球全体における課題の大きさを考えると、今日の世界中の経済圏にとって実に困難なチャレンジである。

ピラミッドの底辺を構成する四〇億の人々は、文字通り世界の最も貧しい人々である。この層の圧倒的多数は、開発途上国あるいは低所得国に住んでいる。大多数は土地から糧を得ているため、気候変動などの環境の劣化に起因する問題に最も打撃を受けるのも彼らだ。市場システムに参加していても、良くても市場は非効率的で脆弱、最悪の場合、市場の中間業者に搾取されるがままになっている。いずれにしても、貧困の悪循環にがんじがらめになっている。不利な立場に追いやられたこの層を、「安かろう悪かろう」の商品やサービスの市場としか見ないアプローチは、彼らの生活や将来の改善にほとんど役立たない。悲惨なほど小さな財布からわずかな額を獲得するための「底辺への競争」になるだけだ。もっと永続的で有意義なアプローチは、貧困層が力をつけもっと実りのある生計を立てる能力を身につけられる新しい経済機会を彼らとともに創出することにある。要するに、彼らの財布を大きくし、彼らを経済の主流に組み入れることだ。ピラミッドの底辺と「ともに」、そして彼らの「ために」富を築くことが、地球に安定した持続可能な未来を保証する。

問題は「ビジネスは持続可能な包括的開発のプロセスを促す触媒として、意味ある役割を果たすことができるか」だ。私はできると確信している。民間企業はその事業を通して、市民社会との多数の接点を持っている。事業の対象地域に物理的に存在していることは、持続性のある生計手段を創出する相乗的なビジネス活動にただちに取り組み、自然資本の保全に貢献するチャンスがあるということだ。

さらに今後、市民社会の意識が高まり規制も強化されれば、企業はビジネスの持続性を担保するためには、ユニークな顧客価値提案《バリュープロポジション》を実現するだけでなく、環境負荷の削減と持続的な生計手段の創出という二つの影響を考慮せざるを得なくなるだろう。将来の企業の競争力と収益性はどちらも、そうした持続可能なビジネス手法を取り入れる能力にますます左右されるようになると私は確信している。将来の企業は、トリプルボトムラインのいずれにおいても高いレベルのパフォーマンスを実現できるよう、戦略を革新しなければならないだろう。その能力があれば、明日の持続可能な企業の姿が明確になるだけでなく、未来の世代のためにより安心な社会の礎を築くことができるだろう。

ＩＴＣのこれまでの経験は、あらゆる人のための持続可能な未来をつくるためにビジネスに革新を起こせば、より大きな社会的価値を生み出せる、ということを教えてくれる。ＩＴＣの革新的な戦略は、長期的な株主価値の成長と社会的資本の増強の相乗効果をあげる、ユニークなビジネスモデルを構築することを主眼としていた。こうしたビジネスモデルを、インド農村部の人々の生活の質を改善する地域社会でのＣＳＲ（企業の社会的責任）プロジェクトが補っている。

大きな称賛を得ているのが、本書でも説明されているＩＴＣのｅチョーパルだ。インターネットとデジタル技術の力を活かしたＩＴＣのｅチョーパルは、今日では農村変革のモデルとして国際的に知られ、四〇〇〇万人以上の農民の生活改善に役立っている。農民に豊富な種類の農業関連サービスを提供して、インフラや通信接続、価格情報、市場アクセスなどの主要なニーズに対応するだけでなく、持続可能な農業のベストプラクティスの個別アドバイスを通して農業生産性を大きく向上させている。所得を増やし、市場を共創することによって、村を活発な経済共同体に変えるのに貢献しているのだ。また、安く手に入る輸入品ではなく、再生可能なプランテーションの木材から生産されたパルプを使用する戦略は、何千人もの貧しい部族民や零細農民が生計を立てる機会を創出した。さらに、ＩＴＣの強力な研究開発プログラムは、収穫量が多く病気に強いクローン苗木を開発した。今日農夫が育てているこの苗木は荒れ地でも育ち、一一万ヘクタール近くの森林をつくり出し広大な土地が緑化された。その過程では延べ労働日数四八〇〇万日の雇用を生み出している。こうした革新的なビジネスモデルは企業の競争力を強化するだけでなく、同時に農村地域のコミュニティにも膨大な価値を生み出している。

ＩＴＣはｅチョーパルによって農村部の地域社会と深くかかわっているおかげで、地域社会の資産形成を通した持続可能な生計手段の創出に貢献することができた。ＩＴＣの総合流域開発イニシアチブは、水の確保が困難な地域の五万四〇〇〇ヘクタール以上をカバーする淡水資源を開発した。また、総合畜産業サービスは四〇万頭以上の搾乳動物に対象を広げ、耕作以外の生計手段を創出した。インド農村部の二〇万人以上の子どもに補助的教育機会を提供し、およそ一〇〇〇の自助グループの結成を通して二万人以上の女性起業家を誕生させた。さらに、いくつかの州政府と提携し、強力な産官民（Public-Private-People）パートナーシップを通じて社会的価値の高いプロジェクトを実施している。

私は、企業戦略を革新し、広く社会的な目的への貢献を目指す確固たるビジョンを持つことで、未来を大きく変え、先に述べた持続可能性への脅威の多くを大幅に軽減することができると固く信じている。新しく起業する人にも進歩的な企業にも、安定した持続可能な未来を築くことに意味のある貢献をする大きなチャンスが開かれている。これまでのところ、オープンイノベーションモデルは、企業内部の資源とサプライチェーン参加者、そして顧客まで巻き込んで相乗効果をあげ、新しい商品やサービスを共創している。今必要だと思うのは、企業が地域社会とともに持続可能な生計の手段だけでなく自然資本を強化する機会を創出できるような企業戦略とビジネスモデルの革新を促すことだ。同時に、顧客、投資家、メディアを含めた社会には、責任ある企業を選ぶことを奨励することによって、大きな変化をもたらす力を持っているという認識を深めさせなければならない。市民社会が十分な情報を得たうえで選択できるよう、信頼性のある情報を提供できる格付けシステムの開発に革新が必要だろう。それによって責任ある持続可能なビジネス手法の市場の形成に弾みがつくだろう。また企業は価値提案の一つとして、持続可能性を社会貢献に組み込むようになるだろう。それは将来の世代のために、持続可能な経済と、数十億の住人を育みつづける安全な地球をつくり出すのに大いに貢献するだろう。私はこれからのイノベーションがそのような明るい未来を世界にもたらすことを心から望んでいる。

ピラミッドの底辺に暮らす多くの人々に新しい希望を与えることができる興味深い解決策を求めて協力した本書の優れた執筆陣に改めて賛辞を送りたい。また彼らとともに、この旅の始まりを助けた故C・K・プラハラードに哀悼の意を表したい。本書の試みの成功を祈って。

二〇一〇年九月

序章

BOPと富を共創する

Creating a Fortune with the Base of the Pyramid

テッド・ロンドン Ted London
スチュアート・ハート Stuart Hart

次世代のBOPビジネス戦略は「ピラミッドの底辺で富を探し出す」のではなく「ピラミッドの底辺と富を共創する」ことだ。「富の発見」から「富の創出」への転換は、BOPビジネスの組み立て方や、戦略の発想法や実施方法に影響を与える。本章では、本書の中核をなす3つのセクション、「成功へのロードマップ」「戦略的ビジネスチャンス」「効果的なビジネス導入」を紹介し、組織のリーダーがBOP市場の課題とチャンスに立ち向かうとき、どのように役立てることができるかを説明する。

目の前にある機会と課題を**どういう枠組みで捉えるか（フレーミング）**はきわめて重要だ。むしろ、最も重要な選択の一つかもしれない。既存のフレーミングに頼っていると、たいていの場合、アイデアは直線的、漸進的、そして予想がつくような形でしか発展しない。しかし、古い問題を新しいレンズを通して見直せば、創造性が再び働きはじめ、大きく飛躍することができる。

少し言い方を変えてみよう。当たり前だと思いこんでいることが多い基本的前提を「再検討」すると、新しいアイデアやアプローチの着想を促すことができる。これは人間の試みの多くについていえることであり、ピラミッドの底辺（BOP＝base または bottom of the pyramid）の領域も例外ではない。BOPの領域には、民間セクターによって、あるいは民間セクターとの提携によって開発され、消費者、生産者、起業家としての社会の最貧層をターゲットとして特に設計された幅広いビジネスモデルが含まれる。

しかしこの領域での現在の考え方と現場での行動の多くは、すでに過去のものになっているかもしれない一連の前提にとらわれているように思われる。多くの人は「BOPで富を発見する」というコンセプトに縛られたままだ。

こういう考え方はたしかに初期段階で流れに弾みをつけるのには役立ったが、いつまでもこの見方に頼っていたために、全体的な創造性と効果にかげりが出てきた。幸いこの数年の間に、新しい視点のさまざまな側面が現れてきた。それらは総体としてBOPにおけるビジネスチャンスの空間を変容させる可能性を秘めている。われわれはこれらの新しいアイデアを一つにまとめる時期が来たと考える。こうして生まれたのが本書である。狙いは、BOPに貢献する新規事業に関心のある企業、NPO、社会起業家、開発機関などに、従来とは根本的に異なる出発点を提供することだ。

われわれの主張をひとことで言えば、**成功するBOPビジネスを開発するには、「BOPと富を共創する」というフレーミングへの転換が必要**ということだ。

次世代のBOP戦略

一〇年以上前に初めてBOPの領域に「ピラミッドの底辺に潜む富」という表現が与えられて以来、市場セグメントやビジネス戦略、貧困緩和の手段としてのBOPへの関心が大いに高まった。[1] その間、新しいBOPビジネスやプロジェクトに乗り出す企業や開発機関が増えてきた。特に世界金融危機の後、先進国は当分の間、低成長に苦しみつづけるという予測を受けて、ますます多くの企業や開発機関がBOP市場を対象とする自立可能な（規模拡大が可能なら、なお良い）ビジネスモデルを模索している。[2]

しかし、BOPビジネスの活動とそれにともなう知的エネルギーのほとんどは、巨大なように見える、これまで無視されほとんど相手にされてこなかった市場に商品が売れるかどうか、の一点に注がれたままだ。[3] 実践と研究の重点は、低所得市場にアクセスするための新しい販売チャネルの開拓と、満たされていないニーズに対応するための新しい技術的ソリューションの開発に、企業や非営利組織が果たす役割に置かれている。こうした第一世代の「富の発見」アプローチは「四〇億人に対するビジネス」と表現することができるだろう。

これらの第一世代のBOPビジネスの多くは、いくつかの注目すべき例外を除き、十分な規模を達成していない。失敗に終わったケースは多く、基本的にローカルまたは地域レベルにとどまっているものもある。経済的利益が見込めないため慈善事業に転換したケースも見られる[4]。BOPにサービスを届けるには、これまで手つかずだった市場——目端が利く起業家やビジネスリーダーに発見されるのをおとなしく待っている市場——に単に低コスト製品を提供し、販路を拡大するだけでは十分でないことが明らかになったのだ。

ここ数年、これとは明らかに異なる志向と価値提案を持つ第二世代のアプローチが現れはじめた。正確には「四〇億人とともに行うビジネス」とも言えるこの「富の創造」という視点は、BOPとともに新しいビジネスモデルや技術的解決策、価値提案を創造することに重点を置いている。BOPビジネス戦略を従来とは異なる角度から捉えるこの見方は、市場開発、イノベーション、能力要件、セクター間提携などについてのわれわれの思考を拡大し深めてくれる。最近では、BOPビジネスをともに創造する取り組みが、貧困緩和と環境技術の課題への重要な経路となり得ることが示されている[5]。だが、まだ古い見方にとらわれている営利、非営利、開発コミュニティの多くのBOPリーダーは、この第二世代のBOPビジネス戦略を見出していない。

従来の「富の発見」という観点に立ったBOPへのまなざしを、「富の創造」という視点からのものに変えるのを促すために、われわれは一連の論考を集めて本書を編纂した[6]。目標は、新たに生まれつつあるBOPの分野に対するこの視点に基づく最新の思考を共有することだ。BOPと「ともに」富を創造するという考え方に基づき、より良いBOPビジネスの開発に熱意を抱く人々はもとより、こうした事業がもたらし得る社会的価値に関心を抱く開発関係者や政策立案者の役に立てる材料を提供するためにわれわれは最善を尽くした。

今までとは異なる旅――協働して本をつくる

ＢＯＰビジネスの出現にともなって、ビジネスチャンスや貧困緩和効果、そうした活動に起因する環境への影響が活発に議論されてきた。たとえば、ＢＯＰビジネスは「貧困層に売り込む」ことにすぎない、言い換えれば企業帝国主義の最新の形なのではないかという懸念が高まっている。ＢＯＰビジネスが貧困層を大量消費に駆りたて、その結果、環境破壊に拍車がかかることを恐れる人もいる。ＢＯＰビジネスが経済的利益を動機とすることと持続可能な開発との両立さえ疑問視する人がいる。ＢＯＰビジネスが経済的な見返りと社会・環境問題の解決とのシナジー関係に根ざしたビジネス・開発戦略の実現という壮大な約束を果たそうとするなら、これらの問題に真摯に取り組まなければならない。

したがって本書は、ＢＯＰの分野が重大な岐路に立っているというわれわれの見解を反映するものになっている。今はまさに、これまでに学んだことを批判的に評価し、新しい思考を取り入れる機会を探り、今後の行動を導くロードマップを描く時期だ。これらの目標を念頭に、さまざまな視点を持つ思考と実践のリーダーであるＢＯＰビジネスの「パイオニア」たちを集め、現場の状況をじっくりと見極め、この領域を前進させるチャンスとチャレンジを創意をもって検討することにした。アル・ハモンド、ロバート・ケネディ、ジャクリーン・ノヴォグラッツ、エリック・シマニス、マドゥ・ヴイシュワナータン、パトリック・ホイットニーが参加し、各章の執筆に同意してくれたことは大きな喜びである[7]。C・K・プラハラードもこの試みへの参加を二つ返事で引き受けてくれた。健康の悪化のために、章を執筆することはできなかったが、本書の実現にかけがえのない貢献をしてくれた[8]。

われわれは本書を、執筆者たちの思考を結びつけ、触媒作用を及ぼしあう機会と捉えた。目標は、協働して本をつくり上げること、そしてBOPビジネスの最新の考え方を満載することだった。複数が執筆する場合、それぞれの担当部分は興味深くても相互の関連が乏しい寄せ集めになりがちだが、そうなることも避けたかった。単にさまざまな専門家に特定の章の執筆を個別に依頼するのではなく、**執筆者同士やそれ以外の思考リーダーとの対話を奨励したことが、現場での活動へのアドバイスに深みを加え、この分野での知的発展に寄与できる本を生み出すうえで最善の方法だった**と思っている。

このビジョンをどう実現したか。二〇〇九年五月、共同編著者と執筆陣がミシシッピー州アナーバーに集まり、二日間の合宿を催した。リラックスした環境で、各執筆者が素案を発表し、その後批評と議論を行った。徐々に本の輪郭が浮かび上がり、それぞれの担当部分がうまくつながり合って、全体がまとまってきた。具体的な成果として、本のビジョンが全員に共有され、各執筆者の方向が合意された。その後、各執筆者は担当する章の草稿に取りかかった。

次に、二〇〇九年一〇月、ミシガン大学のウィリアム・デビッドソン研究所とコーネル大学の持続的なグローバル事業センターが会議を共催し、執筆陣が構想を発表した。出席者を一〇〇名の招待者に限定したこの会議の狙いは、対話を促し、率直な会話と腹蔵のないフィードバックの場を提供することだった。会議出席者には大いに感謝している。彼らはわれわれ執筆者のアイデアの精緻化と強化、さらには問題の捉え直しについてまで、きわめて貴重な洞察を提供してくれた。また、本書の価値提案と、ＢＯＰと「ともに」富を創造する方向へ議論を組み立て直すというコンセプトを強力に支持し、執筆陣の知的活力を十分によみがえらせてくれた。これに後押しされてわれわれはゴールにたどり着くことができた。それが、今読者が手にしている本書という最終生産物である。

議論と問うべき質問をリフレームする

本書を著す目的の一つは、ＢＯＰの分野での関心の範囲を狭め、創造的に考える機会を抑圧している、古い、率直に言って非生産的な論争から脱却することだった。こうした論争はえてして「富を発見する」という観点に立ち、「ＢＯＰ市場の規模は正確にはどれくらいなのか」「ＢＯＰビジネスは貧困層にとって良いのか、悪いのか」というような、重要そうに聞こえるが主として学術的な関心に基づく問題ばかりに目を向けている。当然ながら、どちらの問いにも「ケース・バイ・ケースだ」と答えることができるし、前提によって解釈は変わってくる。こういう問いに対しては、いつまでたっても明確な答えを出すことは困難であり、個々の状況に依存するところが大きいだろう。少なくとも本書の執筆陣は、こうした方向を追求してもＢＯＰの分野に重要な貢献をしたり、その影響を強化したりする機会はあまり得られないと感じている。

したがって、われわれは、「富の創造」という観点から浮かびあがる重要な問題に注目すべきだと確信している。たとえば「どうすればＢＯＰとともに市場を創造できるか」「どうすればＢＯＰビジネスを貧困層にとってより良いものにできるか」といった問題である。すでに多くのＢＯＰビジネスに取り組む企業が存在し、その数は今後増えるばかりであることを考えれば、こうした質問の方が有意義であり、生産的であることは間違いない。

ＢＯＰビジネスは良いにせよ悪いにせよ、もう始まっているのだ。どうすればより良いものにできるかに集中しよう（そして「より良い」の意味をよく考えよう）。だが次章からいきなりこれらの問題に取り組む前に、まず何をもってＢＯＰやＢＯＰビジネスと呼ぶかという、いくつかの条件を見極めよう。

ピラミッドの底辺を定義する

ＢＯＰに関する初期の論文は、世界の人口を三層の社会経済的セグメントからなるピラミッドに分け、いちばん下のセグメントを「ピラミッドの底辺（ＢＯＰ）」と呼んだ。この区分は購買力平価（ＰＰＰ）換算の一人当たり所得に基づいていた。ＰＰＰとは、異なる国で同じように取引されているいくつかの財やサービスの価格を同じと見なす尺度であり、これを用いて実質価格を比較する。世界の人口をさまざまな所得水準で分類する基準としては、大ざっぱではあるが役に立つ。

その後、さまざまな文献の著者が異なるＰＰＰラインを用いてきたため、多少の混乱が起きた。その値は、年間所得では一五〇〇ドルから三〇〇〇ドルまで、一人当たり一日なら一ドルから四ドルまで開きがあり、このこと自体が社会経済的セグメントとしてのＢＯＰ内部の多様性を示すとともに、一貫性の欠如という厄介な問題を引き起こしている。今のところ最も詳細なものは、世界資源研究所（ＷＲＩ）と国際金融公社（ＩＦＣ）がＢＯＰの人口規模をより深く理解し、購買力の総計を算出するために行った綿密な調査である。[9] この調査の執筆者は、ＢＯＰを定義するのに一人当たり年間所得三〇〇〇ドル（二〇〇二年の米ドル換算ＰＰＰ。二〇〇五年の米ドルでは三二六〇ドル）を境目としている。[10] ＷＲＩとＩＦＣはアジア、アフリカ、東欧、ラテンアメリカ、カリブ海諸国の家計消費データを用いて、ＢＯＰの人口を四〇億人、年間所得の合計をＰＰＰベースで五兆ドル（米ドル換算一兆三〇〇〇億ドル）と見積もっている。

ＰＰＰベースの境界線を用いた結果、最初期のＢＯＰ関係の文献で主張されていた市場機会の規模が見直されることが増えた。[11] ＢＯＰは最初ビジネスチャンスと捉えられていたことを考えれば（たとえば『ネクスト・マーケット』）、もっと詳しく定義しようと試みられたことは驚くにあたらない。残念ながら、前述したようにこの線を推し進めれば、議論の行きつく先は個々が得るリターンの縮小である。したがって、ＢＯＰを区別するＰＰＰの境界線は、厳密な定義というより実証や説明の便宜上用いられるものと見るべきだろう。

個人の年間所得が二九九九ドルから三〇〇一ドルに上がったからといって、その人の貧困状態が実質的に影響を受けると考えたり、ＢＯＰという社会経済層に分類されなくなるのではないかと議論したりすることに賛成する人はほとんどいないだろう。また、所得がある一定の貧困ラインを超えたら、その人とのビジネスをやめなければならないと考える人もほとんどいないだろう。このように、特定の市場の規模を計算しようとすることは、擁護しがたい思い込みと見せかけの厳密さを求める疑問の多い試みをはらんでいる。実際のところ、最も効果的なＢＯＰビジネスの戦略は、単に貧困層の消費支出を増加させるという形で富を引き出すだけではなく、彼らの能力を高め所得を向上させることができるのだ。また、各章で論じるように、**ＢＯＰ市場は発見するというより、むしろ創造する必要があるかもしれない**。このことは、潜在的な市場規模の見定めに深く影響する。

　またＢＯＰは、均質な「大量市場」ではない。ＷＲＩとＩＦＣの報告書では、所得が五〇〇ドル増えるごとにＢＯＰをセグメント化している。その構造は、地域や国、産業分野によって著しく異なる特徴を示している。このことだけでも、ＢＯＰセグメントを一定の所得水準だけに照らして厳密に特定することにはあまり意味がないことを裏づけている（同時に、後の章で触れるように、規模拡大を達成することの困難さも浮き彫りにしている）ように思われる。繰り返すが、貧困ラインについての議論同様、所得はより複雑な現象を象徴する不完全な指標でしかない。[12] 貧困緩和の分野では、所得は便宜的な指標、それも不完全なものと広く認識されている。特定のＰＰＰレベルを貧困の基準とするのは、経験的な指標としては役に立つ可能性はあるが、ピラミッドの底辺の定義としては明らかに限界がある。

　では、ＢＯＰをほかにどう定義すればよいのだろうか。ＢＯＰ関係の文献には、ある特徴による定義が決まって登場する。「世界の人口のうち、現在のグローバル資本主義のシステムからおおむね排除されている人々」というものだ。[13] ＩＦＣとアジア開発銀行は、ＢＯＰに恩恵をもたらす新規事業を開発する試みを「包括的《インクルーシブ》ビジネス」と呼んでいる。他にも多くの機関が包括的ビジネスまたはそれに類した用語を採用している。米州開発銀行は「マジョリティのための機会」と銘打ったプログラムを創設し、ラテンアメリカ・カリブ海諸国の人口の多数を占める低所得者社会の生活の質を向上させる事業を支援している。国連開発計画（ＵＮＤＰ）は「包括的な市場の育成」と呼んでいる。したがってＢＯＰを「フォーマルな経済に十分統合されていない低所得の社会経済セグメント」と定義することもできる。この視点は、法的に認められた境界、法的強制力のある契約、財産権の保護を特徴とする「西欧型」市場環境が存在しないところでのビジネス上の課題を扱った、ＢＯＰビジネスの開発に関する文献とも方向性を同じくしている[14]。

この見方は、開発分野の見方ともつながる。たとえばエルナンド・デ・ソトは、世界人口の圧倒的多数が西欧中心のグローバル資本主義のシステムから締め出されている様子を描き出している[15]。貧困層はかなりの未登録資産と起業能力を持ってはいるが、基本的には法の枠外で活動している。そこでは財産権は公的に記録されず、契約などの合意を法的に強制する仕組みが欠けている。開発途上国の多くでは、実際には、インフォーマルな経済（ほとんどは完全に合法的）が今日の経済活動の相当部分を占めている。フォーマルな経済への移行には費用がかかり、複雑で、不慣れなため、貧困層が行う取引とビジネス活動の大半は当面、インフォーマルな経済にとどまる可能性が高い。このことからピラミッドの底辺は「基本的にインフォーマルな経済の中で生活し、地元に限られた事業を行い、ほとんどの場合一人当たり年間所得が三〇〇〇ドル（ＰＰＰで調整）未満」の社会経済セグメントであると考えてよいだろう（この所得境界線はＷＲＩとＩＦＣの報告書で用いられているものであり、ＰＰＰのデータは二〇〇二年の米ドルに基づいている。米州開発銀行は同じ一人当たりＰＰＰを二〇〇五年の米ドルに換算した三二六〇ドルを使った。ここにも時間と状況に関係なく適用することができない「固定された」所得境界線の限界が露呈している）。

したがって、マネジャーや開発専門家、研究者は、所得とその他の特徴を組み合わせてＢＯＰを定義することができる。だが所得水準はＢＯＰの不均質性を覆い隠してしまうし、インフォーマルであるといった特徴は何をどう指標化するかによって大きく異なってくる。絶対的な厳密さを求めたければ、際限なく議論することができようが、おそらくいつまでたっても合意に達することはできないだろう。われわれ執筆陣はこういう捉えにくい厳密さにはあまり興味がない。重要なポイントは、BOPセグメントには以下の特徴があるということだ。

- 多様な次元において不均質である。
- 世界の人口のうち最も所得の少ない層を含む。
- 通常フォーマルな資本主義経済に十分に統合されていない地元企業を含む。
- 主にインフォーマルな経済の中で生活している。
- 全人類の過半数を占める。

BOPビジネスを定義する

BOPビジネスとは、「買い手、売り手、起業家としてのBOP層を特にターゲットとする」収益創出事業である。BOPに商品を売り、BOPから製品を仕入れる。この二つの方向性はそれぞれ「BOP消費者を対象にする」「BOP生産者を対象にする」と表現でき、企業はそのいずれか、または両方のアプローチを採用することができる。BOP消費者を対象にするビジネスは、BOP社会と市場に外の世界から製品とサービスをもたらす。BOP生産者とかかわるビジネスは、その土地の生産者から商品を買い、国内の他地域や国外のさまざまな市場に売る。

BOPビジネスは通常、**フォーマルな経済とインフォーマルな経済にまたがっている。**「地下」経済はピラミッドの頂点にも存在するが、主たる動機は所得税の支払い回避や違法行為だ。それとは異なり、ほとんどのBOP市場でその特徴であるインフォーマルセクターが存在するのは、事業を法的に登録しようとしても、法外な費用や汚職の蔓延、時代遅れの規則のために難しく、コストがかかるからだ。したがって、インフォーマルな経済とフォーマルな経済双方の生産性が高い部分を、お互いに利益が得られるような方法で統合することが課題になる。そこでBOPビジネスは、二つの世界の最善の部分、つまりフォーマルな経済の資源と技術的能力と、インフォーマルなセクターが持つ土着の知識、人間的な顔、地域密着性を組み合わせることを目指すことになる。[16]

BOPビジネスに取り組む企業には、巨大多国籍企業から国内大企業、地元の中小企業、非営利組織や社会起業家が開発したビジネスなど**多様なセクターと規模**のものがある。また、営利企業、非営利組織、開発援助機関といった**異なるセクター間の提携をともなうことも多い**。[17] さらに、BOPビジネスは従来の産業間の壁を乗り越えることも多い。たとえば、ピラミッドの頂点では「エネルギー」「医療・保健」「電気通信」といった産業区分は意味を持つ。しかしBOPでは既存のインフラがないため、事業が成功するには境界を越えなければならないことが多々ある。たとえば、BOPの医療・保健ビジネスは遠隔医療を前提とする必要があるかもしれず、そうなれば電気通信を戦略の重要な一部として含めなければならないだろう。同様に、農村部で電気通信ビジネスを起こそうとすれば電力が必須であるため、分散型エネルギー事業も手がける必要があるかもしれない。

BOPビジネスのもう一つの顕著な特徴は、**経済的自立**という目標だ。最低でも運転資金の回収を期待しているということだ。ほとんどのBOPビジネスは**規模拡大**も目標にしている。経済的自立と規模拡大を目標としているとはいえ、援助や補助金を受ける道を排除しているわけではない。先進国でも、農業、エネルギー、科学、技術、航空宇宙、医療業界などの多くの企業が、国や地方政府からさまざまなレベルの短期・長期的援助を受けている。続く章で論じるように、BOPを対象とするビジネスは、BOPの消費者や生産者とのビジネスからの収益と、開発コミュニティや政府機関の資源、あるいは「スマートな補助金」を組み合わせることによって、経済的自立と規模拡大を達成できる。逆に言えば、この種の外からの援助が利用できなければ、多くの企業は市場を創出し経済的に存続するのに苦労するだろう。

本書の概観

本書の執筆者を選ぶ際には、あえてバックグラウンドや視点、経験が異なるBOP分野のリーダーを選んだ。したがって本書は執筆者の視点を反映させて三部構成とした。**第I部「成功へのロードマップ」**では、BOPビジネスが成功する可能性を評価し、高めるための枠組みとロードマップを提示する。第一部に収めた二つの章は、あらゆるBOPビジネスの発展を検証するために相互補完的に使われる分析用レンズを提供している。その後の章でさらに集中的に取りあげる材料に適切な背景を与える役割も果たしている。

第1章「より良い事業を構築する」でテッド・ロンドンは、BOPビジネスのリーダーや開発援助の実務家に、「ＢＯＰと富を共創する」という視点から彼らの事業や開発援助の取り組みの指針となる枠組みを提示する。具体的には、ＢＯＰビジネス構築時にリーダーが設計、パイロット試験、規模拡大の各段階でそれぞれ適用すべき原則を示す。ロンドンは、事業構築の基盤を相互価値の創造に置いた場合に、経済的に存続可能でなおかつＢＯＰ社会の生活の質を改善する事業が生まれる可能性が最も高いと主張する。そして各段階で適切に原則を適用するかどうかで事業の成否が大きく左右され得ると論じる。章の締めくくりとして、セクター間協働についての新しい視点を提供する。異なるセクターが協働すれば、新しい市場機会を創出する際に開発コミュニティからの投資を用いることで、存続可能なＢＯＰビジネスの構築により効果的に取り組めるという考え方だ。

第2章「4つのイノベーション――ペイシェントキャピタル（忍耐強い資本）の視点」では、ロバート・ケネディとジャクリーン・ノヴォグラッツが「市場VS開発援助」の論争を説明し、こうした従来のアプローチはどちらもＢＯＰにサービスを届けるのにあまり役に立たなかったと指摘する。そして「好ましい統合」とでもいうべき概念を述べる。社会起業家と、ペイシェントキャピタル（投資に対するリターンを長期的な視点で考える姿勢を明確にした資本）の共同資金に投資してきた「慈善的資本家」を結びつけるのだ。前者は新しい解決策を考案し、後者はそれらの解決策の中で最善のものに賭け、組織能力の構築を助け、規模拡大に必要な資金を提供する。著者はこれらのグループとの豊富な経験に基づいて、ＢＯＰ市場での成功に欠かせない四種類のイノベーションを明らかにし、四つのＢＯＰビジネスの実例を検証する。

第Ⅱ部「戦略的ビジネスチャンス」は、今後ＢＯＰビジネスが直面する二つの主要な戦略的課題である環境とBOP市場創出の課題を取り上げる。

スチュアート・ハートが執筆した**第3章「緑の飛躍戦略」**では、BOPビジネスに取り組む企業の意識改革を目指す。それは、環境的に持続不可能な製品やサービスをBOP向けに調整して売り込んでいた「BOPで富を発見する」という初期のモデルから脱却し、BOPとともに「環境にやさしい解決策《グリーン・ソリューション》」を創作し、しかもそれが経済ピラミッドのすべての層にも利益をもたらすようなモデルへと移行しようとすることだ。先進世界で好んで用いられる集中的な投資・政策主導のアプローチである「緑の巨人《グリーン・ジャイアント》」技術と、BOP市場で求められる分散型で小規模、環境負荷の少ないアプローチの「緑の新芽《グリーン・スプラウト》」技術を比較する。ハートは、「緑の飛躍」は環境負荷の少ない技術とBOP社会の創造的統合から生まれると主張する。緑の飛躍の実例を紹介し、世界の環境革命を加速させるのに役立つ行動とイニシアチブのポートフォリオを提案する。

エリック・シマニス著の**第4章「どこにでもあるニーズ、どこにもない市場」**は、冒頭でBOP市場での成功は間違いないと思われていた製品が期待外れに終わった意外な実例を紹介する。筆者は、明らかな「ニーズ」があっても既存の「市場」がない場合があるかもしれないと主張する。BOPの課題は市場参入ではなく、市場創出の問題と見た方がより正確に捉えられる。市場創出の成否は、BOPのきわめて特殊な環境で意味をなすように価値提案を組み立て、戦略的革新のプロセスを定めることにかかってくる。シマニスは、新しいBOP消費者市場の創出はたしかに複雑で、コストがかかり、リスクが大きく、時間もかかるが、ここにこそ最大のチャンスがあるかもしれないと論じる。

第Ⅲ部「効果的なビジネス導入」では、BOPビジネスに決定的に重要なオペレーション面での三つの課題――市場調査、製品デザイン、規模拡大――を取りあげ、これらの微妙なニュアンスを深く理解する能力を育てることに特に注目する。

まず、マドゥ・ヴィシュワナータンによる**第5章「ミクロレベルで市場を理解する」**では、ＢＯＰ消費者、生産者、起業家が自らの声で語る「ボトムアップ」の視点を織り交ぜながら理論を展開する。日々BOP市場で取引している人々の思考プロセスを描写して説明し、こうした思考プロセスが企業のマネジャーにとって意味するところを引き出す。また、きわめて困難な環境で生活している人々がそれに対処するのに用いている重要な戦略を抽出し、事業の開発にとっての意味を検討する。そしてＢＯＰ市場は意外なほど、一度きりの取引ではなく、継続的な関係によって支配されていると指摘し、最後にＢＯＰに向けた企業モデルの解決策をデザインし実施する際の実践的なアドバイスを提供する。

パトリック・ホイットニーの**第6章「デザインのリフレーム」**は、まったく異なるがやはり補完的な視点からデザインに関する課題を取り上げる。ピラミッドの頂点で画期的な製品を生み出すために採用されている新しいデザインの原則は、ＢＯＰで成功するイノベーションを生み出すためにも用いることができると主張する。ｉＰｈｏｎｅとチョトクールの冷蔵庫（食品を長期間冷たく新鮮に保つ装置を一度も所有したことも、所有することを夢見たことさえなかったインドの消費者向けに設計された）のデザイン原則のリフレーミングには驚くべき類似性があると指摘する。冷蔵庫メーカーのケースでは、デザイナーは「現場で」十分な時間を費やし、顧客自身も親族や友人に冷蔵庫を売って所得を得る「パートナー」になれるというシナリオを考えついた。ホイットニーは「直接的デザイン」モデル（企業が市場を分析して新しい商品を生み出す）より、デザインプロセスの抜本的なリフレームを可能にする「戦略的デザイン」の方がBOPに適していると主張する。しかしアップルのような先進世界の企業はすでに戦略的デザインを知り尽くしているので、BOP向けにビジネスをデザインしようとする企業は安心して彼らにならい、必要に応じて調整すべきだ。

第Ⅲ部の三番目で最後の章、**第7章「拡大可能な組織構成とは」**でアレン・ハモンドは、先に触れた規模拡大の問題に取り組む。これは、自立を目指すあらゆるBOPビジネスにとって、また社会に有意義な影響を与えたいと望むあらゆる企業にとって、きわめて重要である。しかし、企業内新規事業であれ新興企業であれ、規模拡大は実現が難しいことが多い。ハモンドが理由の一つにあげるのは、多くのボトムアップの事業が規模拡大をきちんと計画していないことである。彼は二つの規模拡大戦略を詳細に検証する。一つはビジネスの組み立て方に焦点を合わせるものであり、ハモンドはBOPビジネスに取り組む企業に、地元のニーズと課題に関心を払いながらより良い資本と技術を導入できるよう、グローバルであると同時にローカル（トップダウンであると同時にボトムアップ）な組織になるような計画作成を促す。もう一つの戦略は、事業構造の外での活動を重視することであり、BOP起業家に事業活動自体だけでなく、それを支えるエコシステムを築くよう促している。その一つの形態が、企業が市民社会組織との間に一つまたは複数の提携関係を結ぶハイブリッドモデルだ。これによってエコシステムが多様化され、その結果、複数のソースからの解決策が期待できる。このような戦略を実行に移す方法を、ハモンドが何人かの協力者とともに立ちあげた新しいBOPビジネスの実例を用いて説明する。

終章「旅は続く」では、今後に向けたわれわれの見解と省察を示す。本書執筆の目標は、BOPの分野に新しい視点の基礎を提供することだ。われわれはみな、これで十分ではないことを承知しており、終章では検討を深める必要がある重要な論点を指摘した。どんな新しい問題や課題が見つかっただろうか。十分に取り組めなかったのはどの分野だろうか。どんなギャップが残っただろうか。

ＢＯＰビジネスはきわめて重要な岐路に立っている。われわれは本書が前へ進むためのヒントを提供することを望んでいる。次世代のＢＯＰビジネスはＢＯＰとともに富を創造する機会に注目すべきであることを確信している。この領域の進化がまだ終わっていないことは明らかだ。われわれは学びの旅の途上にある。企業のリーダーとそのパートナーにとっては心躍る時代だ。われわれは理解の幅を広げつづけなければならない。「ここからどこへ向かうのか」と問うのをやめてはならない。

第 I 部

成功へのロードマップ

Roadmaps for Success

第1章

より良い事業を構築する

Building Better Ventures with the Base of the Pyramid: A Roadmap

テッド・ロンドン　Ted London

BOP ビジネスが成功する可能性を最大化するにはどうすればよいか。事業の設計、パイロット試験、規模拡大の各段階で、どのようなビジネス手法に従うべきだろうか。絶対に避けなければならないことは何だろうか。出発点のビジネスモデルをつくり上げ、それらのアプローチを効果的にテストし、持続的な競争優位を生み出すにはどうすればよいのだろう。本章では「ピラミッドの底辺と富を共創する」という視点を用いて、すでに活動している BOP ビジネスにとっても新たな BOP ビジネスにとっても重要な問題に答える指針=ロードマップを提示する。

ピラミッドの底辺（ＢＯＰ）、つまり開発途上世界の低所得市場に暮らす四〇億の人々を、ビジネスがもっと効果的にサービスを提供できる社会経済的セグメントとみる企業、非営利、開発セクターのリーダーが増えている。彼らは、ＢＯＰビジネスの発展が貧困の緩和に貢献できるとも考えている。だが、経済的な利益と社会的な利益の両方が得られるという期待とは裏腹に、成功するＢＯＰビジネスを築くことは依然として困難だ。経済的な持続性を実現して、規模拡大に成功した事業もある。大きな期待とともにスタートしても、存続可能なビジネスモデルをつくり出せず、パイロット段階から抜け出せない事業もある。(1)

しかし私見を述べれば、企業の経営者やそのパートナーの開発専門家は、成功ばかりではないこのような結果を、予想外とか期待外れとみるべきではない。新規事業を成功に導くのは、ＢＯＰに限らず「どんな」状況でも困難だ。ほとんどの組織にとってＢＯＰ市場への参入は「いつもと同じ」ようにはいかないという事実も頭に入れておくべきだ。自分たちのとは異なるゲームのルールにのっとり、異なる利害関係者の期待を原動力とし、なじみのない顧客や供給者やパートナーが動かしている市場環境でビジネスモデルをつくり上げ、事業を経営するにはどうすればよいかを理解しなければならない。事業のチームは、この市場での経験に乏しいアウトサイダーとして、設計の専門知識や実験へのアプローチ、規模拡大能力についての従来の考え方を見直す必要がある。そして、**ＢＯＰと富を共創するの**に必要な、重要な原則を理解すべきだ。

今必要なのは、目の前にあるユニークな機会と課題に応える道を示してくれるロードマップだ。(2)本章の目標は、事業開発プロセスにおいて成功の可能性を高めるために、経営陣が設計、パイロット試験、規模拡大の各段階で用いることができる原則を示すことだ。具体的に言えば、①市場機会やソリューションを、ＢＯＰとともに見出していくような事業を設計する、②失敗から得た教訓をもとに改善可能なパイロット試験を実施する、③複合的な競争優位を獲得し、他のコミュニティにも社会的埋め込みができるようレバレッジを効かせて規模を拡大する、といったことを実現しなければならない。しかし、これらはいつも一直線に進むとは限らない。パイロット試験で得た教訓から設計の見直しが必要になったり、ある市場で規模を拡大した事業が新しい市場での機会を探るうちに設計段階に戻ったりすることがある。またこれらの原則は、すべてを経過しなければならない。一つでもおろそかにすれば、事業開発のすべての段階に問題が生じることがあるからだ。

さらに、**三つの中のどの段階でも、相互に得られる価値を実証し、強化することが成功を左右する**という姿勢で臨むことも必要だ。ＢＯＰとともに富を創造するという視点に立てば、経済的に存続可能であると同時に、ＢＯＰ社会の生活の質を向上させ、自然環境を尊重する事業を構築することは可能だ。しかしそのためには、事業が設計、パイロット試験、規模拡大の各段階を踏んでいくとき、リーダーは生み出された価値を評価し、さらなる改善の余地を探りつづけることを自らに課さなければならない。

ＢＯＰビジネス構築の七つの基本原則――ＢＯＰと富を共創するための「ロードマップ」とでもいうもの――を図１‐１に示した。これらをこの後、詳しく見ていく。図から分かるように、これらの原則は互いに関連し合い、補いあう。それぞれは、より大きな全体の重要な一部をなしていると考えるべきだ。

市場機会を創出する

では、設計段階での重要課題の一つである市場機会の創出から見て行こう。BOP市場に潜む「富」を引き出すことの魅力は、貧困層を対象とするビジネスモデル開発への関心に火をつけた。しかし、BOP市場への参入を企てる企業のほとんどは、「富」がそこで発見されるのを今や遅しと待ち受けているのではないことに気づくだろう。歩道に落ちた一〇ドル札は、必ず誰かが拾ってしまう。したがって企業は、「BOPで富を発見する」ことに力を注ぐのではなく、**市場機会を創出すること**が求められていると考えるべきだ。

BOPビジネスを成功させるには、製品の設計、ビジネスモデルの開発、競争優位の獲得以外のことにも力を注ぐ必要がある。市場自体を創出することも考えなければならないのだ。このプロセスでは、顧客の需要を高め、仕入コストを削減し、公共財の開発を促す戦略を探ることが求め

図 1-1 ◆ BOP ビジネスの開発——ピラミッドの底辺と富を共創するための 7 つの基本原則

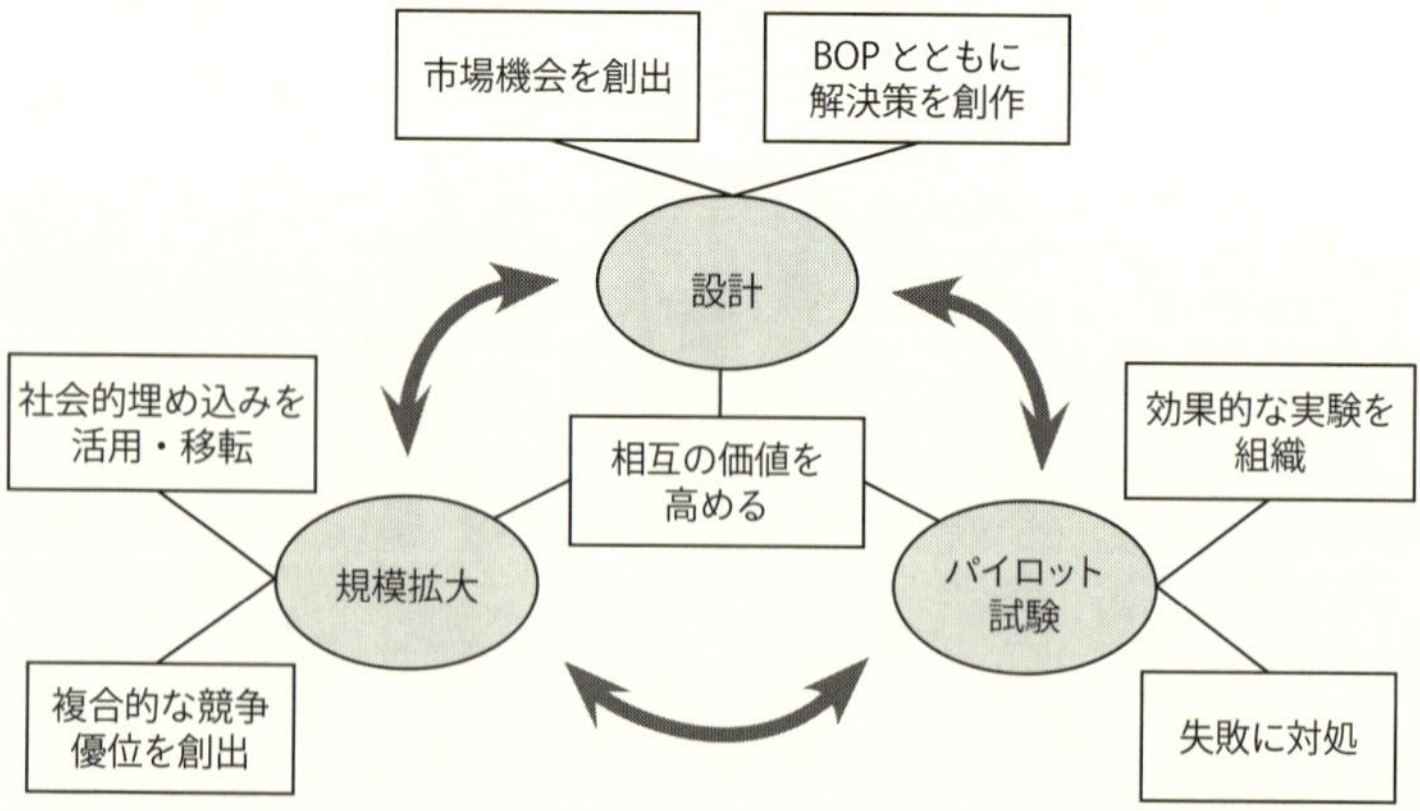

られる。これはまた、投資の対象を広げることと、多様なパートナーの資源を利用する可能性も検討しなければならないことを意味する。

ピラミッドの頂上で市場に参入するときは、既存の市場機会を特定し、活用しようとするのが一般的だ。市場はあるが、まだ発見されていない機会が眠っているという前提に立って戦略を練る。観察力の鋭い起業家や企業によって機会が特定されれば、その後は標準的なビジネス構築手法が適用される。機会の規模を見積もるときは、顧客にはその製品やサービスに充てることができる可処分所得がどれくらいあるか、顧客に購買習慣を変えるよう説得できる見込みはどれくらいあるかを評価して収益を予測する。供給能力を見積もるには、既存の生産者の現在の生産性と、彼らが新しい販路に転向する可能性を予測することから始める。原則として、消費者も生産者も積極的に市場に参加する意志と能力を持っていると仮定して差し支えない(3)。

BOP市場では、アプローチはまったく異なる。そもそも、整備された市場が必ずしも存在せず、市場認知と需要がまだ十分に発達していない場合がある。たとえば、水の汚染と病気の関係が理解されていなければ、浄水関係の事業は潜在顧客に関心を起こさせるのに苦労するだろう。認知はされていても、貧困層に適切な需要を喚起できるほどの可処分所得がないかもしれない。マラリアの危険性を知っていて教育の必要がなくても、感染を減らすのに役立つ蚊帳や屋内残留噴霧に手が届かないことがあるのだ。

BOP生産者とビジネスをしようとする企業も、市場創出に関する問題に直面することがある(4)。BOP生産者が新しい販売ルートを知らなかったり、利用できなかったりすることがある。情報共有に投資しなければ、地元の農民は代替市場の存在に気づかないかもしれないし、バイヤーが求める質や量に応えるために何をすべきかを理解できないかもしれない。たとえ新しい販売ルートのことを知っていても、現地のインフラ上の制約を解決しなければ活用できないかもしれない。

したがって、**BOPビジネスに取り組む時は事業の構築に集中するだけでなく、市場を創出する必要があるかどうかも見極めなければならない。市場がないことが分かれば、開発セクターとの提携の可能性を探るべきだ。**ケニアのはちみつ生産者、ハニーケア社の例を見てみよう。同社は早い段階から市場創出の必要性を認識し、この課題を克服するためにさまざまな提携関係を活用した。まず、現地ではなぜ養蜂が盛んでないのか、そのことに対して会社とパートナーは何ができるかを理解することに努めた。そして、ビジネスモデルの一環として、地元の養蜂家からはちみつを買い取ることを保証する市場をつくることにした。いくつかの開発セクターの協力者からの資金援助を得て、同社は「マネー・フォー・ハニー」というプログラムを策定した。同社が供給する養蜂箱を使って地元で生産されたはちみつの全量を、定められた最低価格以上で買い取ることを約束した。アクセスしやすい収集地点で生産者からはちみつを直接買い取り、その場で代金を支払うようにしたことも、この事業が現地で受け入れられる決め手となった。ビジネス設計の一環として、パートナーと連携して、最終製品を販売する活発なエンドマーケットをつくることにも努めた。

同時に、同社はラングストロス式巣箱〔ラングストロスが一八五一年に考案。移動や結合を容易に行えるように規格化した。現在世界で最も普及している〕の新製品も導入し、地元の農民に必要な技術を教えた。この技術は従来の巣箱よりかなり高価だったので、地元の非営利組織と提携して、農民に融資と訓練を提供し、質の高いはちみつの安定供給を図った。パートナーに求めたのは、養蜂を始めようとする人へのマイクロファイナンスの提供、研修への補助金、地元のはちみつ生産のモニタリングだった。これらへの投資が功を奏して、地元の養蜂家が市場の要求に応えられる質と量のはちみつを確実に供給できるようになった。

BOPとともにソリューションを創作する

多くのBOPビジネスが設計の段階で弾みがつかないもう一つの重要な理由は、学習プロセスに根本的な欠陥があることだ。リーダーが初めから市場についての間違った思い込みを持ち、自分たちの知識や経験を過信していることがよくある。新規事業の設計を成功させるには、新しい市場機会を理解し、評価し、対処するためにどういう情報源を利用するかを慎重に検討する必要がある。この点が特に難しい。最も重要なのは、リーダーが自分たちの思い込みに気づくことだ。貧困層とはこういう人たちだから、自分の組織はこういう風に彼らにサービスを提供できるだろうと、無意識のうちに先入観を抱いているものだ。だから、積極的にBOPとかかわり、彼らに助言を求め、得られた教訓を事業の設計に組み込まなければならない[5]。

残念ながら、BOPに対する先入観を自覚しながら修正することができないマネジャーや開発専門家が非常に多い。このことは、「BOP」について考えるとき真っ先に頭に浮かぶのは何かと尋ねるとよく分かる。BOP社会の人々について驚くほど失礼な態度をとる人がいる。「彼らは怠け者で、頭が悪く、自分たちでは何もできない。そうでないなら、貧しいはずがない」というような意味のことを言う。個々人の短所ではなく構造的に不利な点に目を向ける人もいる。そういう場合は、「無学な」「資源が限られている」「機会から排除されている」といった言葉が聞かれる。後者の捉え方の方がまだ思いやりがあるが、やはり貧困層を思慮深い同僚、機知に富む専門家として、事業構築の過程に生産的に参加する能力を備えた人々とは見なしていない。無学、限られている、排除されている、といったレッテルをはってしまうと、設計プロセスでの強力なパートナーになる可能性を秘めているとは考えにくいだろう。

ＢＯＰとともに積極的に解決策を創作するには、考え方も行動も根本的に変える必要がある。ＢＯＰビジネスのリーダーは、お互いへの敬意を対話の土台にしなければならない。もちろん、自分はそうしていると言う人は多いだろうが、行動がそうでないことがある。ＢＯＰの人々を尊重するには、彼らが問題解決のプロセスにもたらすことができる価値を深く理解しなければならない。それには彼らのアイデアや意見を尊重する視点を持つことも含まれる。

ＢＯＰコミュニティで関係を築くには、**気を長く持つ、長くとどまる、戻ってくる**という三つの原則を採用しなければならないということだ。こういう観点は、謙虚さの必要性と、聞くことと学ぶことの重要性をつねに思い出させてくれる。ＢＯＰ市場が提供する機会と課題を深く理解するには、二次データや断片的に現場で観察したことだけに頼っていてはいけない。協力して解決策を創作することが目標なら、短期間だけＢＯＰコミュニティと交流することでよしとしてはならない。地域コミュニティの中で関係を築く必要がある。相互尊重と信頼に基づく関係だ。(6)このような関係は育てるのに時間がかかる。長期にわたって、さまざまな交流を通した対話を積極的に行いつづける決意が必要だ。

セメックスの「パトリモニオ・オイ」プロジェクトのマネジャーは、この三つの姿勢を取り入れていた。世界有数のセメントメーカーであるセメックスは、メキシコの低所得者コミュニティの住宅建築需要に応えることに大きなビジネスチャンスを見出した。しかし、パトリモニオ・オイが軌道に乗ったのは、リーダーたちが「**無知の宣言**」と呼ぶものを行ってからだった。彼らは、国内での事業であったにもかかわらず、低所得層が住宅を建てようとするときに直面する制約についてほとんど何も知らないことを認めるほどの謙虚さを身につけた。パトリモニオ・オイのマネジャーたちは、初期に効果的なビジネスモデルを設計しようとして悪戦苦闘した結果、もっと時間をかけて現地社会と直接かかわりあう必要があると判断した。

無知の宣言は、二次データの慎重な分析と既存のパートナーと広く議論を重ねても、彼らの組織は事業に必要な知識を得ることができなかったと認めるメッセージだった。BOP市場を理解できないということを明確に認めることによって、チームのメンバーは先入観を捨て、心を開き、学び、共有することに集中しやすくなった。**BOPを「自分たちが助けてあげる社会」としてではなく、「自分たちを助けてくれる社会」と見るようになったのだ。**

パトリモニオ・オイのリーダーたちは、数カ月間、地域社会に入り込み、相互信頼を育て、深い絆を築いた。チームはこの長いイマージョン（没入）期間（とその後）に広範にわたる利害関係者との対話を始め、継続した。こうした集中的な交流によってチームのメンバーは貧困者の住宅建築を困難にしている障害について理解を深めることができた。深く、質の良い対話ができたのには、役割の逆転がカギになった。**企業のリーダーは貧しい人々を嘆願者、生徒、ビジネスの対象としてではなく、同僚、教師、助言者と捉えたのだ。**貧困層の声を本当に聞くには、これほどまでの敬意が求められる。

効果的な実験を組織する

ＢＯＰ社会からのインプットに基づいて予備的なビジネスモデルを作成したあと（市場創出の必要があるかどうかを見極めて、必要であれば対応策を取ったと仮定して）、パイロット段階へ進むことができる。ここでもまた「謙虚さ」（これより良い言葉を思いつかない）が問題になる。ＢＯＰビジネスのパイロット段階では、実験し、学び、学んだことに基づいて革新を行う意欲が求められる。ビジネスモデルや技術の有効性が証明される前に多大な資源を投入すると大失敗を招く恐れがある。学ばなければならないことが多いＢＯＰ市場では特にそうだ。原則として、ＢＯＰでのパイロット試験は、持続可能性と将来の規模拡大のポテンシャルをテストすることを目標に、まずは少額の投資で始めるべきだ。これは**反復的**なプロセスだ。実験が進むうちに、考え方を修正するために設計段階に戻る必要があることが判明するかもしれない。

効果的に実験を行うには、パイロット試験に二つの要素を組み込まなければならない。一つは、進展を評価する際に、適切な測定基準を選ぶことだ。ただちに経済的利益をあげることを要求するような指標を避け、社会的成果についての結論を急がせるプレッシャーに抵抗するよう最善を尽くさなければならない。長期的な成果を測る基準（とそれに関連する期待）が定められていなければ、内部と外部のパートナーからただちに結果を出すよう圧力をかけられ、学習と改善という重要なプロセスを省略してしまいかねない。早い段階での実験はたいていそうだが、この初期段階のパイロット試験も補強を重ねる必要があるだろう。成功よりも失敗から有益な知識が得られるかもしれない。事業のチームは、試行錯誤のプロセスをサポートする指標を考案すべきだ。たとえば、築いた提携関係、開始した実験、学んだ教訓、生まれた改善などだ。

実験の効果を高めるには、事業についての個々の仮説を検証することも求められる。そのためには、明確な結果を念頭に置いてパイロット試験を組み立てなければならない。パイロットは、ビジネスモデルの個々の構成要素を評価するようにも、モデル全体をテストするようにも設計することができる（ほとんどの企業はまず前者を行ってから、後者に移行する）[7]。事業の特定の側面を検証すれば、特定の課題に焦点を合わせて評価することができる。たとえば、地元販売業者の資金問題がまだ解決されていなくても、商品仕入への助成金を考慮することによって、ある販売チャネルの潜在的な規模を評価することができる。顧客の意識と販路を最大化させる戦略を策定したあとで、販売業者の運転資金ニーズを特定することに集中すればよい。この段階の実験が終わったときには、完全市販モデルの持続可能性と規模拡大可能性を検証するのに十分な情報が蓄積されていることだろう。

セメックスのパトリモニオ・オイを例にとって見てみよう。当初は、ピラミッドの頂点でのビジネスモデルを少しずつ修正する手法をとっていた。最初のパイロット事業では、既存の販売業者ネットワークとの話し合いに基づいて、現行製品を従来のものより購入しやすい小さいサイズで提供しようとした。このアプローチは不本意な結果に終わったが、セメックスの決意は揺らがなかった。その大きな理由は、パトリモニオ・オイが長期的な学習を尊重する姿勢に基づいた評価基準を採用していたことだ。

どうしてこれが可能になったのだろうか。パトリモニオ・オイの初期段階で、セメックスの経営幹部はこのプロジェクトを「企業の温室」と呼ぶカテゴリーに入れた。短期的な期待に影響されないよう保護され、新しいビジネスモデルを発明するのに必要な資源と時間と空間が与えられたのだ。企業のリーダーたちはこの機会を利用してさまざまな設計を試しながら、イノベーションを妨げずに進捗状況を測れる評価基準を考え出した。セメントを何袋販売したかではなく、「何軒の住宅を建築することに成功したか」という根本的に異なる評価基準を採用したのだ。このためチームは、さらに「深く飛び込んで」現地の制約を理解しなければならなくなった。こうして生まれたのが、建築サービス、無理なく利用できる融資、地元の仲介業者との不均衡を縮小させる取り組みを組み合わせた強固なビジネスモデルだった。それまでは、これらの問題すべてが、住宅建築（およびセメントの購入）を妨げていた。

パトリモニオ・オイは、ビジネスモデルのさまざまな構成要素を、各種の実験で検証した。たとえば、地元の金融面での制約を軽減させるために、いくつかの手法を試みている。最初は、一般的に行われている「タンダ」というグループ内融資の仕組みを利用した（共同で資金を貯め、くじなどで利用者を決める、講《こう》のようなシステム）。この手法を試したあと、これをやめてセメックスが融資する方法に切り替えることに決定した。一〇人で一つのグループを結成するタンダ方式から、顧客一人につきもう二人の参加を求めるというモデルに移行したのだ。グループの人数を減らしたことに加えて、タンダのシステムから離れたことで、融資を受ける人は以前から心づもりをしていた別の使い道や、他のメンバーのニーズとの競合を避けることができた。こういう方法で実験することによって、ビジネスモデルのほかの構成要素とよく調和した融資システムをつくり上げることができた。

最初の二年間、パトリモニオ・オイの業績は、短期的な期待に基づいた従来の社内ビジネス指標を満たすものではなかった。売上は少なく、利益はまったく出なかった。しかしここでもセメックスは見事だった。実験と学習、忍耐が必要であることを受け入れたのである。学んだ教訓を尊重し、何度も最初からやり直して適切なビジネスモデルを開発しようとするパトリモニオ・オイを支えた。セメックスの熱意はやがて報われた。このプロジェクトは五年間で収益二五〇〇億ドルの事業になり、驚異的な成長が見込まれている。

失敗に対処する

パトリモニオ・オイの取り組みが示すように、パイロットの段階では失敗からビジネスモデル改良に重要な知見が得られることがある。良い実験というものは本来、さまざまな度合いの成功を生むものだ。複数の実験に投資しているのであれば、より良い事業を構築するための有益な知見が得られそうな実験に絞って、投資を続ける柔軟性を持つべきだ。また失敗例の事後分析から最大限の価値を得るには、失敗の責任者探しではなく、知識の獲得に力を注ぐべきだ。しかし、マネジャーが期待外れのパイロットを終わらせる柔軟性と失敗から教訓をつかむ率直さを持っているとしても、潜在的な利益を損ないかねない結末に、無意識に陥ってしまわないように注意すべきだ。特に、次にあげる二つの不注意が、実験から得られる知識を細大漏らさず吸収することを妨げてしまう。

一つは、パイロットを持続可能で規模拡大性のある事業を育てる長い旅の一段階と捉えず、失敗を立て直そうとすることだ。失敗を認めたくないのかもしれない。失う物が大きすぎるため成功にこだわっているのかもしれない。そうなると、「学習志向のパイロット」のはずだったものが、自立する可能性がほとんどないのに資金を投入しつづける「慈善プロジェクト」になってしまう。もちろん、プロジェクトを維持するための慈善事業的な支援が必ずしも「悪い」とはいえない。しかし、マネジャーはパイロットからプロジェクトへの移行をはっきりと認識し、それにともなって価値提案が変化すること、たとえば、持続可能性と規模拡大の達成についての洞察が得られる可能性が減少することを理解しなければならない。

もう一つの問題は、パイロットが打ち切られたときに生じる可能性がある。企業はパイロットを終了させるからといってパートナーを放り出すわけにはいかない。BOPをターゲットにする場合は特にそうだ。この事業に加わっていた個人や社会が不利益を被らないように、軟着陸させなければならない。企業のリーダーは、パイロットの終了によって地域に何らかのマイナスの影響が出る可能性を慎重に検討し、適切な軽減措置をとる必要がある。その市場環境では、当初の計画より早いパイロットの打ち切りによって、特有の問題が生じかねない。しかし、パイロットの失敗を理由に責任を放棄することは許されない。企業のマネジャーは、最初にそのパイロットの目標を設定するときも、実施するときも、撤退条件を決めるときも、早期打ち切りの可能性も含めてパイロットの終了に備えておかなければならない。開始前にすべてのパートナーに計画を明確に説明しなければならない。実施中は、失敗に備えたセーフティネットを用意せずに現地のパートナーやコミュニティ、個人に、大きなリスク負担や多額の投資を求めてはならない。

これらの要件を無視する企業は、自らを大きな危険にさらすことになる。基本的な倫理的配慮は当然のこととして、世界中のＢＯＰビジネス関係者を結ぶネットワークがますます緊密になっていることも認識しなければならない。パイロット試験の処理の仕方いかんによって、将来提携相手を見つけられるかどうかが大きく左右される。ある組織がどんな振る舞いをしたかというわさは、驚くほどの速さで広がり得る。現地パートナーになる可能性のある組織にも、世界に広がるコミュニティがある。そういうコミュニティは、はっきりと貧困緩和を目標に掲げている企業に対しても、その動機に懐疑的で、過去の責任放棄については非常に神経質だ。失敗の処理を誤れば、その後のパートナー探しに苦労することは目に見えている。

プロクター＆ギャンブル（Ｐ＆Ｇ）の浄水剤「ピュア（ＰＵＲ）」の事例は、期待した結果が出なかった場合の現地のパートナーを尊重した対応についてヒントを与えてくれる。一〇リットルの汚染された水を浄化できる小袋入りの粉末浄化剤ＰＵＲは、特に開発途上国の低所得者市場をターゲットとしたＰ＆Ｇの最初の製品の一つだった。同社は米国疾病対策センター（ＣＤＣ）と緊密に協力して、ＰＵＲの有効性を評価し、現地の家庭での利用パターンを見極めることを目的とするいくつかの試験を行った。商品は無償で提供した。

結果は、この製品の潜在的な有効性を裏づけるものだった。また、家庭での使用習慣を定着させるには、水処理を繰り返す利点についての教育にさらに投資する必要があることも分かった。Ｐ＆Ｇはこれを基に、グアテマラとフィリピンで市場テストを行った。製品は小売予定価格で売ったが、Ｐ＆Ｇは販売と意識向上キャンペーンに補助を行った。目標は、この価格で顧客が製品を買いつづけるかどうかを見定めることだった。意識向上キャンペーンは製品認知に関してまずまずの結果を出し、再購買率が二五％に達した地域もあった。しかし、Ｐ＆Ｇはこうしたコミュニケーションキャンペーンを続けるためにかなりの支出をしており、投資収益は期待外れに終わった。

Ｐ＆Ｇはそれまでに学んだことに基づき、パキスタンで新しいパイロットに着手した。そこではコミュニティでの意識向上の取り組みを大々的に組み込んだ修正モデルを実施し、より高い再購買率を達成することができた。この結果に力を得て、米国国際開発庁（ＵＳＡＩＤ）からも資金援助を取りつけたあと、Ｐ＆Ｇはパキスタンで完全商業モデルを一年六カ月にわたって試験販売した。しかし、きれいな水の重要性を訴える派手なキャンペーンを行ったにもかかわらず、この試験は持続的なビジネスが成り立つほどの購買率を達成することができなかった。

つまり、Ｐ＆Ｇの市場創出への投資は十分な利益をあげていなかったのだ。そこで同社はＰＵＲ事業を、慈善活動部門が支援する非営利事業に切り替えることに決定した。「子どもたちのための安全な飲料水プログラム（ＣＳＤＷ：Children's Safe Drinking Water）」と名づけられた新しい非営利の試みは、地域レベルにすでにインフラを持っていたパートナーとの協力に力を注いだ。ＣＳＤＷは現在、五〇カ国で七〇のパートナーと提携して活動している。

Ｐ＆ＧはＰＵＲ事業を構築する際、パイロットの各段階で試験をやめた場合の影響を検討した。

パートナーとともにすべての利害関係者の当初の目標を設定し、パイロットを終了する場合は、確実に秩序だった配慮が行き届いた方法で終了できるようにした。このプランに沿って、パイロットが実施されている間ずっと、ＣＤＣはＰ＆Ｇのパートナーでありつづけた。

パキスタンでは、ＰＵＲ事業を通常の営利事業として確立することが期待されていたが、実現できなければ非営利事業に転換するという予備プランも用意されていた。Ｐ＆ＧはＰＵＲを災害救援用と、非営利のパートナー組織のネットワークに原価で提供することを決定した。こうした取り組みが会社の評判を高め、ＢＯＰ市場への製品のマーケティングと販売についての知識を得るためのプラットフォームとしても役立つと判断したのだ。さらに、パイロット試験のプロセスへのＰ＆Ｇの熱心な取り組みは、ポピュレーション・サービス・インターナショナル（ＰＳＩ）などの非営利組織との提携関係を確立し、維持するのにも貢献した。ＰＳＩはいくつかの国でＰＵＲの販売に協力しつづけている。

複合的な競争優位を確立する

規模を実現するには、ＢＯＰビジネスは（長期的な自立を目標とするあらゆるビジネスと同様）、競争優位を生み出して維持しなければならない。しかしＢＯＰビジネスはフォーマル経済とインフォーマル経済にまたがって活動しなければならないため、競争優位の確立に関しても特有の問題に直面する。フォーマル経済の中だけで活動している企業とは異なり、ＢＯＰビジネスは、企業の保護が及ぶ範囲内で、または当該国の法制度に守られて行われた投資に基づいて競争優位を確立できればそれでよいということはない。インフォーマル経済で活動するビジネスは、著作権を侵害されたり、製品を偽造されたり、契約条件を強制する手段がなかったり、粗悪製品が混入したりする恐れがあることを覚悟しなければならない[8]。

同時に、インフォーマル経済の中だけで活動しているビジネスとも異なり、BOPビジネスは、既存の資源に依存するような戦略に頼ることはできない。たとえば、現地の専門能力やインフラなどだ。そういう資源は限られているかもしれないし、一般的に市場で入手できる商品と同じように、競争相手も利用できる。誰でも入手できるとなれば条件は同じであり、インフォーマル経済で活動するほとんどの現地企業は規模を拡大できないままだ[9]。

フォーマルとインフォーマル両方の経済にまたがる事業の規模を拡大するためには、BOP市場にすでに存在する**プラットフォームを見つけ、活用し、さらに強化する**という視点を持たなければならない。そういうプラットフォームとしては、流通システムや現地の自助グループなどのネットワークインフラ、関係資本やインフォーマルなリーダーシップなどの社会的インフラ、十分に活用されていないビジネス資産や以前はビジネス以外の目的に使われていた既存の資源などの物理的インフラが考えられるだろう[10]。

こうしたプラットフォームを利用するには、二つの問題を認識し、それに対処しなければならない。まず、これらのプラットフォームは、開発を最優先目標とする非営利団体や地域社会をベースとする組織が構築し、運営していることが多い。したがってBOPビジネスは、相手がどのような価値を求めているかを理解し、それを生み出すよう努めなければならない。企業同士の提携とは異なり、経済的な収益ではなく社会的利益が最も重視されるのだ。開発を志向する組織との協働関係は、生み出される価値の種類と量と配分にそのパートナーが満足しなければ存続できない。

次に、これらのプラットフォームを基盤にビジネスを構築しようとするなら、追加投資が必要になるだろう。プラットフォームに投資をすることで、パートナーが社会的使命を果たす能力を補強し、自身のビジネスモデルも強化することができる。しかしこうした投資は、事業の枠外で行われるものであり、何らかの契約メカニズムによって保護されるとは考えにくい。いったん行った投資は、おそらく回収できないだろう。企業がこの種の投資をすれば、いくらかの埋没費用《サンクコスト》（回収不可能コスト）が発生し、それにともなうリスクも負うことは明らかだ。同時に、異なるセクターとの協働関係を力強いものにするのに必要なコミットメントを示すのに役立つだろう。

要約すれば次のようになる。複合的な競争優位を達成するには、開発志向の組織によって運営されているプラットフォーム型の資源をある程度独占的に利用できるようになることと、ほとんどの場合、事業の枠外で回収不可能な投資を行うことが必要になる。この複合的な競争優位を持続することができるのは、経済的・社会的利益に対して異なる志向を持つ当事者が、①関係を維持することに価値を見出し、②すべての当事者が、契約で拘束されていなくても、パートナーを替えるのは不利益だと考えているときだけだ。

ユニリーバのシャクティ・イニシアチブが規模を拡大できたのは、複合的な競争優位を築き、維持する能力によるところが大きい。世界有数の日用消費財メーカーであるユニリーバは、インドで新しい成長源を探すことを目標とするミレニアム計画の一環として、二〇〇〇年にシャクティ・プロジェクトを発足させた。ほとんどが女性である起業家のネットワークに頼って、ユニリーバの従来の流通網が到達していない遠隔地のコミュニティや村に小売商品を販売するという計画だ。こうした起業家の多くを、非営利組織や自助グループ（SHG：Self Help Group）と協力して採用している。ビジネスモデルを拡大するために、シャクティは三五〇以上の組織と提携関係を結んだ。その一つがCAREだ。

世界的な人道組織であるCAREは、一九四九年以来インドで活動している。インドでのプロジェクトの一つに、貧困層の女性のエンパワメントを目的とした現地SHGの育成がある。現地のパートナーと組んで、SHGのメンバーに訓練や運営能力の研修を行ったり、新しい機会を提供したりしている。シャクティはCAREとの提携によって、インドの四つの州で七万以上のSHGを擁するプラットフォームを利用できるようになった。

ユニリーバとCAREの提携関係は、複合的な競争優位に基礎を置いている。どちらの組織も提携関係から撤退するのは自由だが、継続する方が有利だと考えている。シャクティは、女性に訓練を提供し、保健、育児、社会正義の問題についての意識を向上させ、収入が見込める事業を始める機会を提供するという形で、プラットフォームに投資をする。その見返りに、CAREは現地のパートナーやBOP社会との関係をユニリーバが活用できるようにする。それぞれが重視する成功の指標は異なるが、どちらも提携関係を維持することに価値を見出している。シャクティが規模を拡大するにつれ、ユニリーバは投資を支える経済的リターンが得られることを期待し、CAREは社会により多くの恩恵がもたらされることを期待している。

社会への埋め込みを活用・移転する

ユニリーバのシャクティ・イニシアチブが示すように、ＢＯＰビジネスは提携先を広げて複合的な競争優位を生み出せば、確立されたビジネスモデルをなじみのある環境に拡大させることができる。成長へのこのアプローチは**スケールアップ**と呼べるだろう。しかし企業は、**スケールディープ**（同じ場所の同じ顧客を対象に、新しい製品とサービスを提供する）、あるいは**スケールワイド**（提供する製品やサービスは同じだが、異なる価値を提案しなければならない、未知の市場の新しい顧客を対象とする）しようとすることもあるだろう。新しい市場環境にスケールディープまたはスケールワイドするときは、「最初からやり直す」必要がある。つまり新しいビジネスモデルを設計し、パイロット試験を行うのである。新しいモデルができ上がったときに、初めて、先に述べたような複合的競争優位のテクニックを使ってスケールアップすることができる。

「最初からやり直す」というこの考え方をもう少し詳しく見てみよう。当然のことだが、範囲や規模の経済性を達成できる見込みがないのに、白紙状態の新しいビジネスチャンスすべてに挑戦できるような資源や忍耐力を持つ組織はほとんどない。したがって、苦労して手に入れたＢＯＰ市場参入についての知識やスキルを、新しい状況にも転用できるようにしておく必要がある。特にスケールディープやスケールワイドの場合は、同じ場所でも異なるニーズや新しい市場環境について、現地で得た知識を効率良く効果的に評価・解釈して、設計、パイロット試験、規模拡大という事業構築プロセスの各段階をより速く進まなければならない。

ここで重要になるのが、**社会的埋め込み**（social embeddedness）とでも呼べる能力を確実に育てることだ。これは、社会状況を深く理解し、現地経済を動かしている特有の経済原理の詳細な知識を得る能力を意味する。[11] これができれば、新しいビジネスモデルの設計と実験が円滑に進み、これらの新モデルのスケールアップを可能にする複合的な競争優位を確立する能力も高まる。

社会的埋め込みを深めるには、二つの次元の問題を巧みに処理しなければならない。一つはその市場に特有の重要な情報をどのように「入手」するか、もう一つはリーダー陣がその情報をどう「解釈」するかである。意味のある重要な情報を入手するには、現地の多様な利害関係者との間に、深く、相互に有益な関係を築く能力が必要だ。このような関係が市場情報をもたらし、既存のネットワークとつながりをつけ、こういう環境で本当に物事を動かしているのは何かを教えてくれる。多彩なパートナーと関係を築いて維持する能力は貴重なスキルであり、企業の経営陣はこの能力が確実に認識され、醸成され、移転可能になるよう努めなければならない。

集めた情報を効果的に解釈するには、適切な視点を用いることも必要だ。社会的埋め込みを深めるには、現地経済の比較的目につきやすい欠陥ばかりに目を向け、「悪いところ」を直そうとする衝動にとらわれてはならない。さらに踏み込んで、「良いところ」を活用し強化する機会を探し出すという観点で分析しなければならない。この姿勢があれば、ＢＯＰ市場にすでにある資源を、最も効果的に設計やパイロット試験や規模拡大に使うことができる。たとえば、ＢＯＰとともに解決策を創作し、適切なパイロット実験を計画し、複合的な競争優位を生み出す能力を向上させることができる。社会的埋め込みに成功すれば、ＢＯＰ市場についての重要な知識を効率良く集め、この知識を事業構築の過程で効果的に用いることができるようになる。

インド有数の大企業、ＩＴＣは、ピラミッドの頂点の市場でたばこ、板紙、小売、サービスなどの多彩な事業を展開している。ＩＴＣの国際事業部は地元産農作物の調達能力向上を目指して、ｅチョーパルを立ち上げた。当初の市場参入努力として、社会的埋め込み能力を養成しはじめた。そしてスケールアップを達成したあとで、この能力をスケールディープとスケールワイドの両方に用いた。

ｅチョーパル（「チョーパル」は集会所を意味するヒンディ語）はまず大豆を対象として、先に述べた事業構築の段階を踏んでいった。リーダーたちは、ビジネスチャンスと現地農民が直面している制約を深く理解するために相当の時間を費やした。新しい市場チャネルをつくる必要性も検討した。その後、村にパソコンを配備して、遠く離れた競売市場で行われている大豆取引の価格情報を提供するさまざまなモデルをテストした。ＩＴＣは価格の透明性を高めるほかに、コンピュータキオスクを使って、翌日に買い取る大豆の保証先物価格も提示することにした。

設計といくつかのパイロット試験を繰り返したあと、ＩＴＣは規模拡大が可能なビジネスモデルができたと考えた。そこで、慎重に選抜した農民にコンピュータと研修を提供し、ｅチョーパルのキオスクのネットワークを築いた。特別に研修を受けた農民（ヒンディ語でコーディネーター、ディレクターを意味する「サンチャラク」と呼ばれる）は、他の農民とＩＴＣの間の正式な仲介者の役割を担うことで自身の信望が高まることを大いに評価した。コミュニティに信頼できるパートナーができたことはＩＴＣに利益をもたらした。既存の中間業者の購買力とその利益を縮小させることによって調達コストを削減できた。買い取り価格を保証し、取引コストを下げ、品質に応じた価格で提供することによって、ITCは利益を増大することができた。そして、これが重要だが、利益の一部を地元の農民に還元した。eチョーパル事業は次に、複合的な競争優位の確立と維持を通して、ITCと地元農民、サンチャラクなど主要な利害関係者すべてが満足できる見返りを得られるモデルにスケールアップした。

しかし、ITCが成功するには、さらなる規模拡大が必要だった。そこで同社はスケールワイドとスケールディープの両方を目指した。まず、スケールワイドに向けて、インドの他地域で栽培されている小麦やコーヒーなどの商品作物の調達にビジネスチャンスを探った。そのために、芽生えていた社会的埋め込み能力を新しい市場に持ち込み、これらのBOP農民に課せられている制約を特定し、その解決に取り組もうとした。リーダーたちは現地でたちまち強力な人間関係を築き、集めた情報を解釈する能力を発揮した。その結果、大豆以外の作物でもすばやくビジネスモデルを設計し、パイロット試験を行い、スケールアップすることができた。

その後ITCはさらにスケールディープの機会を探した。顧客であるBOPの農民のほかのニーズに応えようとしたのだ。現地の農民が投入物の質が悪いために苦労していることに気づいたITCは、自身のプラットフォームを農作物の調達だけに使うのではなく、農民が高品質の種子や肥料、殺虫剤などを購入するのにも使えるチャネルとして提供することにした。この新しいビジネスモデルは設計とパイロット試験を経て規模拡大を実現し、その後はITCと農民の成功がさらに密接に結びつくようになった。農民はITCから質の良い投入物を購入し、作物の品質が向上した。一方、ITCは供給源が安定し、農民により大きな利益を提供できるようになった。

次にＩＴＣは、社会的埋め込みをさらに活用して、既存の市場で地元農民の生産物の品質と安定供給を強化するにはどうすればよいかを一段と深く理解しようとした。たとえば、ｅチョーパルのキオスクネットワークを通して農学者のアドバイスが得られるようにして、農民がキオスクで得られる情報を充実させるとともに、農業生産性を向上させるための多様な研修もスタートさせた。また、土壌試験サービスをわずかな費用で提供し、農民が土壌に最も適した肥料を施すことができるようにした。土壌試験サービスは、ＢＯＰの農民との関係を強化するほかに、その地域の農地の土壌特性に関するデータを蓄積できるという利点もあった。これはＩＴＣが肥料や殺虫剤の会社と結んでいた関係にとっても有益であることがわかった。既存の顧客に新しい製品やサービスを提供するスケールディープであれ、新しい市場環境で生産者と顧客のニーズに応えるスケールワイドであれ、ｅチョーパルが開拓したすべての新事業で、社会的埋め込みの活用と移転が最終的な成功に欠かせないことが証明された。

相互の価値を高めあう

おそらく最も重要なことは、ＢＯＰビジネス構築の過程において、各段階での成功のカギは**相互の価値を創造する**という価値提案にあるのだと肝に銘じることだろう。もちろんこれは、ビジネスそのものと同じくらい古くからある知恵だ。企業が顧客、供給業者、パートナーのニーズによく応えるほど、長期的な存続の可能性が高まる。ＢＯＰビジネスも、その点はまったく変わらない。経済的成功がBOP社会に価値を生むことと結びつかなければ、その事業は成功しないだろう。自分たちの取り組みが現地のニーズと、つねに変化する期待にどう応えているのか、それとも応えていないのかを深く理解していなければ、顧客は定着しないかもしれないし、供給業者は別のルートを探すかもしれない。あるいは、パートナーは失望するかもしれない。

しかし、多くのBOPビジネスに取り組む企業にとって、相互価値の創造を評価し強化することは、依然として難しい問題だ。経済的パフォーマンスを測定する指標はあっても、事業が貧困緩和に及ぼす影響を向上させつづけるための、体系的なアプローチの開発に投資している企業は少ない。役に立ちたいと思う相手と対話を続けることが重要であることを考えると、驚くべき手落ちといえる。企業の経営者はその代わりに、少数のエピソードや成果重視型の指標、根拠のない思い込みなどに過度に頼りがちだ。こういう情報からは、BOPの顧客や供給業者の声はあまり伝わってこない。また経営者は、環境に及ぼす影響にもほとんど関心を払わないことが多い。事業の規模が拡大して、対する消費者や生産者が数十万人、数百万人と広がれば、環境問題の規模も拡大する。言うまでもないことだが、世界はピラミッドの頂点の生産・消費モデルを模倣しただけのBOPビジネスのモデルを維持することはできない[12]。

価値創造（と価値破壊）の可能性を全体的に理解できなければ、事業構築プロセスの各段階で難しい問題に直面するだろう。設計段階では、そのビジネスモデルからBOPとパートナーにどういう価値が生まれるかを深く理解しなければならない。パイロットを成功させるには、価値創造についてのこうした仮説をテストし、改善の機会を見つける能力が求められる。規模を拡大するには、パートナーが求めている価値が実際に生まれていることを彼らに示しつづけなければならない。

企業が相互の価値の創造をどれくらい深く理解しているかは、事業の影響評価分析を行い、何らかの望ましくない影響があったことを明らかにしているかを見ればわかる。いわゆる「意図せざる結果の法則」は、**起こり得るあらゆる結果を前もって予想し、対応することはほぼ不可能であること**を示している。だからどのような分野のどのような介入でも、意図しない結果や好ましくない結果がまったく起こらないことはめったにない。ところが、私が精査したＢＯＰビジネスの影響評価の多くは、好ましい結果しか記載していない。どうしてそうなるのだろうか。

私の考えでは、問題は**十分に深く探っていないこと**であり、それには二つの根本原因がある。一つは、企業に開発志向を吹き込み、それによって事業の「成功」の概念を決定づけることができるインセンティブの種類である。開発コミュニティには満足させなければならない利害関係者がいる。開発機関は特定の貧困緩和への取り組みに投資したことが正しかったと主張するために、成功物語を探し出し、強調しようとする。また開発コミュニティは、段階的に資金を提供する場合が多い。成功を示すことができる企業は、改善の機会を探っている企業よりも、追加投資を確保できる可能性が大きい。その結果、経営陣が現場を観察して作成し、ある個人の生活の変化についての心温まる物語をからめた楽観的な評価だけでも、十分に成功の指標となるのだ。

第二の根本原因は、ビジネスモデルの価値創造能力に対する自信過剰と傲慢さだ。ＢＯＰに新しいサービスやより良い製品を提供することは、必ず好ましい結果を生むはずだ（と彼らは考える）。結局のところ、何も持っていない人にとっては、どんなことでも改善は良いものなのだから。こう考える場合、たとえもっと深くパフォーマンスを評価しようとしても、集めたデータが全体像を描くには不十分であることが多いため、トラブルが発生し得る。

こういう考え方をする人にとっては、事業の成功を評価するうえで最も重要なのは、業務遂行能力を最大限に高めることになる。そこで、主として事業のアウトプット、特に短期的に観察・制御・管理できるものについてのデータを集めようとする。たとえば、顧客数、製品供給量、雇用創出数、収益、実施した研修の数などだ。このロジックにしたがえば、BOPの声を聞くために資源を投入することには、あまり気を使う必要がなくなる。それ以上のデータを集めることは、費用便益の観点から意味がなくなる。企業が手助けをしたいと思っている人々の声を聞くことがもたらす利益は、投資を正当化するには少なすぎる、というわけだ。

こうしたアウトプット重視型の指標は、有効な場合もあるかもしれないが、全体像を描くことができない。どういう価値が創造または破壊されたか（たとえば、女性起業家を発掘し、訓練して収益を増大させた場合、収益増と女性のエンパワメントが実現すると同時に女性の家庭内の緊張を高める、または現地の他のビジネスにマイナスの影響を及ぼすという結果を招くことがある）、あるいは、価値がどう配分されたか（事業は利益をあげているかもしれないが、実際にBOP利害関係者にどういう価値がどのくらいもたらされたかが明らかにならないことがある）などを捉えきれないのだ。このシナリオでは、リーダーが「成功」を示す指標に目をくらまされ、強化できるところを見落とすことがある。前にも強調したように、どんなビジネスでも、それが及ぼす影響を全体的に捉える感覚と、評価と強化を重視する姿勢を醸成し、維持することができなければ、事業構築のプロセスで苦労するのは間違いない。

ビジョンスプリング〔途上国で低所得層に安価で質の良い眼科医療を提供している社会的企業〕は、その事業が及ぼす影響の全体像を把握することを目指したアプローチを採用した。ビジョンスプリングのリーダーたちは本稿筆者とその同僚たちと協働して「ＢＯＰ影響評価フレームワーク」というツールを導入した。現地の売り手、買い手、コミュニティそれぞれにおける三つの社会福祉的側面（経済状況、能力、人間関係）すべてに事業が及ぼす影響を評価したうえで、改善しつづけるためのプロセスを詳しく策定するのだ[13]。ビジョンスプリングのビジネスモデルの柱は、現地起業家を訓練して、ＢＯＰ向けに安価で高品質の読書用眼鏡（老眼鏡）を販売するのに必要な技能を身につけさせ、一連の製品の販売を委託することである。仕立職人や簿記係、機械工など、近距離視力に生計がかかっている人々は、何もしなければ年とともに経済的生産性と生活の質が徐々に低下する。

ビジョンスプリングの経営陣は、ＢＯＰ影響評価フレームワークを用いて、この事業がＢＯＰ層のどういう人々に、どのような影響を与えるかを理解しようとした。この影響評価はいくつかの重要な問題の解決に役立った。たとえば、最も業績の良い女性起業家が仕事をやめていくという問題があった。状況を深く探っていくと、彼女たちの成功が、一般的には夫優位の現地の家族構造に緊張を生んでいたことが分かった。この因果関係を理解したリーダーたちは、以前よりはるかに早い段階で夫の支援を取りつける戦略を考え出し、最も優秀な起業家（ビジョンスプリングの最も貴重な資産の一つでもある）を失わなくてもすむようになった。

協働的相互依存——より完全な結合

本章は、**BOPとともに富を創造する**という観点に立った事業開発は、設計、パイロット試験、規模拡大の段階を進めるときの指針として七つの原則を採用したとき、最もうまくいくという大前提に立っている。ここまで論じてきたように、これらの原則とは、次のようなものだ——市場機会を創出する、BOPとともにソリューションを創作する、効果的な実験を組織する、失敗に対処する、複合的な競争優位を確立する、社会への埋め込みを活用・移転する、相互の価値を高めあう（これらの基本原則と関連する重要構成要素を表1-1にまとめた）。これらの原則を効果的に適用するかどうかが、事業の成功と失敗を分けることがある。前にも述べたように、これらの原則をどれか一つでもおろそかにすれば（特に早い段階で）、事業構築努力の段階が進むにしたがって好ましくない結果が生じるだろう。

最後にもう一つ提案をしたい。BOPを見放されたり、おろそかにされたりしている市場機会と捉えれば、収益と貧困緩和を結びつける可能性が生まれる。しかし、企業が約束する経済的・社会的成果を実現しようとするなら、ビジネスマネジャーとドナー（援助供与者）コミュニティの専門家は、お互いに無関係に活動していた従来のパラダイムから脱却しなければならない。開発途上国では、企業とドナーが互いにある程度距離を置いて活動するのが一般的だった。企業は市場取引を通じて十分な可処分所得を持つ層のニーズに応え、ドナーコミュニティはそういう資源を持たない層に援助を行う。しかし、お互いの領域に踏み込まないこの姿勢を取りつづける限り、BOPビジネスが経済と社会に影響を与えられる可能性は広がらない。

企業とドナーコミュニティのリーダーはそういう考え方を捨て、協働的な相互依存関係を基礎とする姿勢をとるべきだ。お互いの責任範囲は重ならないとする発想を打破しない限り、企業とドナーコミュニティは、BOP市場に潜む可能性を本当に解き放ち、利害関係者が求める価値を創造するのに必要なビジネスモデルを構築することはできない。

設計段階では、双方のセクターが、ビジネス志向の活動をドナーコミュニティの目標に沿わせるような事業に共同で投資する機会を慎重に見極める必要がある。

表 **1-1 ◆ BOP ビジネスの構築の各原則の重要構成要素**

段階	基本原則	重要構成要素
設計	市場機会を創出する	・市場創出に投資する必要があるかどうかを評価する ・開発セクターとの提携の可能性を探る
	BOP とともにソリューションを創作する	・相互尊重に基づき対話する ・適切な態度をとる――気を長く持つ、長くとどまる、戻ってくる
パイロット試験	効果的な実験を組織する	・試行錯誤のプロセスを支える指標を活用する ・明確な仮説を立て、テストする
	失敗に対処する	・学習志向のパイロットを慈善事業に変えない ・パイロット終了時には BOP に悪影響を与えないようにする
規模拡大	複合的な競争優位を確立する――スケールアップ	・既存のプラットフォームへのアクセスを獲得し、投資する ・パートナーが価値創造目標を達成できるようにする
	社会への埋め込みを活用・移転する――スケールディープとスケールワイド	・「良いこと」を見つけ、強化するという姿勢で分析する
すべての段階	相互の価値を高めあう	・現地の価値創造機会についての先入観を捨てる ・BOP の声を聞くことに投資する

パイロット試験と規模拡大の段階では、パートナー双方が柔軟な姿勢で、事業を軌道に乗せ、投資目的にかなった価値が得られるような方法を探るべきだ。すべての段階で、協働的な相互依存関係を確立し維持するために、透明性の高い相互価値の創造プロセスをつくる努力が欠かせない。学習と改善を重視した全体的な影響評価指標を、双方の合意によって設定することもそういうプロセスの一つだ。

だが、協働的な相互依存関係を築くのが難しいことに変わりはない。企業のリーダーは、補助金などの開発援助はＢＯＰビジネスを持続不可能にしたり、経済以外の目標の達成に過度の制約を与えたりすると考えがちだ。しかし筆者の研究では、その逆であることが分かっている。初期段階での支援が、事業を経済的に存続可能にするうえで決定的な役割を果たすことがある。たとえば、ドナーコミュニティが意識向上キャンペーンやバウチャープログラムに投資することで、需要を喚起することができる。また、インフラ開発を援助したり、ＢＯＰ生産者に技術支援やビジネス研修を提供したりして、地元の供給業者からの調達コストを下げることもできる。最後に、ドナーまたはドナーが出資している組織は、低コストの「ペイシエントキャピタル（忍耐強い資本）」などの資源を紹介するという形で、事業に直接投資することができる[14]。ドナーコミュニティからの支援と投資が得られなければ、多くの事業は経営上層部から収益見込みが低すぎる、あるいはリスクが大きすぎると判断され、設計とパイロットの段階を乗り切ることができないかもしれない。

ドナーコミュニティもまた、こういう種類の提携について抱いている先入観を自覚しなければならない。先進国では公的セクターによるビジネス開発援助は確立しているが、この考え方がＢＯＰ市場に定着するまでにはなっていない。（途上国の）貧困層相手にお金を稼ぐビジネスという考え方には、依然として強烈なイデオロギー的抵抗がある。しかし、ビジネス開発は実際に貧困緩和に役立つのだ。開発セクターは、自分たちの資源をどう用いれば貧困緩和の取り組みに最も役立てることができるかを積極的に検討しなければ、自らの責務を怠っていることになるだろう。

以上のようなさまざまな理由から、ビジネスリーダーとドナーコミュニティの専門家は、現在、二つのセクターの間に横たわっている溝を埋めるために、深く対話する姿勢を持たなければならない。相互依存を深め、共同で事業開発に投資すれば、それぞれの目標が達成しやすくなるだろう。提携すべきかどうかは、イデオロギーではなく実用主義に基づいて決定されるべきだ。

本章で論じた七つの基本原則は、ＢＯＰとともに富を創造するためのロードマップとなる。こうした事業開発の努力は、ビジネス活動を支えるドナーコミュニティからの投資と緊密に組み合わされれば、いっそう力強いものになる。ＢＯＰビジネスの開発が協働的な相互依存関係によって活発化すれば、企業には新しい機会が生まれ、開発専門家は貧困緩和の新しい手法を獲得する見込みを得られる。したがって、このような事業の可能性を探ることには、どちらのセクターにとっても注目する価値があるのである。

第2章

4つのイノベーション
――ペイシェントキャピタル（忍耐強い資本）の視点

Innovation for the BOP: The Patient Capital Approach

ロバート・ケネディ Robert Kennedy
ジャクリーン・ノヴォグラッツ Jacqueline Novogratz

通常のベンチャーキャピタルなどより長い時間をかけて利益をあげることを想定した資金、「ペイシェントキャピタル（忍耐強い資本）」。社会起業家や「フィランソロキャピタリスト（慈善的資本家）」は、革新的なビジネス手法とこの「ペイシェントキャピタル」とを結びつけ、BOPビジネスの風景を変えつつある。BOP市場での成功に決定的に重要な役割を果たすことが分かってきた四種類のイノベーションを示し、この手法がさまざまな企業の現場でどのように用いられているかを紹介する。（本稿のための調査と執筆を支援してくれたロブ・カッツに感謝の意を表したい。）

この歩み寄りを後押ししているのは何なのだろう。一言で言えば、従来の市場経済と開発援助は、どちらもうまくいかなかったということだ。グローバリゼーションはメキシコやブラジル、中国、インドなどで多くの人を貧困から抜け出させた。だが、ピラミッドの底辺（BOP）市場の人々のほとんどはその恩恵にあずかれなかった。本書のほかの章でも触れられているように、二〇億人以上の人々が今なお一日二ドル以下で暮らしており、貧しい者と富める者の差は広がる一方だ。長い目で見れば持ちこたえられない不均衡である。[1]

しかし、従来の開発援助アプローチもうまくいっているわけではない。過去六〇年間、一兆五〇〇〇億ドル以上の援助や寄付金が開発途上国に注ぎこまれたが、貧困指標にはあまり改善が見られない。[2]ウィリアム・イースタリー、ダンビサ・モヨ、ロバート・カルデリシなどは、従来のトップダウン式の開発プログラムは、善意に基づいてはいても、どうしても目標を達成することはできないと主張している。なぜなら、そういうプログラムは個人の動機に目を向けず、ご都合主義的な行動を引き起こし、援助受入国の市民自身の革新的な潜在能力を引き出していないからだという。[3]

この歴史を振り返れば悲観的になるが、市場経済と従来の援助の最良の部分をそれぞれ組み合わせた新しいアプローチには、大いに期待できる。相互補完的な二つの動向が、開発についての考え方を変えようとしている。一つは、「フィランソロキャピタリスト（慈善的資本家）」と呼ばれる人々が登場し、世界の貧困問題に関心を向けはじめたことだ。[4]ゲイツ財団、オミディアネットワーク、Google.org、ヴァージンユナイトなどの団体が、新しい資源を社会的投資に向けている。だが、彼らは伝統的な開発援助機関と異なり、プログラムにビジネスのツールとテクニックを採用することにこだわる。

たとえば、民間資本組織という形をとってインセンティブを明確にしたり、資源の効率的、効果的な使用を推進したり、成果を厳密に測定することを要求したりするのだ。目標は、大きなインパクトを生み出すことができる組織を探し出し、規模を拡大させることだ。[5]こうした動きの重要な帰結として、「ペイシェントキャピタル（忍耐強い資本）」と呼ばれる新しいセクターが出現した。たとえば、アキュメンファンド、ニューベンチャーズ、E+Co、ルートキャピタル、テクノサーブなどがこれに該当する。

もう一つの動向は、「社会起業家」、つまり社会のニーズに取り組むために革新的な組織をつくる個人が出てきたことだ。通常の起業家と同じように、社会起業家も満たされていないニーズを探し、新しい方法で資源を組織し、解決策を市場に提供する。

社会起業家とペイシェントキャピタルが一丸となって取り組めば、住宅、水、衛生、農業、医療といった幅広い分野で、BOP市場に大きな変革をもたらすような影響を与えることができる。社会起業家はイノベーションを起こし、新しい解決策をつくり出す。ペイシェントキャピタルは、最も良いアイデアを見極め、組織能力の育成を助け、規模拡大のための資本を提供する。

本章は、筆者のペイシェントキャピタルとの経験に基づいて、BOPコミュニティを対象とする事業を推進するには何が必要かを探る。単にピラミッドの頂点（TOP）で成功したビジネスのアイデアを持ってくればよいのではない。答えはそれよりはるかに複雑だ。BOP市場はいくつもの重要な点でTOP市場とは異なっており、そのためにユニークな解決策が求められる。BOP市場を特異なものにしている要因については、本書のほかの章で論じられているが、[6]ここでは五つの重要な要因を簡単に説明しておこう。

▼ＢＯＰには**放置されているニーズが数多くある。**これは、政府がその使命を果たしていないことが多いサービス（きれいな水、衛生設備など）から、人々が貧しすぎて購買能力がないと思われているニーズ（医療、住宅）まで、多岐にわたる。

▼ＢＯＰ市場は**劣悪なインフラ（道路、水、電力）と流通網の未整備**に悩まされている。そのため、企業が工場や倉庫、銀行の支店、販売店などを設置する場合、ネットワーク接続、道路、水道、電力などの基本的インフラを当てにすることができない。また、インフラが不十分だということは、たいていは低所得層の顧客が教育と情報への道を絶たれていることを意味する。そのため、ＴＯＰの顧客へのアプローチとは異なるマーケティングとサービス提供の方法が必要になる。

▼**汚職**が蔓延し、経済的価値が吸い取られ、ルールに従う人にマイナスの影響を及ぼしている。

▼**購買力が低い**ために、新しい製品やサービスが市場に入りにくい。二〇〇七年に行われた研究によれば、「貧困ペナルティ」（情報の不足や市場の不整備などの理由により、富裕層に比べて製品やサービスに対して不当に高い対価を強いられること）を課せられている人々が四〇億人以上いるという。貧困層が製品やサービスに中間所得層が払うよりも相当程度多く払わされている状況だ（四〇倍も多く払っているケースさえある）[7]。

▼株主資本の欠如。従来の投資家は、医療、水、衛生、代替エネルギーなどの困難な問題に取り組もうとしているBOP起業家への出資を避けてきた。こういう事業はリスクが大きすぎると思われるからだ。

これらの要素が絡み合って、BOP市場をTOP市場と大きく異なるものにしている。違いは、提供される製品やサービス、事業の運営方法、製品やサービスの設計と顧客に届ける方法のイノベーションに現れる。

本章は、全体を四つの部分に分け、最初の部分で「ペイシェントキャピタル」セクターを簡単に紹介する。次に、BOP市場での成功に欠かせない四種類のビジネスモデルのイノベーションを紹介して、説明する。三番目の部分では、BOPで成功した四つの事業の経験を検証する。最後は全体のまとめである。これが行動のきっかけになることを期待している。

「ペイシェントキャピタル」セクターの登場

「ペイシェントキャピタル」は比較的新しいセクターだが、急速に成長し重要な影響を及ぼしつつある。BOP企業は、多くの場合、従来とは異なる方法で資金を調達しなければならない。これから詳しく見ていく状況では、たいてい何らかの形のペイシェントキャピタルを必要とする。なぜなら、通常、BOP企業のイノベーションや進歩は、試験や開発、成長に時間がかかるからだ。ペイシェントキャピタルは給付金ではない。元本に利子をつけて返すことが期待されている投資だ。その利子は、リスク調整した市場金利か、それ以下ということもあり得る。ペイシェントキャピタルは投資家の収益を最大化することを追求するのではない。貧困を解消するために、社会に最大限の影響を及ぼし、市場創出の触媒となることを目指すのだ。非営利組織と営利企業が利用できる各種の資本のなかでは、従来のベンチャーキャピタルと慈善団体の間、そして開発援助と海外直接投資の間あたりに位置づけられるだろう。

ペイシェントキャピタルに分類される組織は、少なくとも四つの点で従来の資本提供者と異なっている。

❶長期的な視野……ペイシェントキャピタルがBOPビジネスに適していることが多いのは、短期間で撤退する機会があまりないからだ。従来のベンチャーキャピタルは、三、四年で引きあげることを望むかもしれないが、ペイシェントキャピタルの投資家は一〇年以上も資金を動かさないことを想定する必要があるかもしれない。これは多くの伝統的な開発援助プログラムの対象期間が短いこととも著しく対照的である。二国間、または多国間援助プログラムの説明責任に新たに関心が向けられるようになった結果、資金提供サイクルをプロジェクトの立ち上げ、段階的縮小、評価も含めて三年とする開発プロジェクトが多くなってきている。これでは「本当の仕事」をする期間は、一年半から二年程度しかないことになる。経験から言うと、BOPで事業を行う企業がこういう短期間で自らのコンセプトが正しかったことを立証するのは難しい。

❷ **社会や環境に影響を及ぼすことを優先し、最大の経済的見返りを求めない**……この二者択一への対処の仕方は、組織によって大きく異なる。当初は平均的な収益率を期待しているが、強い社会的・環境的影響を及ぼすことができる投資であれば、利益の一部を手放す（たとえば、二〇％のところを一五％にする）意向を示す組織もある。逆に、許容できる収益の下限を決めたうえで、社会的利益を最大化するよう努める会社もある。こういう組織は、社会に最大の影響を与えることを第一の目標として、経済的には採算割れしないことが目標になる。

❸ **従来の投資家よりリスク許容度が大きい**……ペイシェントキャピタルの供給源は慈善団体、投資会社、あるいはその組み合わせの場合もある。多くのペイシェントキャピタル投資家は、リターンを期待していない財団や篤志家から資金を調達している。そのため、投資が成功しないことが多くてもセクター全体にとって有益な教訓が得られるという了解があり、そこに大きな実験の余地が生まれる。投資が成功すればその資金はファンドに戻り、将来の投資に回すことができる。多くの社会的投資家は、投資を「しない」ことの機会ロスは大きいと考える。彼らの目的は社会変革であるため、資本の保全ではなく実験と行動に向かうのだ。

❹ **資本は通常、事業の成長に沿って社会起業家に手厚い支援を行うこととセットになっている**……この支援は、さまざまな形で行われる。たとえば、系統だった研修プログラム、エグゼクティブによるメンタリング、ビジネスプランの作成や資金調達の支援、製造・調達・販売についての

専門的助言、会議や交換プログラムの後援などだ。ペイシェントキャピタルの投資家は金銭的資本を提供すること以上に、投資対象の組織の育成に多くの時間と労力を注ぐことが多い。

しかし、強調しておかなければならないのは、ペイシェントキャピタルは決して「甘い資本」ではないということだ。投資するのは、その会社がゆくゆくは自立して規模を拡大し、低所得者市場にサービスを届ける能力があると信じるからだ。投資相手が説明責任を果たすことを期待し、互いに合意したスケジュールにしたがって返済することを求める。重要なことだが、これは貧しい起業家が裕福な投資家に抱く可能性がある緊張を避けるのに役立つ社会契約の一部なのだ。社会起業家が返済すれば、ペイシェントキャピタル投資家はその分を、貧困層にサービスを提供しようとしているほかの社会起業家の支援にまわせる。

ペイシェントキャピタルを理解しやすいように、五つの組織を簡単に紹介しよう。

▼**アキュメンファンド**は、すべての人が質の良い必需品やサービスを手の届く価格で入手できるような世界を築くことを目指して、二〇〇一年に創設された。貧困層のための非営利ベンチャーキャピタルとして、四六の組織に総額四〇〇〇億ドル以上を投資している。一件あたりの投資額は二〇万ドルから二〇〇万ドルまでで、株式投資と債券投資の両方を用いている。ハイデラバード、カラチ、ナイロビ、ニューヨークに事務所を持つ。これまでの投資により二万人以上の雇用を創出し、数千万人の顧客にサービスを届けるのを支援している。

▼**E＋Co**は、途上国を中心にクリーンエネルギー事業に投資を行っている。有望な起業家を探し、低所得層の顧客にエネルギーサービスを提供する会社の立ち上げと成長を支援している。二万五〇〇〇ドルから一〇〇万ドルまでの投資を、株式投資と債券投資の両方で行っている。出資するだけでなく、クリーンエネルギー事業を成功させるためのツールとノウハウも提供している。一九九四年の創業以来、二〇〇以上の小企業に三二四〇万ドルを投資し、五六〇万人にエネルギーへのアクセスを提供し、トータルで八・四％の収益をあげている。[8]

▼**ニューベンチャーズ**は、ワシントンを本拠とする世界資源研究所のプログラムで、ペイシェントキャピタル部門の初期のパイオニアの一つだ。BOP市場の社会と環境に貢献するビジネスへの資本移転を支援・促進することを通して、新興市場の持続的な成長を推進している。[9] ニューベンチャーズは、エコツーリズムや再生可能エネルギー、クリーン技術、水管理などの急成長部門で、一〇万ドルから五〇〇万ドルまでの資本を求めている中小企業を支援している。投資先企業と協力して、新しい市場を開拓し、売上を伸ばし、この分野でのリーダーに成長させることを目指している。一九九九年の創業以来、ニューベンチャーズが起業家のために調達した資金の総額は、一億七五〇〇万ドル以上にのぼる。

▼**ルートキャピタル**は、コーヒー農民の協同組合や工芸職人の団体などの小規模の草の根の農業ビジネスに投資している。ターゲットは、「空白の中間地帯（missing middle）」、つまり、大手銀行

の投資先としては小さすぎてリスクも大きいが、マイクロファイナンス機関にとっては大きすぎるため、どちらの対象にもなりにくいビジネスだ。ルートキャピタルは、一九九九年以来、ラテンアメリカとアフリカの三〇カ国で二五四の草の根企業に一億四〇〇〇万ドル以上の融資を行ってきた。融資先からの回収率は九九％、投資家への返済率は一〇〇％を誇っている。(10)

▼**テクノサーブ**は、起業家養成、ビジネスと産業の構築、ビジネス環境改善に焦点を絞っている一九六八年創業の組織だ。農村貧困層の雇用とその製品やサービスの市場を創出することによって彼らの生活を変えるのに貢献するビジネスチャンスを探し出し、出資する。テクノサーブは、起業家が事業の立ち上げや拡大に必要なスキルと資源を身につけるのを支援している。そのために、ビジネスプラン・コンテストや起業家研修を後援する一方で、起業を促す文化の醸成にも取り組んでいる。多くの場合、立ち上げの後もかかわりつづけ、ビジネスプランの作成、市場・出資者探し、経営スキルの向上、高品質の製品とサービスの生産、業務効率の改善などを支援している。毎年、数千社の小企業を支援し、低所得国での雇用、売上高、所得創出に波及効果を及ぼしている。(11)

これらの五つの組織が示しているように、ペイシェントキャピタルはＢＯＰビジネスの発展を可能にする経済エコシステムの構築と支援に貢献している。このセクターが育てているビジネスは、妊産婦医療から、村落レベルの浄水ソリューション、低コストのグリーン照明ソリューション、衛生設備まで、さまざまである。ペイシェントキャピタルと彼らが支援する社会起業家は、援助と市場を隔てていた垣根を取り払い、繁栄への新しい道をともに築こうとしている。

ビジネスモデルのイノベーション

次に、成功したBOPビジネスによく見られるイノベーションの種類について見ていくが、その前に、少し背景を説明した方が良いだろう。執筆者は二人ともBOPビジネスに取り組む企業との仕事を豊富に経験している。ノヴォグラッツは、四〇以上のBOPビジネスに投資しているアキュメンファンドの創業CEOである。ウィリアム・デビッドソン研究所（WDI）所長のケネディは数十の企業の顧問を務め、その経験をケーススタディとして記録している。

本章で紹介する枠組みは、アキュメンファンドのプロジェクトでともに仕事をした数年間の経験と、投資先のBOPビジネスを育て成長させる方法について続けてきた多くの議論に基づいている。断わっておくが、このフレームワークは体系的な仮説検証や、大規模なデータ収集と分析から生まれてきたものではない。

経験から、四つのイノベーションが非常に重要であることが分かった。最も成功しているBOPは、四つのうち少なくとも一つ、多くは二つ以上を取り入れている。すべてのケースにすべてのイノベーションが見られるわけではないが、社会起業家がよく用いているものだ。簡単に言えば、次のようになる。

●徹底的なコスト削減策を導入する。
●BOP志向の経営チームをつくる。社会的動機（貧困層に奉仕するという意志）と事業成功に必要な伝統的なビジネススキルとのバランスをうまく取りつづけられるようなメンバー構成にする。
●製品とサービスの設計に人間中心の考え方を導入する。
●市場を創造し成長させるために、BOPの人々との信頼関係を確立する。

それぞれのイノベーションを簡単に論じ、アキュメンファンドが関係しているBOPビジネスの例を用いて、これらのコンセプトが実際の業務にどのように実現されているかを説明する。

徹底的にコストを削減する

BOP市場でビジネスを持続させるには、コストを賄えなければならない。よくある誤解は、BOPの顧客は所得が少ないから、製品やサービスに手が届くようにするには、企業は品質を犠牲にしなければならないというものだ。消費財を扱うビジネスには、これに該当するものもあるだろう（たとえば、インドのニルマの洗剤）[12]。しかし、品質を犠牲にせずにコスト削減に成功したBOP組織は多い。

アラビンド・アイ・ホスピタルはその一例だ。インドのマドゥライに本拠を置くアラビンドは毎年三〇〇万人以上に眼科検診を行い、二五万例以上の白内障手術を実施している。先進国では、白内障手術に二五〇〇〜三〇〇〇ドルかかる。アラビンドは病院のワークフローを徹底的に再編し、コストをおよそ五〇分の一（一手術当たり五〇〜七〇ドル）にまで削減した。

アラビンドの徹底的なコスト削減には三つの重要な要素が貢献した。

▼**膨大な量**……米国の一流眼科病院が一年間に行う手術は、三〇〇〇〜五〇〇〇例というところだろう。アラビンドはその五〇倍もの数をこなしている。その結果、ワークフローを最適化することができた。

▼**パラスキリング**[13]〔サービスのプロセスを標準化・分割して、非熟練スタッフでも行えるようにすること〕……アラビンドは、定型的なモニタリングや患者の世話を行う、低コストの用務員や准看護師を数百人雇っている。医師や正看護師は、彼らの専門知識を本当に必要とする活動に集中できる。

▼**乏しい資源を最大限有効に活用することを徹底する**……米国の医師一人が一年間に執刀する手術の数は、通常、二〇〇〜三〇〇例だが、アラビンドの医師は三〇〇〇〜五〇〇〇例の手術を行っている。パラスキリングなどのワークフローのイノベーションによって、医師は白内障手術を三〜五分で完了し、一分以内に次の患者の手術に取りかかれるようになった。医師は病院の中では圧倒的にコストが高い資源なので、医師の生産性をあげるワークフローのイノベーションは、コスト削減に劇的な効果がある。

アラビンドは低コストのサービス提供者だが、その品質指標は米国の病院と同等か、それ以上だ。この質の高さと短期間で膨大な経験を積める稀有な機会を求めて世界中から研修医が集まり、サービスを提供するのと引き換えに研鑽《けんさん》を積んでいる。コスト削減イノベーションのおかげで、アラビンドは貧しい人でも質の高い眼科医療を受けられる料金を設定できる。

BOP志向の経営チームをつくる

BOPビジネスを成功させるには、最適の人材を最適のタイミングで見つけることがきわめて重要だ。経営上層部には二種類の能力が必要である。一つはBOP市場のために解決策をつくり出そうとする**意志と想像力**、もう一つはある程度の規模のビジネスを経営する**スキル**である。問題は、事業が成熟してゆくとともにこれら二つのニーズのバランスをとることだ。

成功するBOPビジネスは、はっきりとした段階を踏んで成長する。立ち上げとその直後の期間には、ニーズを認識し、洞察力があり、顧客のために価値を創造する解決策をつくり出すことに全力で取り組む、熱意あふれる社会起業家が絶対に必要だ。この段階では、スタッフは少なく、よくまとまっていることが多い。業務、財務、人事などの問題は複雑ではなく、問題が発生すればその場で効果的に処理することができる。

コンセプトが間違っていないことが確かめられ、規模が拡大すると(多くの場合、急速に)、組織は複雑になり、創業者の能力を超えて成長することが多い。スタッフは増え、使命感を共有することが難しくなる。そのため、オンボーディング（onboarding）（新メンバーを迅速かつスムーズに組織になじませ、機能させること）と人事方針の重要性が増す。規模が拡大すれば、業務遂行上の新しい問題が生じ（事業地や生産ラインが増えるなど）、財務と業務の管理の必要性も高まる。意志と想像力が重要であることは変わらないが、個別の職能分野のビジネススキルが必須の要素になる。もちろんこれはどんな起業にもつきものの課題だが、BOPビジネスの条件下では、困難はいっそう大きくなる。

それでは、BOP志向の経営チームをつくり上げるのにイノベーションが必要なのはなぜだろう。それは、従来のマネジメント手法でうまくいくことはめったにないからだ。経営幹部レベルでは、低所得層の消費者をよく理解し、同時に、複雑なビジネスを構築する方法に詳しい、優れたスキルを持つ人を見つけるのは難しい。成績優秀な人材には、膨大な種類の仕事の選択肢がある。そういう優秀な人に農村部で暮らすことを納得してもらうのは難しい。農村部のリスクの大きいビジネスのために、比較的少ない報酬で働いてくれるよう頼まなければならないのは、大きな障害だ。候補者さえ見つけられない組織が多い。

高成長を続けるBOP企業は、中間管理職レベルでは、指示に従うだけでなく自分のイニシアチブで動けるリーダーを採用するのが難しい。分散型の流通モデルを推進している企業は多い（ライフスプリングホスピタルズ、ウォーターヘルスインターナショナル、ディーライトデザインなど）。こういうモデルは、戦略的決定をするタイミングとその方法を知り、プロセスを改善し、適切なときに新しいアイデアを経営上層部に上げることができる、手堅いマネジャーがいなければ成り立たない。文化と価値観、業務へのアプローチを共有し、仕事に対して鋭い判断能力を持ったマネジャーのチームをつくり上げることは、困難だが非常に重要だ。

要するに、組織が成功すれば、マネジメント上の新しいニーズが出てくるのである。社会起業に関心ある人が、規模の大きい複雑な組織を経営するのに必要な、実務的なスキルを持っていることはめったにない。そして、高いスキルを持ち実務に長けたエグゼクティブが、BOPビジネスに取り組む企業が提供できるレベルの報酬と環境を受け入れてくれることはまれだ。熱意あふれる組織の創業者が、BOPビジネスが有望な事業に育っていくにつれ、自分は経営の適任者ではないと自覚するのは珍しいことではない。意志とスキルという二つのニーズのバランスをとることは、重要な課題だ。

成功するBOPビジネスは、それに代えて、外部から主要エグゼクティブを雇うという方法を取ることが多い。成長するBOPビジネスのニーズに合った職能ごとの専門家を探すときに、二つのイノベーションが役立つことが分かった。

▼民間セクターの経験豊かなマネジャーを活用する……こういうエグゼクティブが、第二、第三のキャリアとして社会起業の世界に入るケースが増えている。こういう人たちは経済的に安定していて、意義のある仕事をしたいと思っている。彼らに一年くらいまでの期間、BOPビジネスの仕事をしてもらうプログラムは、専門知識を素早く獲得するのに役立つ。社会起業家にとってのメンターの役割も果たしてもらえるだろう。その例が、アキュメンファンドのシニア・フェローズ・プログラムだ。経験豊かなマネジャーをドリシュティ（インド）〔農村部に設置したキオスクのネットワークを通してIT・教育・医療などの製品やサービスを提供している〕、ジャッサルファームズ（パ

キスタン）〔搾乳量の多い乳牛の人工授精用精液を生産し、低価格で貧しい農民に提供し生産性を向上させている〕、ファーストマイクロ保険エージェンシー（パキスタン）〔低所得層向けの保険サービスを提供している〕、インスタプロダクツ（ケニア）〔栄養失調を改善するための栄養強化食品を中小農家から仕入れた原料を使って製造し、ユニセフなどの援助機関に販売している〕などの投資先に派遣している。

▼理想に燃える若い専門家を活用する……学部または大学院を卒業後、すぐに職に就かず、一年間の奉仕活動をする人が増えている。アキュメンファンド、キヴァ〔インターネットを通して集めた資金を途上国と米国のマイクロファイナンス機関に貸しているNPO〕、ドリシュティはいずれも、若い専門家をBOPビジネスに取り組む企業に派遣する「フェロー」プログラムを実施している。「社会的影響のためのエンジニアたち」や「国境なきMBA」などのプログラムは、世界各地のさまざまな部門の企業にボランティアを紹介している。

ペイシェントキャピタルの投資家はこれらのプログラムの成功に重要な役割を果たしている。自分たちの経営能力が不足している部分を正確に把握し、適切なフェローを選択できる経営感覚を持っている企業はほとんどない。しかし、ペイシェントキャピタルは、BOPビジネスに取り組む企業の経営能力の不足部分を見つけ、複数の組織に派遣する候補者を選抜し、創業者と協力して外部から人材を連れてきて重要な活動を任せるプロセスを進める能力を持っている。

人間中心の設計を用いる

ＢＯＰ組織が立ち向かわなければならない最も重要な課題は、少なくとも次にあげる三つの条件に合う製品またはサービスを提供することだ。

❶ＢＯＰ消費者から**価値があると認められる**こと。ＴＯＰ市場では政府が提供しているものを、民間セクターが代わって提供するサービスがある（電気、きれいな水、衛生設備）。ＢＯＰ特有のニーズに応えるものもある（非同期インターネット接続、携帯電話バンキングサービスなど）。

❷ＢＯＰ消費者の**手が届く価格である**こと。

❸ＢＯＰ価格でもコストを賄えるよう、**効率良く提供できる**こと。固定費と変動費の両方を賄えるのが理想的だが、準備費用、固定費、場合によっては営業費の一部も「賢い補助金」でカバーする必要があるケースもある。

これら三つの理由から、多くの成功したＢＯＰビジネスでは、設計が重要な要素だった。[14] 普通、ＢＯＰ消費者向きに「人間中心の設計」をするためには、現地の状況に入りこんで消費者のニーズと利用パターンを理解することが必要だ。[15] 多くの組織は、TOP市場で成功した製品、サービス、システムの設計がBOP市場では通用しないことをすぐに痛感した。製品やサービスがBOP特有の文化や状況では不適切であるか、BOPの顧客には高すぎて手が届かないことが原因であることが多い。

人間中心の設計は、顧客のニーズやウォンツを理解しようと努めることから始まる。一般的なマーケットリサーチで有用性を判断するレベルでとどまっていてはならない。重要なことは、製品やサービスを設計する前、その間、その後で、BOPの人々がどう考え、感じ、生活しているかを深く理解することだ。[16]

人間中心の設計の例として、ウォーターヘルスインターナショナル（WHI）の水の宅配事業での経験を見てみよう。WHIについては後で詳しく議論するが、ここでは一つの知見が注目に値する。WHIは村落レベルの浄水システムを構築し、運営している。村の中心地にウォーターヘルスセンターを設置して、村民がそこまで来て水を購入し、家に持って帰る、というのが標準的なモデルだ。WHIは初期の段階で、収益を増やそうとして、宅配サービスの実験を行った。サービスを利用すると思われる豊かな世帯には配達に割増料金を課し（水の価格のほぼ二倍）、その分を貧困層に販売する水の補助に充てることができると考えたのだ。

サービスはたちまち大成功を収めたが、驚いたことに、最もサービスを利用した顧客グループは、日雇労働者だった。豊かな世帯には使用人がいて、彼らに水を運ばせることは余分なコストと見なされていないことが分かった。しかし、日雇労働者にとっては、時間は貴重だ。家庭で水は必要であり、水を買いに行くために時間を割くことはできないが、絶対に必要なサービスにはお金を払おうとするのだ。WHIは現地の社会に深く入り込み、顧客の声に注意深く耳を傾けたおかげで、ターゲットとする顧客について意外だが重要な点を理解することができた。

新しい市場を育てるために、BOPとの間に信頼関係を確立する

BOP市場では、信頼は手に入りにくいものの一つである。商業部門では、BOPの人々はあらゆる面で不利な立場に立たされているように見える。農民は、独占的な中間業者と取引するほかないかもしれない。それが唯一の農業投入物の供給業者、あるいは収穫物のバイヤーであるかもしれないからだ。選挙の時期になると、村人は政治家の約束を聞かされる。新しい道路、新しい学校、新しい診療所。そして、多くの約束が破られる。資金不足や組織の優先順位のために、「気を長く持ち、長くとどまり、「戻ってくる」ことができない善意の開発機関や慈善団体に対しても、不信感は広がっている。

したがって、差し出された解決策にBOPの顧客が強い疑いの目を向けるのは、驚くことではない。それまでにも同じことがたびたびあったのだ。また貧困層の人々は、当然ながらほかの市場セグメントの人々よりリスクを避ける傾向が強い。こうしたさまざまな理由が相まって、顧客は習慣を変えようとせず、変化に抵抗さえする。

インドのノイダにあるディーライトの本社前でサモサを売るグプタ氏の例を見てみよう[17]（ディーライトは安定した電力源のない消費者をターゲットとする国際的な消費者製品メーカー。後ほど詳しく論じる[18]）。二〇〇九年五月、ディーライトの製品開発チームは、彼女に一カ月の市場テストの一環として、太陽

電池式ランプを貸し出した。一カ月後にランプを買うか、ディーライトに返すかを選べることになっていた。

すぐにそれまで使っていた熱くて、汚く、コストがかかり、危険な灯油ランプを新しいノヴァS150のランプに換えると、素晴らしい結果が出た[19]。以前よりずっと明るく、屋台の隅に下げると、手元がよく見えるようになり、サモサを焦がすことが少なくなった。照明から煙が出ないので、有害な灯油の煤煙が漂う中でサモサを食べたくない顧客が集まるようになった。一日の仕事を終え家に帰るときは、屋台のヘッドランプとして使った。灯油のランプではできなかったことだ。

一カ月が過ぎてみれば、顧客が増え、販売量が増え、無駄が減ったため、グプタ氏の利益は倍増していた。ディーライトのチームは、バラ色の予測を示した。ランプの購入費用は、灯油の経費の節約分で賄えるから五カ月で元がとれる、金銭以外にもさまざまな利益がある、と。すべて順調に進みそうだった。ディーライトのチームは、ランプを買いたいかどうか尋ねた。すると彼女は、そのうち買うかもしれないと言いつつ、丁寧に断った。

筋が通らない決定だろうか。グプタ氏の観点からはそうではなかった。意思決定プロセスの二つの側面、信頼と「駆け引き」を考えてみよう。ディーライトはインドに進出して二年もたたない新しい企業だった。まだ信頼されるブランドになっていなかったのだ。ランプは一カ月の間、問題なく作動したが、その後も同じように作動しつづけるだろうと思わせる実績がなかった。

ディーライトにとって問題を厄介にしていたのは、従来の開発援助の実績だった。西側の援助機関が無償でモノを与えてきたこと、今でもそうしていることは、よく知られている。グプタ氏は、買うのをためらって見せれば、ランプを「ただでくれる」かもしれないと思ったのだ。

この意思決定プロセスは決して珍しいものではない。取引を成立させるのは難しいことだが、低所得者市場ではほかの場合よりはるかに難しいことがある。

実際のイノベーション事例

それでは、四つのBOPビジネスの経験を検証し、これらの組織が先述したアプローチを実際にどのように適用してきたかを見ていこう。紹介するのは次の四つの組織である。

▼**ライフスプリングホスピタルズ**……インドの低所得層の人々に低コスト、高品質のサービスを提供している産科病院。
▼**エコタクト**……ケニア全土で都市の中心部に一回ごとに使用料を払う方式のトイレとシャワー設備を建設し、運営している会社。
▼**ウォーターヘルスインターナショナル**……前述した、貧困層に浄水ソリューションを低コストで提供している会社。
▼**ディーライト**……先に紹介した照明と消費財のメーカー。

どの組織も、前述のイノベーションのいくつかを活用している（表2-1にまとめた）。次に、各組織がどういう問題に取り組み、どのようなイノベーションを行ったかを見ていこう。その後、現在までの成果と経験をふまえたうえで、一つのイノベーションに焦点を当てて検証する。各組織が採用したそれ以外の二次的なイノベーションにも簡単に触れる（読者は、大きな概念的枠組みを見失わないように、ときどき表２－１を参照するとよいだろう）。

ライフスプリングホスピタルズ

先進国では、妊産婦死亡の生涯リスクは八〇〇〇分の一、途上国では七六分の一だ。世界では、毎年五〇万人以上の女性が、妊娠中と出産時の合併症で命を落としている。[20] 世界保健機関（ＷＨＯ）によれば、こうした死亡例の二五％近くをインドが占めている。[21]

問題の一つは、インドの女性が出産時に熟練した介助者のケアを受けている割合が四三％にとどまっているということだ。[22] たしかにインド政府は、公的医療サービスの提供に力を注いでいるが、公的制度の成績は非常に悪い。妊産婦死亡率は、中国の九倍、米国の三〇倍にも達している。母親と子どもの死亡は国と人口全体に悪影響を及ぼす。米国国際開発庁（ＵＳＡＩＤ）は、母親と新生児の死亡による生産性の損失を年間一五五億ドルと見積もっている。

表 **2-1 ◆ 4 組織のイノベーション**

	ライフスプリング	エコタクト	WHI	ディーライト
徹底的にコストを削減する	◎			
BOP 志向の経営チームをつくる	○	◎		
人間中心の設計を用いる		○	○	◎
信頼関係を確立する			◎	○

アナント・クマルはある意味では、最も妊産婦ケアにかかわりそうにない人物だった。インド最大のコンドーム・メーカー、ヒンドゥスタンラテックスリミテッド（HLL）の経営幹部だったクマルの仕事は、妊娠を防ぐことであり、支援をすることではなかった。しかし、ヒンドゥスタンラテックス家族計画推進トラスト（HLFPPT）の社会事業フランチャイズ部門の長として、クマルは公立病院の実情を目の当たりにし、民間セクターには低所得市場に参入する意志がないことを痛感していた。

クマルは二〇〇五年一二月に、HLFPPTのパイロット事業として、最初のライフスプリングホスピタルズを創設した。彼が開発分野に足を踏み入れたのはこれが初めてではなかった。アンドラプラデシュ州社会的マーケティングプログラムのプログラムマネジャーとHLLの地区マネジャーを務めたことがあった。この二つの仕事を通して経営スキルが身につき、貧しい人々の役に立ちたいという意志が固まった。農村経営研究所で農村経営学の大学院課程のディプロマ（MBAと同等）を、シンバイオシス研究所でヘルスケアと病院経営の大学院課程のディプロマを取得しているクマルは、多くの意味でBOPビジネスを経営するには理想的な起業家だった。

今日では、ライフスプリングホスピタルズは、アキュメンファンドとHLL（民間企業）、HLFPPT（準政府機関）のジョイントベンチャーとして運営される病院のネットワークに成長した。このパートナーシップの目標は、小規模病院（二〇〜三〇床）のチェーンによって、都市部の低所得顧客に手が届く料金で妊産婦・小児医療を提供することだ。

ライフスプリングのビジネスモデルは、尊敬から始まる。すべての料金ははっきりと壁に掲げられている。医師は公正な報酬を固定給として受け取っている。その結果、緊急の（不要な）帝王切開などの「予想外の費用」が発生することはほとんどない。サービスにかかる費用についてあらかじめ情報を提供することと、患者が出産に備えて計画を立てるのを手助けすることが、ライフスプリングの最も強力なセールスポイントになっている。

イノベーション◎ 徹底的にコストを削減する

ライフスプリングはすべての事業分野で徹底的にコストを削減した。専門分野の絞りこみと、顧客数の多さがビジネスモデルの土台になっている。その結果、ＢＯＰの患者がサービスを受けられないような料金を取らなくても、高い質を維持することができるのだ。ライフスプリングの病院は、正常分娩、帝王切開、子宮摘出術のみを扱い、より複雑な処置（および高額の費用）が必要な患者は提携関係にある病院に紹介する。ライフスプリングでの出産費用（三二ドル）は、地域の民間病院での出産費用（約二〇〇ドル）の六分の一だ。

各病院の設計はまったく同じで、診療と事務の手続きも同じだ。マクドナルドの病院版と考えるとよい。つまり、すべてが標準化されたフランチャイズ組織なのだ。モニターインクルーシブマーケッツ（ハーバード大学ビジネススクールの教授陣によって設立されたコンサルティング会社、モニターグループ内の専門ユニット。市場ベースの解決策による社会変革を目指す）のチームは次のように報告している。「ライフスプリングの病院は、必須ではないサービスを徹底的に排除して経営されている。食堂はなく、薬局と検査サービスは外部委託し、施設は購入せずに賃借し、新しい建物ではなく古い建物を使っている。一般病棟のベッドが大多数を占め、調度はごく簡素で、空調はない[23]」

ライフスプリングの医師の報酬は、行った処置ごとの診察料金が収入になる民間クリニックの医師とは異なり、固定給制である。各病院は事務処理を担当する管理専門家を雇っているので、医師は診療に専念できる。医師は、ライフスプリングの最も高額な変動費だ。そこで、ライフスプリングは医師一人につき一二人の看護師を雇って補助にあたらせ、医師の生産性を向上させている。

病院は、各種診断装置から産科医にいたるまで、他の主要な資源の使用率を上げるように編成されている。ライフスプリングの高処置量のビジネスモデルが、収益性を押し上げる高い生産性を生んでいる。

産婦人科の入院患者の診療に特化することで、標準化とコスト削減が可能になっている。標準器具キットから臨床プロトコルまで、九〇以上の標準的な手続きが詳細に定められている。繰り返し行われる処置の多くで使用する薬剤と器具の種類を絞り、標準的な器具とジェネリック医薬品を大量に割引価格で購入できるようにした。また標準化によって、一般的にはより経費がかかる正助産師の任務の一部を、補助助産師でも行えるようにした。

ライフスプリングのモデルには、公的部門が学ぶべき重要な教訓がある。通常、インド政府は正常出産に五〇〇〇ルピー（一一〇ドル）を支出しているが、これはライフスプリングの料金の三倍以上である。ライフスプリングは、モデルが確立してゆくにつれ、民間部門でのイノベーションが公的部門の変化を促す強力な例となった。

ライフスプリングは、二〇〇九年半ばまでに九つの病院で六万五〇〇〇人の患者を診療し、三五〇〇例の分娩を安全に行っている。

イノベーション◯　BOP志向の経営チームをつくる

ライフスプリングは二〇一二年までに病院数を現在の二倍の一八に増やす計画だ。そのため、人的資本戦略が成長計画の中心になる。過去二年間で数百人を新たに雇い入れ、次の二年でスタッフの数を倍増させることを計画している。

ライフスプリングの顧客中心の文化を強化するために、新人は革新的なオンボーディング研修を受ける。全員が、一日をライフスプリングのアウトリーチワーカーとともに行動するのだ。新人は低所得地区で、現在の顧客または潜在顧客――母親と妊婦――との時間を過ごす。これは中流階級出身のスタッフが低所得層の顧客の立場に立って生活を見て、ライフスプリングの社会的使命を身をもって経験するのに役立つ。

新人は公立病院にも見学に行く。「競争相手」にじかに触れるのは、強烈な体験だ。オンボーディングの第三段階は、ライフスプリングの病院で一晩過ごすことだ。ライフスプリングの文化や、通常の病院とは異なる点を強調するこのようなプログラムは、従業員に使命感を持たせ、速やかに仕事に慣れさせるのに役立つ。

エコタクト

世界には、基本的な衛生設備を利用できない人が二六億人以上いる。これは世界人口の四〇%近くに相当する。(24) 最も状況が劣悪なのはサハラ以南のアフリカで、人口の六三%にのぼる。(25)

ケニアの首都ナイロビには、世界最大級の規模と人口密度の非公式な居住区がある。世界銀行よると、ナイロビの公共トイレは非衛生的でほとんど機能していない（政府が首都の公共衛生設備の調査を最後に行ったのは三〇年以上も前である）。ケニアでは正常に機能するトイレとシャワーが不足しているため、BOP社会は健康リスクにさらされ、尊厳を傷つけられている。スラム住民の多くは、排泄物をプラスチックの袋に貯めて夜間に処分する。ほとんどの場合、住まいから道路に投げ捨てるため、俗に「空飛ぶトイレ」と呼ばれている。

デビッド・クリアはこの問題を知り尽くしている起業家だ。建築家として、各種の水供給や衛生設備のモデルなどの、都市貧困層を対象とした解決策の創造に長年携わってきた。そういう構想の一つとして、クリアはスラム地域にトイレ施設をつくった。地域住民は少額の使用料を払って安全で清潔なトイレを利用することができ、少し追加料金を払えばシャワーも利用できる。

初めのころは、クリアは創業間もない社会起業家の典型だった。土地の利用権を取得し、補助金申請書を書き、建設を監督し、施設の従業員を採用して監督し、総支配人の役割を果たした。

初期のモデルは資金を補助金に頼っていたが、需要が非常に大きかったため、料金収入で運営費を賄え、さらに利益が出ることが分かった。クリアは、余剰金を使って民間から資金を調達し、システムの設備投資に充てれば、補助金に頼りつづけるより早く規模を拡大できることに気づいた。

アキュメンファンドは、このアイデアが社会的な観点からも財務的な観点からも魅力的だと考えた。アキュメンファンドは一年以上かけて、クリアとともに「エコタクト」と名づけられた彼の会社のビジネスプランを練り上げ、三〇カ所に施設を建設する資金として七五万七〇〇〇ドルを投資した。トイレの施設そのものには、イコトイレット（IkoToilets）というブランド名をつけた。「イコ」とはスワヒリ語で「ある」という意味だ。したがってこの名前は、顧客に「ここにトイレがあります」と言っていることになる。このトイレのスローガンは「トイレの先まで考える」で、衛生設備につきまとう悪いイメージを払拭《ふっしょく》し、顧客の利用意欲をかきたてるものにしようとする会社の努力を表現している。

二〇〇六年に創業したエコタクトは、今日ではケニア全土の都市中心部に、一回ごとに料金を支払う公共トイレとシャワーの設備を建設し、運営している。同社は、BOT方式（民間事業者が自らの資金で対象施設を建設し（Build）、維持管理・運営を行い（Operate）、事業終了後に所有権を公共へ移転する（Transfer）形式）のモデルを採用している。地方自治体は公有地の使用――ほとんどの場合、五年間――を許可する。会社が衛生設備を建設し、運営する。五年が過ぎると、エコタクトは事業の所有権を地方自治体に移譲する。交渉によって引きつづき数年間、施設を運営する権利を得る場合もある。

各施設には、二四のトイレと八つのシャワーがあり、半分は男性用、半分は女性用になっている。各施設には制服を着た従業員が二、三人常駐して、管理、清掃、維持、運営にあたる。顧客はトイレを一回使用するのに五ケニアシリング（約七セント）、シャワーを使用するのには二〇ケニアシリング（約二九セント）の料金を支払う。そのほかに、各種の業者に場所を貸したり（靴磨きサービスや新聞スタンド）、広告用スペースを売ったりして収益をあげている。

二〇一〇年初頭には、エコタクトは二二施設を運営し、毎日一万五〇〇〇人以上にサービスを提供していた。二〇〇九年の延べ利用回数は四三〇〇万回を超えていた。ナイロビ、ナイバシャ、マチャコス、ナンユキ、オタヤ、エルドレット、エムブの中心業務地区で施設を運営しているほか、首都のスラム地区にも二つの施設がある。

同社は二〇一二年までに、新たに三〇施設を設置する計画だ。さらに業務を拡大するために、エコタクトは新規施設にフランチャイズ方式を採用する可能性も探り始めている。立地と顧客数に応じてフランチャイズ料金を課すのだ。スラム地区のユーザーがサービスを利用しやすいように、一〇〇ケニアシリング（一・三ドル）で一家族が一カ月間、施設を利用できる家族会員プランも提供している。

イノベーション◎BOP志向の経営チームをつくる

これまでのエコタクトの成功は、クリアの野心的なビジョンへの情熱とそれを実現する彼の能力に負うところが大きい。しかし成功を確かなものにするには、それだけでは到底十分ではない。二〇〇七年にわずか数施設で出発し、二〇一〇年には二二施設、そして二〇一二年には五〇施設以上を見込むほどの成長は、大きな組織上の課題をもたらした。どんなに情熱的で決意の固い人物でも、一人だけで社会的企業の規模を拡大するのは不可能だ。

クリアはアキュメンファンドと提携し、エコタクトを創業者自身が経営にあたる新興企業から、専門的に管理された成長企業へ脱皮させようとしている。両者は協力して、四つの明確な課題分野に沿って会社を築こうとしている。持続的な成長と成功を確保するためには、それぞれの分野をマネジャー・レベルの人が統括する必要があるだろう。四つの課題分野を次に示す。

● 建設前の業務――許可申請、建設管理

●建設後の業務――スタッフの研修、現金の集金、施設配置スタッフの監督
●コミュニケーションと宣伝
●財務と現金管理

一言で言えば、エコタクトはわずか二年で、桁違いに複雑な事業になったということだ。熱意あふれる起業家が一人で第一段階の施設建設と業務をこなすのは、場合によっては可能かもしれない。しかし、数十の施設と数百人の従業員を擁し、政府機関との無数の複雑な契約を抱える組織が、単独で長く生きのびることはできないだろう。クリアはアキュメンファンドとの協働を通して、彼のビジョンと情熱と意志を共有する経験豊かな専門家を採用し、会社を成長させるために新たに必要になる人材と（財務、人事、マーケティング、業務分野の）経験、つまりビジネス「スキル」を獲得している。

アキュメンファンドは、エコタクトにアキュメンファンド・フェローや外部コンサルタントを紹介し、幅広い経営支援を提供して、この移行を助けてきた。今はエコタクトにとって成長と期待の時だが、不確実な時でもある。エコタクトのようなＢＯＰに焦点を絞ったビジネスにとっての課題は、低所得層の顧客の役に立ちたいという創業者のビジョンを希薄化することなく最上級の人材を採用することだ。

イノベーション○人間中心の設計を用いる

エコタクトのビジョンと成功には、設計も重要な役割を果たしている。前に述べたように、クリア

は建築の専門家だ。確かな技術と視覚的アピールは良い建築家の道具だが、エコタクトの施設にはこれらが体現されている。例をあげよう。

●エコタクトの施設（「イコトイレット・モール」と呼ばれている）は、建物の設計にユニークな角度を取り入れた特徴的な建物だ。この角度は単なる装飾ではなく、換気を良くし、メンテナンスを容易にする狙いがある。また、周囲の建物の中でイコトイレットが一目でそれと分かる効果がある。

●エコタクトの制服を着たスタッフは、つねに施設を清掃しながら、顧客に挨拶をし、サービスを提供する。これはスタッフの高い職業意識を示し、顧客経験を豊かにし、サービスにお金を払う意欲を高めるのに役立っている。

●イコトイレット・モールの内部はユニークな色に塗られ、トイレとシャワー室には流行の音楽が流れている。顧客はイコトイレットの「美しさ」についてコメントする。普通はこういう施設には期待されないような反応だ。

ウォーターヘルスインターナショナル

世界には、安全な飲料水にアクセスできない人が一一億人ほどもいる。そのうち、およそ四億八〇〇〇万人はインドに住んでいる。[26] 世界中の病院のベッドの半数は、つねに水系感染症にかかった患者で占められている可能性がある。病気の苦しみのほかに、人々の生産性に及ぼす影響もきわめて大きい。インドだけでも、水系感染症を原因とする生産性の損失と治療費は、年間六億ドルにのぼる[27]。農村部の住民は、一日に何時間も費やして汚染された水源で水を汲み、家に運んでいることが多い。都市スラムの住人は公共の水道がないか、あっても不十分であるため、給水トラックから衛生的な水を買っているが、多い場合は三七倍もの割高な料金を払っている[28]。

こういう状況にも、従来の二つのモデルでは問題を解決できないことが表われている。政府はインフラに投資してきたが、メンテナンスには投資してこなかったため、掘った井戸の水を飲むのは安全でない恐れがある。一方、水製品を販売する営利企業は、農村部の貧困層を市場とは見ておらず、貧困層を対象とした水ビジネスの構築に投資しようとしない。

ガーナ人のトラランス・アディは、貧しい農村部のこの側面を身近に見てきた。彼はガーナの小さな貧しい村の出身だった。米国で教育を受ける機会に恵まれ、その後ジョンソン・エンド・ジョンソンに就職し、一五年以上勤務した。しかし、安全な飲料水を提供したいという情熱は持ちつづけていた。そして、いつか転身して社会に大きな影響を与えることができる革新的なビジネスを構築したいと思っていた。彼は二〇〇一年に、ウォーターヘルスインターナショナル（ＷＨＩ）を買収した。水一トン当たりわずか五セントで、素早く簡単に水を浄化できる画期的な紫外線濾過《ろか》システムを扱う会社だった。

今日ＷＨＩは、政府も既存の民間企業も見過ごしてきた市場でビジネスを行おうとしている。独自の紫外線水処理技術を用いたコミュニティ浄水システム（ＣＷＳ）を製造し、販売するのだ。「ウォーターヘルスセンター」というコスト効率の良い水濾過システムを、インド、フィリピン、ガーナ、メキシコの都市と農村のコミュニティに販売している。現在、WHIのシステムの大多数が設置されているのは、インドだ。

ウォーターヘルスセンターは、人口七〇〇〇人のコミュニティに、最大で一日一人当たり二〇リットルの安全な飲料水を手ごろな価格で供給する能力がある。WHIは二〇リットルの水をわずか三ルピー（六セント）で販売している。ほとんどの家庭は、一日に必要な量をこれで賄える。同社はインドだけで四〇万人以上にサービスを提供しており、農村に焦点を絞った新しい水事業のモデルになっている。

イノベーション◎ 信頼関係を確立する

WHIが初期の段階で力を入れていたのは、CWSを生産して、村落に販売することだった。それが紫外線水処理システムとウォーターヘルスセンターの開発につながった。しかし、センターが稼働しはじめると、WHIはいくつかの面で予想外の問題があることに気づいた。たとえば、きれいな水についての教育、きれいな水へのアクセスについての社会慣習、運搬と保存という「最後の一マイル」の問題だ。

WHIは、現地で信頼を得ている非政府組織（NGO）のナーンディ財団と提携することにした。ナーンディ財団がきれいな水を飲むことがもたらす健康上の利益に焦点を合わせた意識向上・教育キャンペーンを行うことになったので、一方のWHIはウォーターヘルスセンターの設置・運営・維持に集中できるようになった。WHIとナーンディ財団は処理設備を共通ブランドとし、ウォーターヘルスセンターからの収益を分け合った。この提携のおかげでＷＨＩは売上を伸ばし、ナーンディ財団は活動地域のコミュニティでの影響力を高めることができた。

汚染された水と水系感染症との関係についての意識不足は、依然として大きな課題である。ＷＨＩが行った調査では、ＢＯＰの人々の多くは、見た目がきれいな水なら飲めると思っていることが分かった。そのうえ、簡単には変わらない古い文化的な伝統を信じている人も多い。たとえば、先祖代々、特定の井戸の水を飲みつづけてきたという歴史や、水道水の味や健康への恩恵についての誤解、死体を池に沈めると水が浄化されるといった迷信などだ。

ＷＨＩは、ポスターやチラシなどを使う従来のコミュニケーションやマーケティング方法には頼れないことに気づいた。こういう形式的なものは現地の住民から信頼されず、ほとんど無視されていた。そこでＷＨＩは村で情報提供のための集会を始め、今でも続けている。村の路上で道化師などの娯楽を呼びものにして、顧客を誘う。十分に聴衆が集まったところで、ＷＨＩの従業員が大きなスクリーンに汚染された水ときれいな水の顕微鏡画像を映し出し、二つの違いを見せる。そして聴衆からの質問に答え、濾過システムのデモンストレーションを行う。この集会は、ＷＨＩの価値提案を伝えるのに役立ち、村人の信頼が深まった。集会を開いた所では、ＷＨＩの収益は四倍から七倍に跳ねあがり、リピート客が増えている。

チームのメンバーは地域の起業家と手を組んで、住民に受け入れられやすく、ＷＨＩの業績を向上させるようなマーケティング計画とＷＨＩを中心とするビジネスエコシステムを設計しようとしている。これを最もよく表わすのが、最近、ＷＨＩがすべての製品ラインのブランドを「ドクター・ウォーター」に変え、きれいな水を飲むことの健康上の利益を強調するようになったことである。

イノベーション○人間中心の設計を用いる

最後の一マイルの問題では、ＷＨＩは異なるアプローチをとった。水の運搬と保存の問題を解決すべく、デザインコンサルタント会社のＩＤＥＯとアキュメンファンドとともに、「波及効果」プロジェクトに取り組んだのだ。チームは次のような課題を特定した。

- ウォーターヘルスセンターは中央拠点できれいな水を提供していたが、その多くは、不衛生な容器で家まで運ばれ、保存されていた。
- 村人が水の価格に抱く期待には、想定内のものと想定外のものがあった。多くの人が疑問に思っていたのは、「ただで手に入るものになぜお金を払う必要があるのか」ということだった。何といっても、センターの水も地元の井戸や池の水と見た目や味は変わらないのだ。しかし村に入りこんで観察した結果、そういう同じ消費者が、水の温度、風味、透明度、包装、輸送などのさまざまな特徴に対しては、お金を払う意欲があることが分かった。

ＷＨＩはこれらの課題について検討を重ね、同社の製品を付加価値のある製品とサービスのセットと位置づけることにした。たとえば、製品デザイナーは村人とともに新しい水の運搬・保存容器を設計し、試作した。運搬時に村人の手が水に触れないよう、容器の口を細くした。また、人間工学的なデザインを取り入れ、子どもや女性でも一日分の水を一回で楽に運べるようにした。

WHIは、パートナーとして協力することで信頼を醸成し、ビジネス全体に人間中心の設計方針を用いることによって、インドでCWS市場が軌道に乗りはじめていたまさにそのときに、成長への態勢を整えることができた。二〇〇九年には、三〇〇近くの場所でドクター・ウォーターのセンターを稼働させ、政府出資事業の入札市場への進出も準備していた。これに成功すれば、さらに数百カ所を建設することになる。

ディーライトデザイン

世界の人口のうち一五億人以上は電力へのアクセスを持たない。そういう家庭は、灯油ランプやロウソクなどの燃料を使う照明におよそ三八〇億ドルを支出している。インドでは安全で安定した電力を利用できない人は五億八〇〇〇万人にのぼる。そのほとんどが農村部に住んでいる。そこでは、電力網に接続していても、電気を使えるのは、一日八時間以下だ。別の言い方をすれば、インドの家庭の四四％は、電力へのアクセスがない。農村部ではその割合は五〇％以上になる。[29]

インド政府はこの問題の解決に取り組んできた。たとえば二〇〇五年には、二〇一〇年までに百万以上の村を電化することを目指す農村電化計画に取り組みはじめた。しかし、二〇〇九年現在、この野心的な目標は半分も達成されていない。その主な原因は、必要なインフラが整っていないことだ。[30]

インドの農村で最も普及している照明用燃料である灯油は、健康への害が大きい。インドのすべての肺感染症の三六％の原因になっている汚染粒子を大量に排出し、得られる明かりは質も効率も悪く、字を読んだり作業をしたりするには、いくつものランプを使う必要があることが多い。その結果、火災のリスクも高まる。灯油は高価でもある。低所得世帯では、照明用燃料の購入費が、所得の一〇％を超えることもある。[31]また、灯油の使用だけで毎年約一億トンの二酸化炭素を排出している。したがって、クリーンで安全で、手が届く価格の代替品が見つかれば、社会にきわめて大きな影響を与えられるはずだ。

ディーライトの創業者、サム・ゴールドマンは灯油の欠点を知り尽くしている。青年時代にピースコープ〔米国の海外ボランティア団体〕の一員としてベナン共和国に駐在したとき、読書と調理用の照明は灯油ランプしかなかった。米国にいる友人に頼んで、バックパッカーがよく使う発光ダイオード（LED）のヘッドランプを送ってもらい、ようやく目と呼吸器を休ませることができた。さらに、当時の隣人は、灯油ランプをひっくり返して瀕死のやけどを負った。いつまでも忘れられない悲劇だった。

こうした経験からサムは、ネッド・トーズンとともに、営利企業のディーライトデザインを創業した。使命は「安定した電力を利用できない世帯が、利用できる世帯と同じ生活の質を得られるようにすること。（これは）すべての灯油ランプをクリーンで安全な明るいランプに交換することから始まる」[32]

二人の創業者は、LED技術の進歩を利用して、灯油ランプやロウソクに代わる太陽電池式のLED照明装置を開発した。LEDユニットは蛍光灯に匹敵する量の光を発するが、はるかに安価で耐久性があり、安全で長持ちする。

ディーライトの最初の製品は、フル充電で最長四〇時間使用できる汎用ポータブルLEDランプの

「ノヴァ」だった。デザインとマーケティング戦略の効果的なイノベーションのおかげで、ディーライトは製品ラインを拡充し、携帯電話の充電もできるノヴァのモデルと、超低価格の「キラン」を提供している。この一〇ドルの太陽電池式LEDランプは、きわめて高い評価を得ている[33]。

二〇〇九年にはLEDユニットの年間販売量は五万個に達し、売上高は一億ドルを記録した。初期に行った調査では、購入した人は所得がかなり増加するとともに、健康と全般的な福祉も向上していることが分かった。ディーライトは創業以来、三万トン以上の二酸化炭素排出量の削減に貢献したという。現在はインドでの販売活動を積極的に拡大し、東アフリカでの規模拡大に取り組んでいる。

イノベーション◎人間中心の設計を用いる

ディーライトは、ノイダ〔インド北東部にある経済特区〕にある本社のすべてのマネジャー（CEOを含む）に、毎年農村地域で数日暮らすことを求めている。さらに、すべての新人は、最初の一カ月の間に、灯油ランプを使っている農村で少なくとも一晩過ごさなければならない。

ディーライトの本社には八人のフルタイムのデザイナーからなるチームがあり、各メンバーはそれ以外にも、村の生活に浸る時間をとる。そうすることによって、単なる技術仕様のレベルを超えて、ニーズや習慣、製品の使われ方を本当に理解するようになる。スタッフが継続的に農村で過ごせば、会社に率直な意見が迅速に返ってくる。マーケティングと販売のスタッフは顧客の反応を製品デザイナーに直接伝えることができる。これによって会社は中核製品であるノヴァにイノベーションを加えつづけることができる。ノヴァの最初の設計はシンプルだった。割れにくいプラスチックのケースの中に超高効率LEDが入っていて、一ワットのソーラーパネルに接続できるようになっていた。製品は好評だった。ノヴァが市場に出たあと、ディーライトのスタッフが村の生活に入り込んで調査した結果、次のような知見が得られ、改良を続けることができた。

●部屋全体を照らすために、ライトをフックや棒に掛ける必要があること。ランプの上部に人間工学的に設計したストラップをつけることでこのニーズに応えた。
●複数のランプを使いたいという希望があること。
●さまざまな使い方に対応する必要があること。たとえば、屋外での使用、読書用、一般的な照明など。
●アフターサービスの希望があること（保証だけでなく）。
●二つの充電方式（ソーラーとAC）を使いたいという希望があること。顧客は一つの装置に両方の機能が付いたものを望んでいることに気づいたため、ディーライトはノヴァにAC充電機能を加え、AC充電モデルのヴェガの生産を終了させた。

ノヴァの最新モデル、S200には、携帯電話充電用差し込み口が搭載されている。二〇〇九年初頭の発売以来、最大のセールスポイントになっている設計上のイノベーションだ。最長で三二時間、照明することができ、標準的な携帯電話を二時間で充電できる。カバーの強度が増し、耐久性も向上した。

ディーライトの最新の製品ラインの「キラン」は、それまでの経過から必然的に生まれたものだ。

ノヴァを充電するには、照明ユニットとは別の小さなソーラーパネルにランプを接続していた。これは、世界中の太陽電池式製品の標準的な方式だが、顧客の意見から、パネルが本体と別になっているため破損したり紛失したりしやすいことが分かった。これに対処するため、キランではソーラーパネルをランプに直接搭載した。また、ノヴァではストラップをつけていたのを金属のハンドルに換え、一〇通りの掛け方・置き方ができるようにした。最後に、ノヴァでは光が一方向に絞られていたが、キランでは三六〇度に広がるようになった。

イノベーション◎信頼関係を確立する

ディーライトは、新しい製品カテゴリーを生み出し、農村市場で新しいブランドの地位を築こうとしているが、それはきわめて難しい挑戦だ。何世代にもわたって根づいていた行動や購買習慣を変えるよう、顧客を説得しなければならない。潜在顧客が、経済的な意味をよく理解できないこともある。LEDランプは、ランニングコストはほとんどかからないが、初期費用は高額で、一個当たり一〇～二五ドルかかる。灯油ランプは、設備投資は少額だが、生涯ランニングコストははるかに大きい。

生涯コストから見れば、ほとんどの低所得世帯はすんなりとディーライトを購入することに決めるはずだ。ノヴァS150の小売価格は一五〇〇ルピー（三二ドル）で、灯心式の灯油ランプの一年間のランニングコストに相当する。耐用時間五万時間のディーライトなら、一日四時間の使用で三〇年以上使えるので、年間ランニングコストは一ドル以下になる。風防付きランプや白熱マントル付きランプと比較した場合、経済効果は説得力があるというより、驚異的といえる（表2-2）。二〇〇九年末に発売された超低コストのキランの経済性はそれ以上だ。

しかし、製品を売ることは、照明器具の経済性について消費者を教育することほど簡単ではない。インドのノイダにあるディーライト本社の前でサモサを売るグプタ氏が、製品を買おうとしなかった話にはすでに触れた。一対一のデモンストレーションで照明器具を実際に手にとってもらえれば、五割以上の消費者は購入する。しかし、この販売方法は非常に経費がかかる。一方、ディーラーは価格に大きな利幅を乗せがちなので、多くのBOP顧客には手が届かなくなることがある。

結論

一見したところ、以上の四つの事例は、病院、照明、きれいな水、トイレとシャワー施設、とさまざまで、共通点はあまりないように見える。たしかにこれらの会社は、それぞれが特定の場所の、特定のBOP消費者の、特定のニーズに応えるために創造されたユニークな存在だ。

しかし、活況を呈しているBOP市場の様相を見渡せば、さまざまな種類のBOPビジネスに応用できるいくつかのイノベーション手法（および革新的な資金調達方法）が生まれてきているのが分かる。これらの四つのイノベーションは、多くの組織にとって欠かせない構成要素である。すべての組織が四つのイノベーションすべてを用いることはないだろうが、全体として社会起業家が活用できる有用なツールキットになっている。

前途は有望だ。実際、見過ごされてきた市場への製品やサービスの提供を加速することに、これほど期待が高まった時期は歴史になかった。**低所得者社会を単に慈善の対象と見るのではなく、顧客、さらにはパートナーとして捉えようとする社会起業家が増えてきている**[34]。ペイシェントキャピタルの参入によって、ＢＯＰの役に立とうとする起業家がこれまでなら尻込みしていたかもしれないリスクに挑むことができるようになってきているのだ。

新しく興ってきたセクターが混沌とした状態になるのは避けられない。多くのプレーヤーが、どうすればうまくいくのか、どうすればうまくいかないのか（こちらも重要だ）、見極めようと悪戦苦闘しているからだ。われわれすべての課題は、この潮流を足がかりに前進することだ。教訓を分かち合い、拡大するグローバル経済が最終的には「あらゆる人」を包含するよう努めなければならない。

デジタルの未来を予言したＳＦ小説家、ウィリアム・ギブスンの有名な言葉にあるように、「未来はすでにここにある。公平に分配されていないだけだ[35]」

表 2-2 ◆灯油ランプと LED ランプの経済性比較

	灯心式灯油ランプ	風防付き灯油ランプ	白熱マントル付き灯油ランプ	ソーラー LED 製品
1 日当たり使用時間	4	4	4	4
灯心または電球の寿命（時間）	200	400	1,000	50,000
灯心／ランプの年間交換回数	7.3	3.7	1.5	0.03
交換費用	$1.61	$3.70	$2.25	$32.00
年間燃料使用量（リットル）	15	44	109	0
年間燃料費	$29.48	$86.47	$214.20	$0.00
CO_2 排出量（Kg/ 年）	38.7	113.52	281.22	0.0
総ランニングコスト（$/ 年）	$31.08	$90.17	$216.45	$0.94

第II部

戦略的ビジネスチャンス

Strategic Opportunities

第3章

緑の飛躍戦略

Taking the Green Leap to the Base of the Pyramid

スチュアート・ハート Stuart Hart

BOPが「TOP」(Top of the Pyramid ピラミッドの頂点)に何かを教えることはできるのだろうか。古いBOPモデルでは、欧米の起業家が環境への影響をほとんど考慮することなく商品とサービスをBOPに売り込もうとしていた。しかし今、次の世代の起業家たちは、もっとBOPの状況に適した小規模な分散型の「エコロジカルフットプリントの小さい」製品とサービスを開発しようとしている。それらは、TOPにとってもより良い道を示してくれる可能性を秘めている。(1)

私とC・K・プラハラードが、ピラミッドの底辺（BOP）に暮らす四〇億人のニーズに関心を向けるよう、企業に初めて提案したのは一九九八年のことだった。[2] その時からすれば、大きく進歩したものだ。この一〇年の間に、BOPは経済ピラミッドの頂点だけで活動している企業に膨大なビジネスチャンスを提供するとともに、課題をも突きつけることが明白になった。

ビジネスチャンスに気づいた多くの企業は、既存の製品の簡易版でBOP市場に「侵入する」のに必要な価格を実現することに目標を定めた。そのためにビジネスモデルをがらりと変え、現地での調達と生産、流通網の拡大、使いきりの「小袋」包装、マイクロファイナンス、NGOとの提携などのさまざまなイノベーションに目を向けはじめた。ヒンドゥスタン・ユニリーバなどのいち早く成果をあげた会社のサクセスストーリーに触発され、多くの企業やNGO、多セクター間パートナーシップが、貧困層へのサービスと収益を両立させることを狙った新しいBOPビジネスに乗り出した。

これは大いに期待がもてる好ましい傾向だ。しかし、新しい現象の常として、革新は古い問題を解決すると同時に新しい問題も生み出しがちだ。BOPも例外ではない。BOPビジネスに弾みがつくにつれ、新しい問題が明らかになってきた。たとえば、多くの企業が売上と利益を性急に伸ばそうとして、環境的に持続不可能な製品やサービスを単にBOP層向けに手直しして売り込む道を選んだ。

これに歯止めをかけなければ、環境問題がおろそかにされるのは避けられない。平均的なアメリカ人は、メキシコ人の一七倍、平均的なエチオピア人の数百倍の資源を消費している。[3] 中国の一人当たりの資源消費量は、まだ米国の一一分の一ほどだ。すべての途上国が突然、先進国の消費レベルに追いつけば、世界の消費量は一一倍に膨らむ。[4] 人類はすでに地球の一次生産——植物によって固定される太陽エネルギーの総量――の四〇％以上を使っているという推計もある。[5] 世界人口が予測通り、今日の六七億から今後三〇年で八〇〜九〇億に増え、今のペースで消費量が伸びつづければ、われわれはすべての経済活動はもちろん、人間の存在そのものを支えている自然のシステム――土壌、流域、漁場、森林、気候――を本当に破壊してしまう恐れがある。地球は、アメリカ人のように消費する八〇〜九〇億人を支えることはとてもできない。

したがって、持続可能な方法でＢＯＰビジネスを行うには、「一足飛び」の緑の革新《グリーンイノベーション》が必要になる。環境的に持続可能な明日の技術と産業を、今日生み出して育てるのだ。再生可能エネルギー、分散型発電、バイオマテリアル、ポイントオブユース浄水技術、ワイヤレス情報技術、持続可能な農業、ナノテクノロジーなどの新技術は、経済ピラミッドの頂点から底辺にいたるまでの環境課題を解決する鍵になる可能性がある。しかし、グリーン技術は「破壊的」な性質をもっている（既存の市場でビジネスを行っている既存の事業者を脅かすという意味）ことが多いため、最初に商用化を試みる社会経済的セグメントとしてＢＯＰが最も適しているかもしれない。その意味で、所得ピラミッドの底辺で循環型社会のつくり方を学ぶことは、次の一〇年間にＢＯＰビジネスに取り組む企業が直面する重要な戦略的課題の一つであり、大きなチャンスでもある。[6]

私はこのアプローチを「緑の飛躍《グリーン・リープ》」と呼ぶ。現行の持続不可能な慣行を跳び越えることを目標に、二一世紀の「次世代」ビジネスに成長する可能性を秘めたグリーン技術を、ＢＯＰでのビジネス実験を通して商用化する戦略だ。この戦略が広く受け入れられれば、世界の途上国は、将来の持続可能な産業と企業を育てる培養地になることができる。そして最終的には、経済と環境への恩恵が下から上へじわじわと波及し、経済ピラミッドの頂上にいる富裕層にまで到達するだろう。

緑の飛躍は、あらゆる人の起業家精神を引き出すことができる戦略だ。グローバル企業やNGOの改革推進者、社会起業家、十分なサービスを受けてこなかったコミュニティの住民、投資家、公務員などに等しく力をつけ、意欲をかきたてることができる。平和を築き繁栄を共有するという共通の大義の下に、世界中の人々を、東と西も、北と南も、富める者と貧しい者もなく結びつける可能性がある戦略だ。そして最も重要なことは、**世界の市場から見放されてきた貧しい人々、「ピラミッドの底辺」とともに小さく始め、下から上へと成長させていく戦略**だということだ。

緑の巨人を超えて

「緑の飛躍」というコンセプトについての詳しい議論に入る前に、根本的に異なる二種類のグリーン技術を区別しておかなければならない。一つは大規模な集中型技術の応用、もう一つは小規模な分散型の解決法だ（図3-1）。最初のタイプを私は「緑の巨人《グリーン・ジャイアント》」と呼ぶが、これを実施するには通常、政策変更と公的投資、集中型の展開戦略を必要とする。緑の巨人技術はその規模と範囲が大きいために、政府補助金や調達によって得るところが大きい既存の大企業の方が開発しやすい。大規模な風力発電や集中的水処理、巨大なソーラー発電施設などを考えるとよい。

スケールの大きいアプローチの方が政治的に有利かもしれない。大きな課題に大胆で徹底的な解決法で取り組んでいるように見えるからだ。だが当然ながら、問題はエラーの余地がほとんどないということだ。科学の最先端を行く少数の巨大スケールの解決法に賭けることは、必ずと言ってよいほど、悲惨で大きな代償を伴う予期せぬ結果を招く。一九六〇年代、七〇年代の原子力発電を覚えておられるだろうか。メーターが必要ないほど安い電力という幻影は、スリーマイル島やチェルノブイリ、そのほかの原発災害でショートした。最終的には、たいてい意図せざる結果の法則が支配するのだ。二酸化炭素排出量の抑制に迫られて原子力発電が再生している今日でも、業界が存続しているのは、政府が膨大な補助金と支援によって、企業の責任を限定し、建設資金を供給し、増える一方の核廃棄物の責任を引き受けているからにほかならない。現在、次世代原子力発電所に再び何十億ドルもの資金が賭けられようとしているが、歴史を見ても、一つ大事故が起これぱすべてが瓦解することは明らかだ。

これと著しい対照をなすのは、私が「緑の新芽《グリーン・スプラウト》」と呼ぶ第二のタイプの技術だ。これらは小規模で分散型であり、ほとんどの場合、既存の企業と制度に破壊的な影響を及ぼす。最後のこの点はいくら強調しても、しすぎることはない。

図3-1◆色合いの異なる2つのグリーン技術

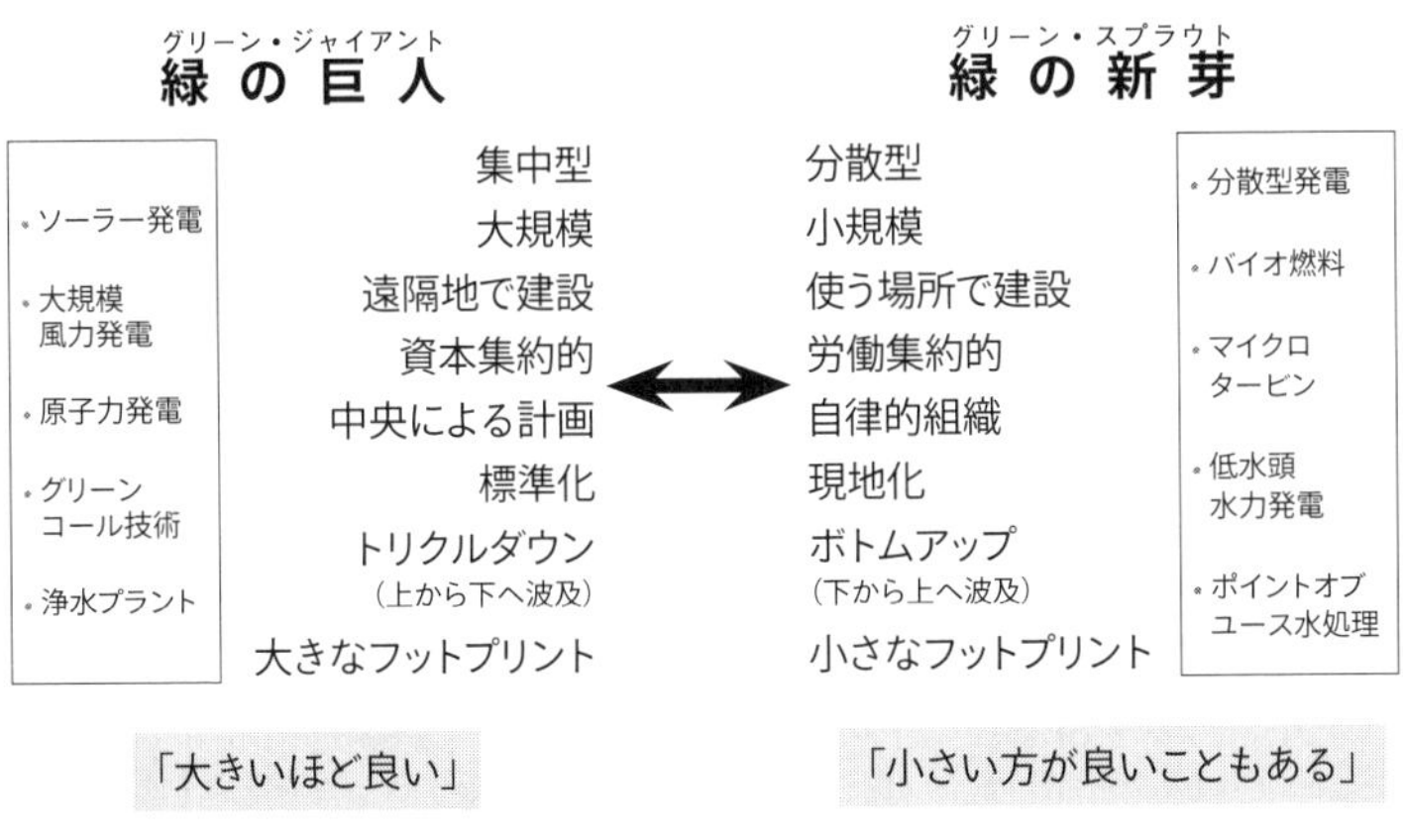

緑の巨人（グリーン・ジャイアント）		緑の新芽（グリーン・スプラウト）	
	集中型	分散型	・分散型発電
・ソーラー発電	大規模	小規模	・バイオ燃料
・大規模風力発電	遠隔地で建設	使う場所で建設	・マイクロタービン
・原子力発電	資本集約的	労働集約的	
・グリーンコール技術	中央による計画	自律的組織	・低水頭水力発電
・浄水プラント	標準化	現地化	・ポイントオブユース水処理
	トリクルダウン（上から下へ波及）	ボトムアップ（下から上へ波及）	
	大きなフットプリント	小さなフットプリント	
「大きいほど良い」		「小さい方が良いこともある」	

公益事業、エネルギー、運輸、食糧、原材料セクターの既存の事業者が過去の技術にあまりにも膨大な投資をしてきたため、ソーラー発電、小型風力、燃料電池、バイオマテリアル、ポイントオブユース水処理などの分散型解決策を開発する起業家が、既存の市場で事業を軌道に乗せるのはきわめて難しい。既存事業者の力はイノベーションに対して手ごわい障壁になる。分野は違うが、オバマ政権の医療制度改革や気候変動への取り組みに対する反発を見ればよく分かる。クレイ・クリステンセンの破壊的イノベーションに関する著作は、こうした技術を発達の初期段階で育成する市場が、主流以外の場所のこれまでサービスが不十分だったり無視されたりしてきたところに見出せることを強く示唆している(7)。

初期の段階にある新興の緑の飛躍技術を育てる場所としてＢＯＰがきわめて魅力的であるのは、まさにそのためだ。通常、貧困層はほとんどサービスの対象にされておらず、質が劣っていたり、彼らの実情に合わなかったりする商品やサービスに法外な対価を払わされている(8)。これは残念な状況だが、良い面もある。農村やスラムには通常、既存の物理的インフラがなく、新しい技術によって重要な地位を失う大企業はほとんど存在しないのだ。先進国の凋落しつつある工業都市にも、「再出発」の機会がある。たとえば米国中西部の都市の中心部には、何千エーカーもの廃墟のような「ブラウンフィールド」〔環境汚染などの理由で使用されなくなった産業用地〕があるし、活用されていない多くの人材が新しい機会を切望している。

大いなる融合

残念ながら、緑の飛躍技術に取り組む企業の大多数は、「ピラミッドの頂点」を念頭に置いた戦略を追求し、こうした技術は先にも述べたように既存のシステムに対して破壊的であるために、大きな抵抗に遭っている。またこの分野の起業家は研究開発を過度に重視するきらいがある。どうやら研究開発から生まれるグリーン技術が自動的に採算の合う製品やサービスになるとでも信じているようなのだ。独創的な商用化戦略（たとえば、十分なサービスを受けてこなかった人たちに焦点を当てることなど）にはそれほど関心を向けない。そのため、これらの事業の多くが数年後にはおそらく失敗すると思われる。

一方、ＢＯＰにサービスを提供するための商用化実験は、しばしば環境の持続可能性を二の次にしてきた。あるいはまったく無視してきた。世界中の何十というグローバル企業や何百という中小の社会的企業が、これまで経済のグローバリゼーションがほとんど無視してきた四〇億人の貧困層とのビジネスを始めたり、強化したりしてきた。しかし、前述したように、その多くが選んだのは、ＢＯＰの「大量市場」に売り込むために、現行の（持続不可能な）製品やサービスを単に修正することだった。これは環境に壊滅的な影響を及ぼす恐れがある。

このように、グリーン技術とＢＯＰビジネスは、ほとんどかかわりあうことなく発達してきた。それぞれが独自の支配的論理と中核的前提に従って進化してきた。ある意味で、それぞれは独自の信念と優先事項、文化をもった「コミュニティ」を形成している。Ｃ・Ｐ・スノーは一九五九年に行った有名な講演『二つの文化と科学革命』で、科学と人文の間のコミュニケーションの断絶が、世界の問題解決を阻害する重要な要因だと論じた。[9] この二つの文化が存在するために、政策ソリューションにはそれぞれに内在する知恵が融合されない、というのだ。

グリーン技術の提唱者とBOPビジネスの提唱者の間の断絶は、スノーのいう「二つの文化」が今日的な形で表れたものだ。単純化しすぎかもしれないが、グリーン技術推進者は、持続可能性への道は、人間が地球に与えている環境負荷を劇的に削減したり、取り除いたりする新しい「持続可能な」技術によって拓かれると考える傾向がある。重視するのは技術と、ピラミッドの頂点の高所得者相手の「グリーン」市場に早く浸透することであり、その技術がいずれは「上から下へ徐々に広まる（トリクルダウン）」はずだと考える。たとえば、これまでの燃料電池の商業化の試みのほとんどは、ピラミッドの頂点の富裕層向けの絵に描いたもちのような燃料電池車に集中している。貧しい農村地域では燃料電池に必要な水素を供給するのに必要なバイオ燃料を効果的に生産できるにもかかわらず、電力網に頼らずに燃料電池で安定した電力を提供する可能性にはあまり関心が向けられていない。

一方、BOP提唱者は、より多くの人を巻き込む新しいビジネスモデルで貧困層に手を差し伸べ、サービスを提供することを重視する傾向がある。貧困と人道危機の問題に取り組むことが最大の社会的目標であり、そういう戦略が環境に及ぼす影響にあまり注意が払われないことが多い。今日、世界中の多くの開発途上国の地方に散乱する、使用済みの使いきりサイズの小袋を見ればよく分かる。分散型発電用には、小規模ソーラーや風力、燃料電池などの緑の新芽《グリーン・スプラウト》技術ではなく、ディーゼル発電機が使われてきた。

したがって、この二つの戦略を「大いなる融合」（図3－2）として一体化させることが緑の飛躍の重要な要素になる。事態の緊急性とビジネスチャンスの規模がきわめて大きいことに鑑みて、コーネル大学は最近、大いなる融合に焦点を合わせた「持続的な事業に関するグローバルフォーラム」を設立した[10]。グローバルフォーラムの目標は、ピラミッドの底辺での「緑の新芽《グリーン・スプラウト》」事業の成長と規模拡大を目指す起業戦略に特に重点を置いて、緑の飛躍へのシフトを促すことだ。グローバルフォーラムの最初の会議が二〇〇九年六月一～三日にニューヨーク市で行われた。緑の飛躍の最前線に立つ世界の有力な企業内起業家、起業家、資金提供者が一〇〇人以上参加した。分散型発電、ポイントオブユース水処理、バイオ燃料、バイオマテリアル、再生可能エネルギー、持続可能な農業、ポイントオブユース医療技術の各分科会で、これらの技術の商用化を促進する戦略を議論した。

このように、緑の飛躍は、富裕世界の最先端のグリーン技術を、BOPの十分なサービスを受けていないスペースで、ニーズに合わせて修正し商用化する可能性を秘めている。こういう破壊的技術とビジネスモデルがいったん確立されれば、ピラミッドの頂点の既存の市場へと「下から上へ徐々に広がる（トリクルアップ）」ことができるだろう。だがそれは、こうした技術に信頼性があり、価格が手ごろで、既存のインフラと比較して競争力があることが立証されれば、の話だ[11]。

図 3-2 ◆ **大いなる融合**

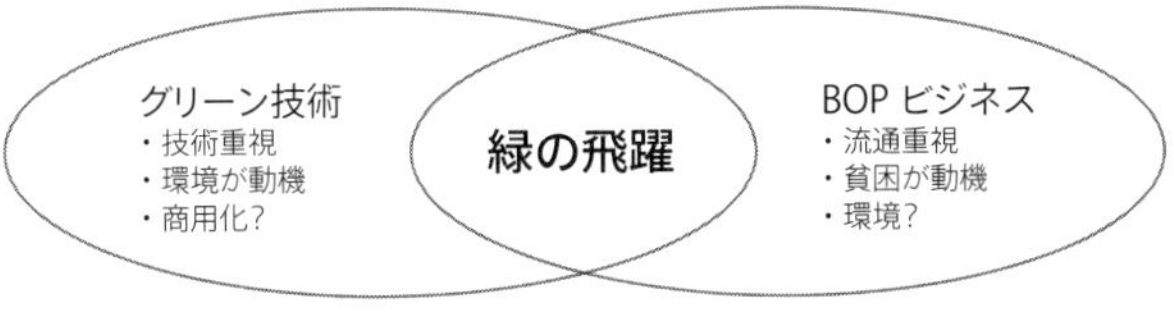

正面攻撃から起業家的柔道へ

しかし、緑の飛躍の可能性を最大限に実現しようとするなら、この状況をもたらした思考モデルと戦略から脱却する必要がある。アルバート・アインシュタインはこう言った。「問題をつくり出したのと同じレベルの思考を使って問題を解決することはできない」と。

図3-3は、世界の開発に関する現在のわれわれの思考モデルを、私なりの解釈でまとめたものだ。世界が直面している二つの巨大な課題が、①ピラミッドの頂点でのエコロジカルフットプリント（過剰消費）の削減と、②ピラミッドの底辺での貧困と不公平との闘いであることは、大方の意見が一致するところだろう。たとえば、米国は人口では世界の四％でしかないが、エネルギー消費と原材料の使用、廃棄量の二五％を占めている。膨大なエコロジカルフットプリントだ。それとは対照的に、世界人口の七五％を占める途上国は、世界の資源の二五％程度しか使っていない。

過去五〇年の間、われわれはこの二つの世界的な課題に経済的な正面攻撃ともいえる手段で立ち向かってきた。軍事的なたとえを続けるなら、

図3-3◆開発モデル――正面攻撃

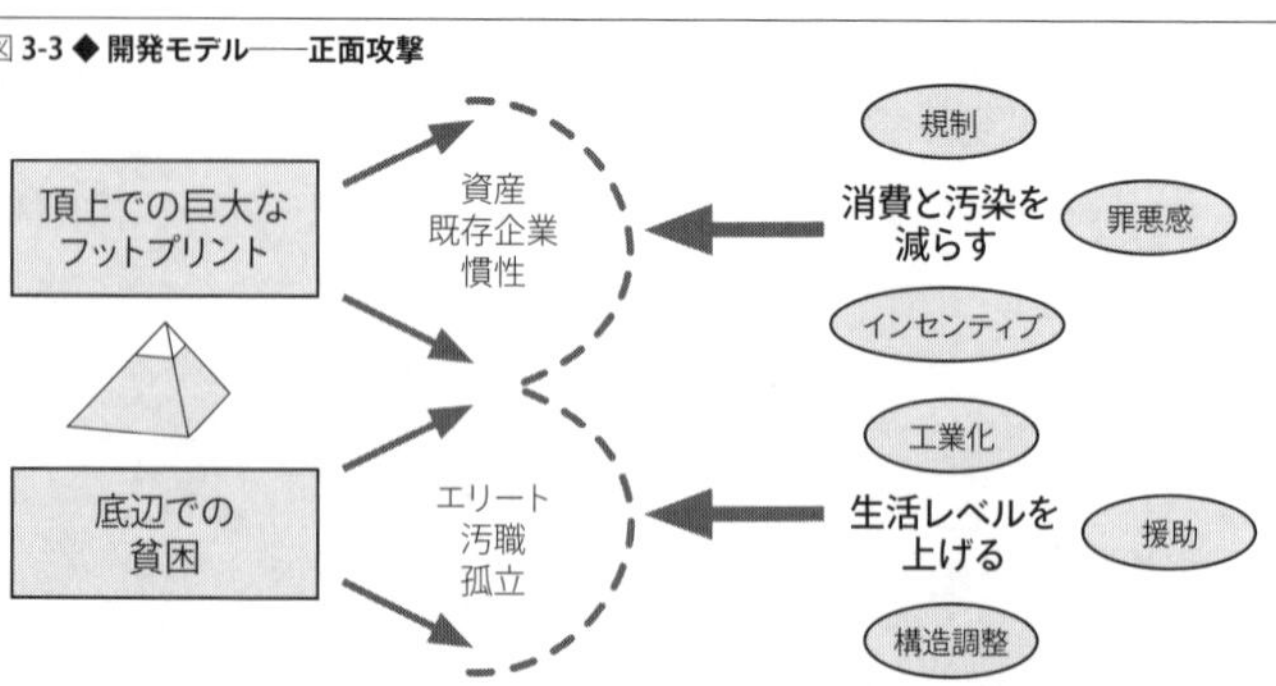

この二つの巨大な問題は、非常に大きな、守備の固い二つの丘のようなものだ。先にも述べたように、過去の技術に多くを投資してきたため、ピラミッドの頂点ではエコロジカルフットプリントにきわめて大きな慣性が生じている。既存の大企業は豊富な軍資金を使ってロビイストの軍団を雇い、自分たちに有利なゲームのルールを変えさせないようにすることができる。実質的に環境を悪化させつづけているのだ。

貧困という「丘」も同じく守りが固い。比較的少数のエリートが、多数の人々を貧困に閉じ込めておくことで大きな利益を得ている。たとえば、腐敗体制や独裁者は、大衆を無知で無力な存在にとどめておくことによって存続している。皮肉なことに、大勢の「開発」専門家やコンサルタントが、貧困の存在の上にキャリアを築いている。一つの業界をつくってきたのだ。

堅い守備の丘を正面攻撃で攻略するには、守備側の戦力に数倍勝る戦力が必要であることは、軍事の常識だ。残念ながら、われわれの正面攻撃の戦力は、丘を守っている軍勢の戦力に比べて弱かった。たとえば、われわれは環境の悪化と戦うのに、規制や、経済的インセンティブ、ときには罪悪感に頼ってきた。規制とインセンティブは、大気と水の汚染防止、酸性雨削減、オゾン層を破壊するフロンガスの制限などに少しは成功してきた。しかし結局、立法者や政府の規制機関は、エコロジカルフットプリントの丘を防衛する企業にはとてもかなわなかった。富裕層の罪悪感に訴えて消費を控えさせようとする試みも効果がなかった。米国人をＳＵＶ車（スポーツ用多目的車）から引きずり降ろすことができるのは、ガソリン価格の高騰しかないようだ。

全体としてピラミッドの頂点での消費と汚染を削減させるための正面攻撃は、成功したとは言い難い。

二〇〇五年に刊行された最初の「ミレニアム生態系評価」は、われわれが世界的な規模で環境上の大事故に向かってひた走っていることの冷厳な証拠を突きつけている。世界の一〇〇〇人以上の主要な生物学者と生態学者は、地球上の生命を支えている自然のシステム——土壌、流域、大洋の漁場、未開拓林、サンゴ礁、気候システム——の大多数が深刻な危険にさらされているという意見で一致している。

一方、工業化やインフラ整備、構造調整、海外援助などによる貧困への正面攻撃も、取り組みは成功していない。環境の場合と同じく、いくつかの具体的な成果や期待できそうな傾向を指摘することはできる。多くの人を極端な貧困から救い上げることができたし、世界的には平均寿命と識字率が上昇している。しかし全体としては、努力が成功したとはいえない。最新の国連開発計画（UNDP）『人間開発報告書』によれば、極端に所得が少ない貧困層（一日当たりの所得が一ドル以下）は縮小に向かっているようだが、世界のほとんどの地域で格差は広がりつづけている。現在、一日の所得が四ドル以下の人が四〇億人もいる。全人類の実に三分の二にあたる数だ[12]。今日のパターンが続けば、今後一〇年の間に、世界中の巨大都市内部や周辺の、すでに人口過密状態の不法居住地区やスラム街に、新たに一〇億人が流入するかもしれない。ウィリアム・イースタリーが断じるように、五〇年にわたって西側諸国が援助に費やした二兆三〇〇〇億ドルは、衝撃的なほどわずかな成果しかあげていない[13]。

誤解しないでほしい。私は以上のような戦略をすべて断念しようと言っているのではない。従来とは異なる前提に立つ新兵器を加えて増強しようと提案しているのだ。だがそのためには、新しい思考モデルと新しい比喩が必要になる。私は起業家的柔道という比喩を提案したい[14]。勝つためには相手の戦力を大幅に上回っている必要がある正面攻撃とは異なり、起業家的柔道は対戦相手の体重と勢いを利用するのだ。

　これが緑の飛躍戦略の本質だ（図３-４）。世界が直面する二つの大きな挑戦が、ピラミッドの頂点での巨大なフットプリントと底辺での貧困であることは変わらないが、解決へのアプローチはまったく異なる。緑の飛躍戦略は、**既存の勢力に真っ向から立ち向かうのではなく、直接対決を避け、主戦場から離れたところ、主としてピラミッドの底辺に安全な避難地を求め、新生ビジネスを育成しようとする**（ステップ1）。これにはビジネスモデルのイノベーションだけでなく、市場創出のための新しい参加型アプローチが必要になる。[15]要するに、緑の飛躍戦略を成功させるには、貧しい人々とともに、適切な技術プラットフォームと戦略を設計しなければならないのだ。[16]

　緑の新芽《グリーン・スプラウト》技術に基づく新しい事業は、適切に開発され実行されれば、明日の技術を育てるだけでなく、貧困層の所得を増やし、生活水準を向上させるのに貢献する（ステップ2）。世界に影響を及ぼすにはそういう比較的小規模なビジネス実験が何千も必要だが、いずれは変化が本格化し勢いが増す時期がくるだろう。ここで強調しておきたいのは、あらゆる初期の試みは新しい顧客と市場空間を

図 3-4 ◆ 緑の飛躍――起業家的柔道

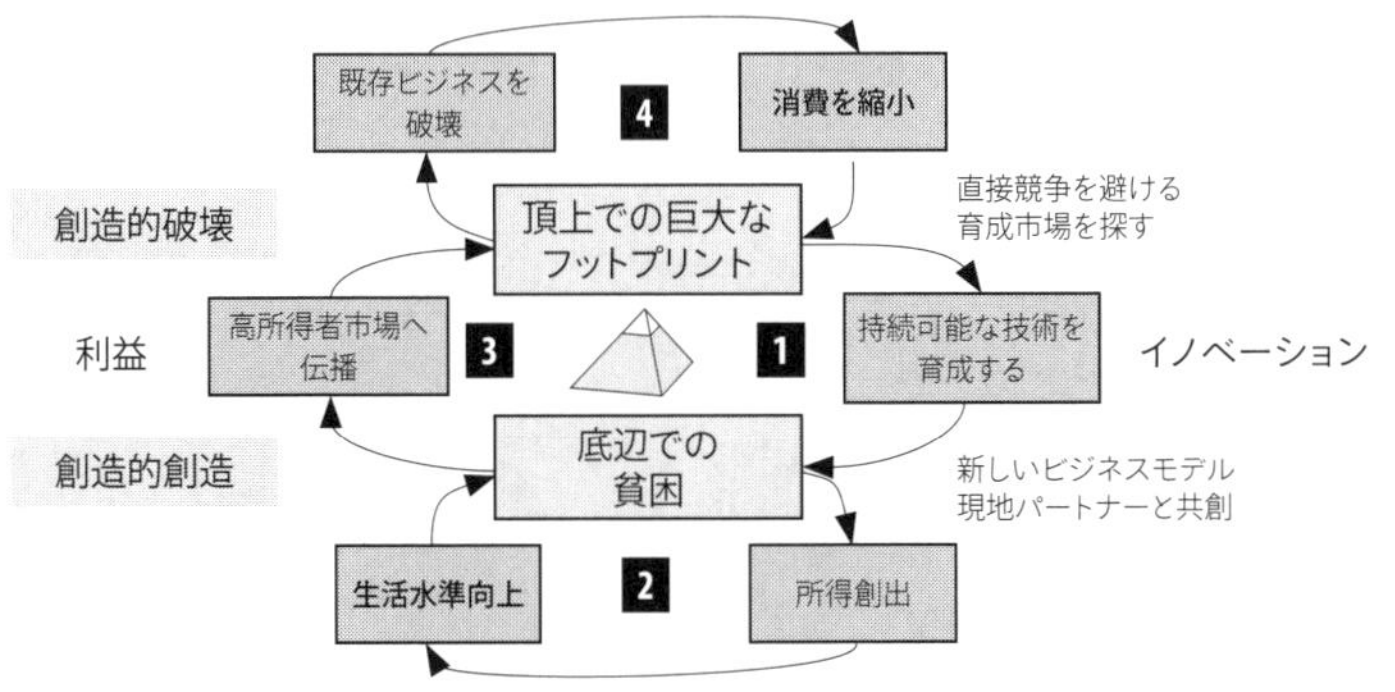

生み出すから、ＢＯＰへ「飛躍」することは、グリーン技術関連の起業家だけでなく、既存の大企業にとってても理にかなっているということだ。クレイ・クリステンセンと私はこれを「創造的創造」と呼んでいる。既存企業の現在の中核ビジネスを破壊せずに新しい成長がもたらされるからだ[17]。

たとえば、フィリップスやＧＥ、オスラム・シルバニアなどが、エネルギー効率の良いＬＥＤ電球を使って貧困層のための家庭用ソーラー照明システム事業を育成するなら、初期のＬＥＤ販売はピラミッドの頂点での現行の電球事業にダメージを与えることはない。さらに言えば、既存企業は緑の飛躍によって、新規参入者に攻撃と主役交代の機会を与えるのではなく、現行の中核事業を徐々に廃止する方法を周到に考える時間を稼ぐことができる。

ＢＯＰの規模、成長性、グリーン技術の可能性を考慮すれば、ＢＯＰは緑の飛躍革命を育てるための完璧な「実験室」になり得る。課題は、富裕世界の先進技術をＢＯＰの起業家精神とコミュニティ志向に結びつけることだ。本書の他章の執筆者も述べているように、**古くからの基盤とその土地の知識を無視するのではなく、それらを土台にしてビジネスを築くことを学ぶことが重要だ**。残念ながらそういう企業の中には、流通が根本的な課題であるかのように、煙の出ない調理用ストーブや浄水フィルター、ソーラー照明（ほんの一例である）などの「グリーン」製品をＢＯＰ市場に売り込むことだけを追求するものが増えている。もっと悪いことに、これらの技術の多くは米国やヨーロッパ、日本で、人口データと量的「需要評価」に基づいて設計されている。こうした努力はおおむね善意から出たものだが、外部から「グリーン」ソリューションを押しつけるのはほとんどの場合効果的でない。したがって、企業帝国主義の最新版イメージキャラクターにならないようにするには、ＢＯＰコミュニティに実際に住んでいる人たちとともに緑の飛躍戦略を創造することが欠かせない。それがこれらの戦略をＢＯＰ社会に織り込む唯一の方法だ。[18]

　こうしてピラミッドの底辺の人々とともに開発された低コストのグリーン技術プラットフォームのいくつかは、最終的に高所得市場へと伝わっていく（ステップ３）。より豊かな顧客層に売るために、低コストのプラットフォームにコストと機能を追加するのは比較的容易であることが分かっている（高コストプラットフォームを低所得セグメントの手が届くようにコストを削るときの難しさと比べてほしい）。その結果、高所得市場への移行からきわめて大きな利益が得られることがある。ピラミッドの底辺で十分に開発し経験を積めば、小規模ソーラー発電やポイントオブユース水処理などの緑の新芽《グリーン・スプラウト》技術は、効果と信頼性とコスト競争力が大きく増すので、逆行的なインセンティブや補助金のおかげで優位を保っている、ピラミッドの頂点の時代遅れの現行商品とも、直接競争することができる（ステップ４）。過去の技術に基づく既存勢力が新しいグリーン技術の創造的破壊の疾風に屈すれば、再生不可能な資源の消費も減少し、持続不可能な慣行は排除され、最終的には富裕世界の巨大なエコロジカルフットプリントが縮小しはじめるだろう。これが起きれば、起業的柔道のサイクルは完了する。

　緑の飛躍がすでに始まっている証拠がある。ゼネラル・エレクトリックのジェフ・イメルトＣＥＯと共著者は、二〇〇九年の『ハーバード・ビジネス・レビュー』の記事で、企業の将来は、彼らの言う「リバース・イノベーション」――途上国で低コストのイノベーションを育て、先進世界の富裕市場へと移行させる能力――にいかに習熟するかにかかっていると力説した。[19]彼らのリバース・イノベーションの初期の取り組みのほとんどは中国とインドに焦点を合わせていた。両国では、農村地域の医療、運輸、エネルギー部門のイノベーションが猛烈な速度で進んでいる（コラム３－１と３－２を参照）。マイクロソフトも、新しいタイプの使いやすい安価なアプリケーションの育成に焦点を絞った「トリクルアップ・イノベーション」という新しいグループを設置した。まずインドをターゲットとして、十分なサービスを受けていない層向けに、インターネット、ソフトウエア、携帯電話を融合したアプリケーションを開発しようとしている。

コラム3-1　中国の巨大人口移動

一九八〇年代の「開放政策」後、中国は巨大な製造・輸出国、いわゆる「世界の工場」になり、しばしば二桁にもなる驚異的な年間経済成長率を経験した。しかしその成長は、工場や製造能力が集中する東部沿岸都市にほぼ限定されていた。農村地域や中西部に成長が及ぶのは遅く、数億の農民がいまだに貧困の中にいる。

経済発展は、毒物汚染、息が詰まるような大気汚染、悪夢のような廃棄物の山、森林破壊、生態系の破壊、迫りくる水危機などの膨大な環境問題をもたらした。国内に山積する環境問題に加えて、二酸化炭素排出量も急増し、世界に影響を及ぼしている。八～一〇日間に一カ所のペースで石炭火力発電所が操業を開始する中国は、今では世界最大の温室効果ガス排出国になった。

さらに悪いことに、中国の急速な経済成長は主として米国の消費支出に支えられてきた。簡単に言えば、米国人は安く生産されたものを買うために（しばしば中国から）借金をし、中国はそういう商品を製造するためにさらに石炭火力発電所をつくることができるというわけだ。この相互依存は破綻する運命にある悪循環だった。案の定、二〇〇八年にサブプライム問題で不動産バブルがはじけると、「チャイメリカ」（Chimerica：米中経済共同体）は坂を転げ落ち、米国と中国の経済は大きな痛手をこうむった。

二〇〇八年のバブル崩壊以後、輸出品を製造していた何千という工場が閉鎖され、職を失った数千万人の出稼ぎ工が仕事を求めて故郷の農村部へ戻っていった。七億人以上の農民がすでに生計を立てるのに苦闘しているところへ、である。政府は都市化を促進するために毎年一五〇〇～二〇〇〇万人の農民を町や小都市に移動させているが、この人口の逆流は政府の政策に完全に逆行する。社会の混乱を阻止するために、中国政府はインフラ開発と公共事業の雇用創出に四兆人民元の「景気刺激政策パッケージ」を発表した。

しかし長期的には、都市に集中する人口を吸収するのに十分な速度で経済成長を続ける唯一の道は、国内消費を増やすことだ。幸いなことに、中国の貯蓄率は高く、現在の消費支出レベルは低い（米国の消費支出はＧＤＰの七〇％近くであるが、中国は三〇％以下）。今後一〇年で農村部から二億人が中国の二万近くの町や小都市に移動すると見られる。今日の課題は、この成長する国内市場向けに環境的に持続可能な生産と消費の形を創造することだ。

緑の飛躍戦略によって緑の飛躍技術が容易に根づく可能性があるのがこの市場だ。中国の中央部と西部の農村地域で明日の持続可能な社会（および産業）をつくり出し、同時に地域経済を育て、国内市場を築く機会なのだ。十分なサービスを受けていない世界中のコミュニティについても同じことが言える。

コラム3-2　インドの農村ルネサンス

一九九〇年代にインドで経済自由化が本格化したとき、インド経済の急速な成長期が始まった。その結果、何百万人もの人々が貧困を脱し、インドの情報技術とビジネスサービス業界は世界中がうらやむような発展を遂げた。バンガロールやハイデラバードなどの都市は建設ブームを経験し、インドビジネスの中心地、ムンバイは、世界のエリート金融都市の仲間入りをした。

しかし、最先端を行く多くの都市中心部が急成長する一方で、農村部は取り残されていた。インドの人口のゆうに三分の二を占める農村部の七億人以上の人々に、経済のグローバル化の恩恵は届いていなかった。農村部の不満と社会不安は、ただちに政治に影響を及ぼした。近年の政権交代もその表れだった。都市への人口流入のペースが上がり、不法居住地区やテントや小屋が立ち並ぶ貧民地区、都市スラムが爆発的に膨張した。

新政府は農村開発を焦点の一つに据えた。しかし、六〇万もあるインドの村で大規模な機会を創出しなければ、本当に持続可能な発展を実現するのは難しく、国民が二～三億人の「持てる者」と七～八億人の「持たざる者」に分断されるのを避けられないだろう。

インドの近年の成長は、大きな環境問題も引き起こした。急速な都市化と工業化は、有害物質による汚染、激しい大気汚染、固形廃棄物の山を生み出した。道路は日々増える自動車であふれ、都市は大渋滞が常態化している。また、エネルギー使用量の激増により、インドが気候変動に及ぼす影響も大きくなっている。農村部では人口圧力、資源採取、工業化の進展によって、生態系と自然資本の危機が日増しに高まっている。現在の開発の形を将来にわたって続けることはとうてい不可能だ。今の方法でインドの一一億人すべてに生計手段を提供しようとすれば、最後には環境が崩壊する。

最近の世界的な経済の減速は、中国同様、インドにも大きな影響を及ぼした。情報技術とビジネスサービス部門は痛手を負った。株式市場は五〇％以上下落し、都市の不動産価格は暴落した。インドの銀行はサブプライム破綻の影響は受けなかったが、インドへの投資は半減した。

皮肉なことに、インドの「希望の星」になったのが、農村部の七億人である。二〇〇八年のモンスーンの恵みは農民に大豊作をもたらした。グローバル経済とはほとんど無縁のインドの農民は、生活の質を上げることに熱心だ。ほとんどの人は、ありもしない仕事を求めて都市のスラムへ移り住むより、確実な生計手段の選択肢があれば村に残りたいと思っている。

中国でもそうだが、インドの農村部の人々に生計手段を提供し、彼らの手が届く価格で環境を維持できる生活様式を創造することは、チャレンジでもあり、チャンスでもある。緑の飛躍戦略は、農村地域での経済的機会を育てると同時に、環境的に持続可能な開発へと一足飛びに到達するという「一石二鳥」が狙えるかもしれない方法なのだ。

ザ・ウォーター・イニシアチブ

緑の飛躍のロジックは創業間もない企業にも適用される。その好例がザ・ウォーター・イニシアチブ（TWI）だ。世界では少なくとも二〇億人が、衛生的な飲み水を安定的に手に入れる手段を持っていない。すでにいくつかの事業を起こしていたケビン・マクガバンは、二〇〇六年に、その後の職業人生を、増大する世界の水危機問題の解決に捧げようと決意した。具体的には、十分なサービスを受けていない人々に、衛生的な飲料水を手ごろな価格で提供できる会社をつくることだ[20]。マクガバンはこの新しい事業をザ・ウォーター・イニシアチブ（TWI）と名づけ、ピラミッドの底辺の人々の飲料水ニーズに応える、商業的にも環境的にも持続可能な方法を開発することに焦点を絞ることにした。分散型のポイントオブユース技術に注目し、共創の手法を用いてビジネスを構築し、最終的に「トリクルアップ」が可能な解決策を探るのだ[21]。

集中的水処理プラントは、本質的に効率が悪く環境的に持続不可能だ。水を飲料水のレベルにまで浄化するには、膨大な量のエネルギーと化学薬品と資金が必要である。ところが、実際に飲んだり調理に使ったりするのは浄化された水の二％以下でしかない。ほとんどは洗濯や入浴、灌漑など、厳しい基準を必要としない用途に使われている。また、処理場で浄化された水の五〇％近くが、最終目的地に届く前に老朽化した水道管から漏れ出している（漏水している水道管は再汚染の恐れがあり、その地点までの投資のほとんどを無にしている）。このような現実を考慮すると、十分なサービスを受けていない家庭やコミュニティが入手しやすい価格の衛生的で便利な飲料水をつくるためには、企業モデルのポイントオブユース・システムが最も有望であるのは明白だった。

マクガバンは、水関係の既存の企業の大多数が、浄水フィルターのような特定の技術を貧困層に売り込むことに専念して、ほとんど成功していないことに気づいた。そこでTWIは、常識から逸脱した二つの仮説を出発点にすることにした。まず、きれいな水の不足に対するただ一つの解決策、あるいは「特効薬」などというものはあり得ないという姿勢を打ち出した。水の問題は、地域によってさまざまに異なる。どんな企業も、成功しようと思えば、この現実を考慮しなければならない。

次にTWIは、現行製品を売り込むことだけを追求するのではなく、現地コミュニティの人々に参加してもらい、一緒になってビジネスコンセプトをつくることにした。「BOPプロトコル」と呼ばれる手法をこのアプローチの土台として使い、TWIの知識と資源と現地コミュニティの知識と資源とを組み合わせたビジネスを構築することを目指した[22]。そうすることによって、BOP市場開発の基礎として「製品を押しつける」のではなく「コミュニティが引き出す力」を育てることに力を注ぐのだ。この戦略によって、TWIはほかの水ビジネスとは、はっきりと一線を画することになる。

TWIのリーダーたちは、新しいビジネスを育てる最初の場所として、ラテンアメリカ、具体的にはメキシコを選んだ。同社の幹部がいる米国と地理的に近いことが理由の一つだった（幹部ができる限り現場に行けることは、ほとんどの場合、理にかなっている）。TWIは、メキシコ北中央部の都市トレオンに近い貧しい地域、チャパラでBOPプロトコルに取りかかった。チャパラで最も急を要する問題は、飲料水のヒ素汚染だった。政府が供給する水道水には殺菌用の塩素も過剰に含まれていたため、現地の人は、水道水より味の良い高価なビン入りまたはガラフォンと呼ばれるプラスチック製のタンク入りの水を買っていた。しかし水道水より好まれるこれらの水は、必ずしもヒ素や細菌が除去されているわけではなかった。そこでTWIの研究開発チームは、ヒ素と過剰な塩素を除去しつつ、必要な場合には細菌による汚染も防げる、手ごろな価格のポイントオブユース技術の開発に着手した。

TWIチームは関心を示した現地コミュニティの住民を、「ソシオ」と呼ぶパートナーとして雇い、共創の試みに参加してもらった[23]。ホームステイや信頼醸成演習を通して、事業の成功に貢献したいという熱意をもった現地パートナーのグループが形成された。最終的に、TWIのプラットフォーム技術を、より広いコミュニティをベースとするヘルシーダイアロググループ（HDG）というプロセスに埋め込んだビジネスコンセプトが生まれた。HDGは、母親と家庭を巻き込んで健康なライススタイルを推進しようというものだ。

当初TWIは、幅広い層が家庭用水浄化装置を入手できるようにするには、可能な限り「最低限の機能」に絞らなければならないだろうと考えていた。しかし、コミュニティを共創プロセスに参加させた結果、現地住民は「安っぽい」ヒ素除去装置を自宅の屋根の上に設置したりすることは望んでいないことがすぐに判明した（ヒ素が含まれていても、水の味やにおいは変わらないため、ヒ素を特に心配する人はあまりいなかった）。それよりも、家の中に何か誇れるものを置きたいと思っていたのだ。そして、「健康に良い」ことはもちろん、「冷たい」「味の良い」水も求めていた。

このプロセスを通じて、ＴＷＩが最初につくろうと考えていたものより手の込んだ浄水製品である「ウォーターキュラ（ＷＡＴＥＲＣＵＲＡ）」の設計が生まれた。ウォーターキュラは機能が追加されてはいても、外部のエネルギー源に頼らずに作動するため、コストもエコロジカルフットプリントも削減できる。また、装置は解体して再び製造に回せるため、長期的なコストと廃棄物も抑制することができる。

さらに、ＴＷＩの健康に良い水を使った補完的商品のアイデアも、ソシオたちから生まれてきた。その一例がＴＷＩで浄化された水とさまざまな果物でつくったヘルシーなフルーツドリンク用濃縮果汁「フルーツィ（ＦｒｕＴＷＩ）」だ。ソシオの中にはフルーツィを販売するマイクロビジネスを始めた人もいて、コカ・コーラなどのソフトドリンクに代わるおいしくて健康的な飲み物を提供するとともに、所得創出の機会もつくって歓迎されている。このビジネスモデルでは、ＴＷＩが学校での催し物を主催したり、近隣の清掃活動を行ったりするなど、地域社会の環境意識向上を目的とするいくつかの活動も行っている。このように、共創プロセスからいくつものレベルで付加価値を生むビジネスコンセプトが誕生し、ＴＷＩのポイントオブユース水処理技術を中心に「コミュニティが引き出す力」をつくり出している。

二〇一〇年初頭にはチャパラでの事業が軌道に乗りはじめ、ソシオは一〇〇人以上に増え、設置されたウォーターキュラは数百台にのぼっていた。もちろん、多くの課題が残っているが、TWIは二回目の資金調達がうまくいけば、小規模な実験と共創を続けながら、今後数年で事業を次の段階に引き上げる構えだ。二つ目の事業地が決まり、フルーツィや同様の補完的商品（サルサや濃縮スープ）がすでにソシオに収入をもたらしている。TWIには、高所得層の個人や組織からもウォーターキュラへの関心を示す問い合わせが頻繁に寄せられている。同社はいずれ、この高所得層のニーズや要求に特に焦点を絞ったモデルを開発するだろうが（トリクルアップ）、今のところは、メキシコ各地のBOPに事業を広げることに専念している。そして、ラテンアメリカ全体、最終的には世界中に事業を拡大するという望みを持っている。

その過程で、ビジネスが適応と進化を続けるのは確実だろう。グラスに注がれた水のように、TWIは事業を行うコミュニティに合わせて形を変えるのだ。

ミツバチの知恵

TWIの例が示すように、分散型グリーン技術は、小規模な実験と学習に適しているため、意図しない結果の法則の影響を最小限にとどめることができる。試みが失敗すればただちに終了させることができるので、悪影響を最小限に抑えることができる。こうした商用化戦略は、（ときには）「小さく失敗し」、「大きく学ぶ」ことによって、現地に密着した存続可能な戦略とビジネスモデルを急速につくり上げるのに必要な教訓を得ることができるのだ。[24] たしかに緑の飛躍ビジネスの実験は小さく始められることが多いが、大規模な事業に進化成長する可能性を秘めているものは多い。分散型という特徴から、緑の新芽技術《グリーン・スプラウト》の「規模拡大」は、モジュラー的に現地重視の姿勢を保ちながら行われる。それは世界中の何千、何百万ものコミュニティにサービスを拡大する場合でも同じだ。

成功は模倣を呼ぶ。農村部での電話事業を見ればよく分かる。一九九〇年代半ばにバングラデシュの農村部で単独の小規模な実験として始まったのが（グラミンフォン）、今では世界中にワイヤレス通信事業が氾濫するまでになった。そのすべての事業者がＢＯＰにサービスを提供することを狙っている。

トーマス・シーリーは名著『ミツバチの知恵』（青土社）で、ミツバチがはちみつをつくるのに欠かせない資源である、花粉と花蜜と水のありかを見つける神秘的な能力は、ほとんど巣から出ない女王バチとはあまり関係がないことを示した。集団に備わったその能力は、個々の働きバチと雄バチが必要な資源を探し求めて飛び回る、起業家的実験とも言える行動の結果だ。ほとんどのハチは探検に失敗し、手ぶらで巣に帰ってきて休み、グループを再編成する。資源を発見したわずかなハチは、この喜ばしいニュースを「尻振りダンス」を行ってほかのハチに教える。ほとんど信じられないことだが、ダンスの熱心さと長さは、それぞれの探検家が発見した資源の質と量に正比例している。この成功した蜜源探索バチが次に巣を出るときは、ほかのハチが群れをなしてあとに続き、宝の山までついていく。

これと同じように、緑の新芽技術を活用する起業家が成功すれば多くの人に模倣され、最も適応力に富んだモデルの普及が加速される。[25] 忘れてはならないのは、産業革命は何らかの中心的な機関によって「計画」されたのではなかったということだ。何千、何万もの小規模な事業者や起業家が、大きなテーマの下にそれぞれ独自のバリエーションを試みた結果だった。その中から、市場のテストと経験を経て、勝者が生まれた。現在進行しているグリーン技術の変容も、過去の技術からの革命的な飛躍であるという意味では産業革命に劣らない。同じようなことが起きないと考える理由は見当たらない。二一世紀に成功を収める持続可能な企業は、BOPという躍動する巨大なるつぼから生まれてくるかもしれないのだ。

思い切って跳びこむ

歴史に学ぶことができるとすれば、十分なサービスを受けてこなかったBOPの巨大な成長機会のほとんどは、途上国自体の起業家がつかむだろう。困窮の極みにあった戦後の日本で機会をつかんだのは、ソニー、松下、ホンダ、トヨタなどの革新的企業だったように。事実、中国やインドなどの国は、すでに一種の緑の飛躍を国家の経済発展の主戦略の一つに据えているようだ。次世代の「持続可能な」多国籍企業が、「下から上へ」のイノベーションを通してピラミッドの底辺で育てられ、ピラミッドの頂点の高コスト構造の硬直した経営モデルの既存企業に取って代わろうとしているのかもしれない。(26)

しかし、緑の飛躍は、決して当然の結末ではない。これまで見てきたように、非現実的な期待や不適切な指標から、既存企業の慣性や政府の逆行的なインセンティブまで、この空間での効果的な事業構築を妨げる向かい風は相当強い。そこで、次にあげる行動やイニシアチブが、世界中で緑の飛躍革命を加速させるのに役立つはずだ。

▼保護された「ホワイトスペース」をつくる……既存企業の社内イニシアチブであれ、新規ベンチャー企業であれ、緑の飛躍事業が出走ゲートから飛び出すには、それが成長するのに必要な組織上の「ホワイトスペース」をつくることが欠かせない。従来用いられてきた新製品の評価の指標や時間軸は、ピラミッドの底辺での新規事業の育成には適さない。地域に密着し、「コミュニティの引き出す力」を持った持続可能な緑の飛躍ビジネスをつくり上げるには、時間とペイシェントキャピタル（忍耐強い資本）が必要だ。そういう事業を新しい場所に移植するときも、時間と忍耐が必要だ。したがって、新しいビジネスがしっかりと根を張ることができる保護された領域をつくることが、ビジネスの長期的な成長と成功の鍵になる[27]。

▼「棚上げされていた技術」を活用する……多くの企業や大学では、相当な数の使われていない（あるいは少なくとも商用化されていない）グリーン技術が文字通り「棚上げ」されたままになっている。こういう技術は現行の中核ビジネスに対して破壊的な影響を及ぼすか、少なくとも容易には既存のビジネスに適合しないことが多い。たとえばＧＥには、棚上げされている小規模分散型ソーラーや水力発電技術が数十件もあるが、それは、同社が過去五〇年の間、大規模なインフラ技術（発電所など）を政府やそのほかの大きな事業者に売ることを事業の中核にしていたからだ。今日でも、同社の「エコマジネーション」イニシアチブは、緑の飛躍技術の応用よりも巨大な風力発電のような緑の巨人技術に重点を置いている。ほとんどの緑の飛躍事業は、費用がかかる研究開発や新しい発明を必要としないことが多い。その代わりに、すでに存在している関連のある

緑の飛躍技術を注意深く洗い出し、市場への代替ルート——ＢＯＰからの「ボトムアップ」ルート——の候補として最良のもの数件に絞ることが最初のステップになる。

ボトムアップのイノベーション……グリーン技術がＢＯＰで効果を発揮するためには、コミュニティでの実地経験に基づいて、従来の発想とは異なる新しい方法で最適化する必要がある。したがって、現場で開発された技術とビジネスモデルを、プロセスが進むにしたがって、ともに進化させなければならない。そこから、ＧＥが医療装置事業で見出したような、会社がそれまでに想像もしなかったイノベーションが生まれる可能性がある。小規模な「ポイントオブケア」の医療技術（携帯型の超音波診断装置など）というまったく新しい製品群は、同社の「リバース・イノベーション」の取り組みの成果だ[28]。

地域エコシステムを構築する……緑の飛躍事業は、起業家、ＮＧＯ、大学、政府のパートナーからなる地域エコシステムを通じて育成することもできる。この地域エコシステム全体が、緑の飛躍戦略の普及を促す新しいビジネスの開発を刺激することができる[29]。たとえばこの二年間、われわれはウィリアム・デビッドソン研究所の後援を受けて、「緑の飛躍グローバル・イニシアチブ」を立ち上げた。このイニシアチブは、まず中国に注目し、大学や政府パートナーが内外の企業とともに緑の飛躍技術の商用化に焦点を合わせたビジネス実験を構築する能力の育成に力を注いでいる。これらの商用化実験は、研究者にはこのテーマを研究するための、実務家には世界中で緑の飛躍を加速する戦略的指針を得るための、現地に密着した実証的なプラットフォームを提供する。

分散型ソリューションに対する先入観を払拭《ふっしょく》する……公共政策のイノベーションも、緑の飛躍を大きく加速することができる。先進国では化石燃料の使用を奨励する逆行的なインセンティブなどの持続不可能な慣行があるうえに、明らかに大がかりなソリューションを好む先入観がある。世界中で、集中型のソリューションが優遇されており、分散型の解決策は奨励されていない。たとえば、インドでは、農村部の貧困層向けの灯油には莫大な補助金があるが、ソーラー機器を購入すれば高額の売上税を払わなければならないため、分散型ソーラー機器の普及が妨げられている。米国では、飲料水は建物に入る時点で「安全（規制機関が定める基準による）」でなければならないという法律によって、ポイントオブユース型の安全な飲料水ソリューションが阻まれている。したがって、分散型ソリューションのハンディをなくす新しい政策が導入されれば、大いに役立つだろう。

緑の飛躍のためのシードファンドをつくる……最後に、各国政府は世界中の緑の飛躍ビジネスの実験への投資を活発化させるシードファンドを設立することができるだろう。グリーン技術起業家が商用化の機会をほとんど国外に求めようとしない富裕国では、そういう政策が特に重要だ。緑の新芽《グリーン・スプラウト》技術が今後数十年の間にまったく新しい産業の基盤になるということが事実とすれば、先進国政府は、自国の技術者や起業家を緑の飛躍が最初に起きるであろう開発途上地域の「現場に向かわせる」ためのインセンティブをつくる必要がある。

以上の概要を読めば、どれも自明のことで簡単に実行できそうだが、実際にはそうではない。破壊的なイノベーションを追求するときはいつもそうだが、企業はこれらの新しい緑の新芽《グリーン・スプラウト》がもたらすビジネスチャンスを、現行の中核事業から切り離して管理する必要がある。ピラミッドの底辺の「現場で」有効性が証明された戦略、組織構造、管理プロセスを含む新しいビジネスモデルを構築しなければならないだろう。

おそらく最も重要なのは、謙虚さとパートナーシップに基づくイノベーションへの新しいアプローチを学ぶことだろう。結局、緑の飛躍とは、**ピラミッドの底辺のためにではなく、彼らとともにイノベーションを行うこと**だからである。

第4章

どこにでもあるニーズ、どこにもない市場

Needs, Needs, Everywhere, But Not a BOP Market to Tap

エリック・シマニス Erik Simanis

市場創出は市場参入とは根本的に異なる。BOP は「切実なニーズでいっぱいのバスケット」ではあるが、まだ伝統的な意味での「市場」にはなっていない。したがって、BOP での起業を企てる人は、市場を創出するという観点に立ち、特有の課題があるそれぞれの状況でその目標を達成する方法を理解する必要がある。賢明な起業家は、どのように価値提案を組み立て、イノベーションのプロセス（種まき、土台づくり、成長・強化）を管理すれば、BOP でのビジネスチャンスに適したビジネス戦略を構築することができるかを学んでゆく。本章では、今も継続中の大豆タンパク製品関連のケーススタディを通して、BOP とともに市場を築きながら事業を軌道に乗せる方法を解説する。

数字はうそをつかないという。だが、数字が間違った方向に導くことがあるのは確かだ。たとえばこういう数字がある。世界では二〇億人もの人が、ビタミンやミネラルの欠乏症に苦しんでいる。きれいな水を手に入れることができない人は、おそらく一〇億人以上にのぼる。基本的な衛生設備を利用できない人は二六億人以上もいる。さらに、一六億人は電気がない暮らしをしている。

この一〇年、こういう圧倒的な統計数字が、ピラミッドの底辺（BOP）に手つかずの数兆ドル規模の市場が存在していることの根拠として使われてきた。プロクター・アンド・ギャンブル（P&G）、コカ・コーラ、ジョンソン・エンド・ジョンソン、フィリップスなど、世界最高水準の技術力を持ち、マーケティングに精通した企業が、切実であるとされたBOP層の基本的ニーズに取り組もうとしてきた。

しかし、奇妙な食い違いが何度となく繰り返された。企業が提供する基本的ニーズを満たす製品に、低所得消費者があまり興味を示さないのだ。企業が現地の状況に合わせた製品とビジネスモデルをつくるために、人類学者や研究開発チームをスラムや村に送りこんだケースでも、同じことが起きている。きわめて大きな注目を浴びている浄水ビジネスを例にとって見てみよう。最も注意深く準備された取り組みの一つは、巨大消費財メーカーのP&Gが参加したものだった。(1)(2)(3)

P&Gは米国疾病管理予防センター（CDC）と提携して、病原菌に汚染された水を飲料水に浄化する「ピュア（PUR）」と呼ばれる革命的な化学的浄水剤を開発し、販売しようとした。顧客との距離を縮めることを目標とするスカンクワーク式の製品開発チームが、一〇〇〇万ドルを投じたこのプロジェクトを推進した。チームは低所得消費者層のニーズを理解するためにスラムや村の家庭を訪問し、数千人に意見を求めた。調査段階で、設計に組み込まなければならない主なポイントは、①水がきれいになったことが見て分かること、①手が届く価格であること、そして③家庭で簡単に使用できることであることが判明した。

この結果に基づいて、製品とビジネスモデルが開発された。PURは粉末を使う技術であり、使いきりの小袋で販売することになった。多くの途上国の低所得顧客がなじんでいる包装形態である。一〇リットルの水を浄化できる粉末一袋を、BOP層の人々でも手が届くと思われた価格の〇・一ドルで売り出した。製品は「保存性」がよかった。遠隔地の農村への配送は困難が予想されるため、これは重要な要素だった。浄化の方法は簡単で、袋の中身を水に入れて混ぜ、五分待ち、清潔な布でこすだけだ。

このビジネスモデルでは、現地の保健省、村の保健師、CDCの現地調査拠点と協力して、汚染された水が健康に与える悪影響について消費者を教育することを目標とした社会的マーケティングキャンペーンも行った。現地生産の可能性も調査した。P&Gはさらなる知見を得てビジネスモデルを修正するために、グアテマラ、フィリピン、モロッコ、パキスタンを市場テスト地に選定し、テストを実施した。

一言でいえば、P&Gの取り組みは、顧客の声の傾聴、破壊的技術の開発、全体論的ビジネスモデルのイノベーションの模範例だった。ところが、BOPでの成功を約束するはずのあらゆるイノベーションのバズワードを押さえたにもかかわらず、P&GのPURは商業的には大失敗だった。三年間にわたって四カ国で行ったテスト販売の結果、消費者のリピート率はほとんどが五％未満だった。[4]

政府保健担当者も巻き込んだ大規模なマーケティングキャンペーンが行われたパキスタンでは、P&Gは当初二五％の普及率を達成したが、リピート率はすぐに五％以下まで落ち込んだ。PURが社会に恩恵をもたらすことを認識していたP&Gは、PURの取り組みを同社の慈善活動部門に移管した。二〇〇四年以降、P&Gが支援する「子どもたちのための安全な飲料水プログラム」は、数億袋のPURを救援活動や非営利組織に無償または原価で提供している[5]。

P&Gの経験は珍しいことではない。「ライフストロー（LifeStraw）」（ヴェステルガード・フランセン社が製造する高性能携帯浄水器）などの浄水技術に慈善団体からの資金が殺到しメディアも大々的に取りあげたが、汲めども尽きぬ泉であるはずのBOPのニーズをうまく利益につなげた「浄水ビジネス」はわずかしかない[6]。同様のパターンは、栄養、エネルギー、医療などさまざまなセクターの「ニーズに基づくプロジェクト」にも見られる。これまでにこうしたプロジェクトの多くは、いつの間にか消滅したり、経済ピラミッドのもっと所得が多い消費者層へのサービスに移行したり、PURのように非営利モデルに転向したりしている。

何十億人のニーズ、それも人間生活の基本と見なされているニーズに応える収益性のあるビジネスを構築するのに、世界的な企業がこれほど苦労しているのはなぜなのか。私はこの一見矛盾する問題は解決できると考える。しかし私が示す答えは、BOPが突きつけるビジネスイノベーションの課題を根本的に見直すものである。

ニーズから市場へ

私は世界の貧困とニーズに関する統計に異議を唱えているのではない。しかし、それが意味していると思われていることには同意しない。なぜなら、ＢＯＰには切実なニーズでいっぱいのバスケットがあるとしても、「真の市場ではない」からだ。

これはどういう意味だろうか。最も単純な言い方をすれば、消費者市場とは、ある製品を中心に築かれたライフスタイルだ。消費者市場の成員は、経済ピラミッドの頂点に位置する人であれ、底辺に属する人であれ、二つの決定的な特徴を持っている。

第一の特徴は、**価値提案に対してお金を払うというのが、後天的に身につく考え方や行動であることだ**。ある価値提案が本当に購入する価値があるものなのかどうかを反射的、直観的に判断しようとする。今日のインドの多くの村では、きれいな水を手に入れるためにお金を払うなどということは思いもよらない考えだ。一九七〇年代の大多数のアメリカ人にとって、ビン入りの水を買うことが考えられないことだったのと同じである。米国に初めてペリエが入ってきたのは一九七四年、エビアンは一九七八年だった。多くのアメリカ人消費者が、蛇口からただで手にはいる商品をお金を払って買うという考え方を受け入れたのは、それから約二〇年後であったことを思い出すとよいだろう。

第二の決定的な特徴は、**消費者が製品とその価値提案を、一日の限られた予算と時間によって形づくられた生活の中に「埋め込んで」きたことだ**。消費者は、習慣となっている行動と考え方を修正し、日課と予算の優先順位をつけ直し、自分の環境を構成しているほかの製品やモノとの関係を調整することによって、製品を生活に組み込んでいる。それには、まったく新しい習慣と日課をつくり、慣れる必要があるかもしれない。働く親が、朝、スターバックスのコーヒーを飲むというような簡単なことでも生活に埋め込もうとすれば、目覚まし時計を一五分早くセットし、子どもたちに早く朝食を食べさせ、新しい通勤ルートを覚え、最後にはコーヒーカップホルダーがついた車を買わなければならないかもしれない。低所得層の人々の生活にも、きちんと組織され、新しい製品を取り入れるために改めて調整しなければならない優先順位や限界が数多くあることに変わりはない。

このニーズと市場の区別は、言葉の意味だけにとどまらない。P&GやPURなどの経験に見られるBOPのパラドックスの根元にはこれがある。きれいな水であれ上質のコーヒーであれ、ビジネスがニーズに応えるには、**企業はまず新しい消費者市場、新しいライフスタイルを創造しなければならない**。そのニーズを評価するに足る価値提案という形に変え、製品を人々の生活に埋め込まなければならない。しかし問題はここにある。私が行った調査は、**既存の消費者市場で効果的なイノベーション戦略は、新しい消費者市場を創出することに関しては効果的ではない**ことを示している。市場を創出しようとすれば、市場参入の場合とはまったく異なる種類のイノベーション課題が突きつけられるのだ。

市場参入VS市場創出

まず、市場参入について見てみよう。中国の携帯電話市場でも、私の故郷ニューヨーク州イサカの持ち帰りピザ市場でもいい。企業または一人の起業家が、現在自分では事業を行っていない既存の市場に参入しようとする場合、彼らは「情報不足」に直面する。現地の環境、現地の競争相手、ターゲット顧客の好みや特殊性についての知識が足りないのだ。

しかしこういう情報不足は、事業提携や合弁事業、業界分析と競合ベンチマーキング、「顧客に近づく」ための各種のイノベーション戦略やマーケティングツール（人間中心のデザイン、エスノグラフィ、古い手法ではフォーカスグループなど）によって、効果的に克服することができる。これらの市場調査から得られた知見を基に、競争相手に打ち勝ち、より大きな価値を顧客に届けられる、現地に即したビジネスモデルと製品を創造することができる。市場参入の場合、マネジャーは何を質問しなければならないか、どんな質問をすればその答えが得られるかを知っている。起業研究者が主張してきたように、市場に入り込むための暗号がそこにあり、解読されるのを待っているのだ[(7)(8)]。

マネジャーや研究者が見落としがちなのは、消費者の側にも同じ状況が存在することだ。製品と価値提案がいったん消費者の生活に埋め込まれれば、彼らも新しい製品がもたらす価値の微妙な変化を評価することができる思考形式とベンチマークを持つようになる。消費の役割を研究する人類学者が言うように、われわれは自分を取り巻く製品やモノを「通して」生きている[(9)(10)]。われわれがなぜあるモノを買うのかは、経済的・心理的・社会的要素の枠を超えた、複雑で、しばしば無意識に行われる計算の結果なのだ。だから、安いシャンプーにすればお金を節約できるのに、茶色っぽいボトルの色が味気ない職場のデスクを思い出させるから買わないということがあり得る。あるいは、地元の電器店の昔からの友だちのオーナーとおしゃべりするのが楽しいから、小売チェーンでしか売られていないブランドの高画質テレビは買わないということもある。重要なことは、市場ができ、特定の製品やサービスが生活に組み込まれると、消費者は新しい製品や競合製品に乗りかえることによってわずかでも価値が変化すれば、直感的に察知する価値の羅針盤を自分の中に持つようになることだ。

今度は、市場創出という、まったく異なる活動を見てみよう[11]。市場が存在せず、製品の非消費が問題であるとき、企業は情報の「あいまいさ」という状況に直面する。ベンチマークすべき競合製品はなく、観察すべき消費者もいない。企業は現地の状況と消費者のニーズ〔必要性、不足しているもの〕とウォンツ〔欲求、ほしいもの〕についてあらゆるデータを集める。情報源は、世界銀行の調査かもしれないし、共感的手法を用いる草の根マーケティングチームかもしれない。あるいは村で実施する参加型の貧困分析かもしれない。しかし、判断の基準がなければ、これらの情報は知ることが「できない」未来についてのランダムな予測でしかない。『ティッピング・ポイント』（飛鳥新社）の著者、マルコム・グラッドウェルが詩的に表現したように、「予測が不可能な分野での予測は、先入観にすぎない」[12]

この難問は、消費者の側にも存在する。消費者市場がないところでは、製品にふさわしいとあらかじめ分かっている価格やデザインは存在しない。カンザスシティであれナイロビのキベラ（スラム）であれ、またどの階層の消費者でも、同じである。製品を日常生活の中に置いて見る基準点がないため、消費者は新製品を自分の生活に埋め込んだ場合に起きるかもしれない変化を予測する基盤を持たないのだ。アメリカの消費者が五〇〇〇ドルのセグウェイが提供する移動性の価値にお金を払うと明言できないのと同じように、ＢＯＰの消費者も一リットルのきれいな水にお金を払うつもりがあるか、払うとすればいくら払うかを迷わずに言うことはできない（今のところ、アメリカ人はセグウェイに五〇〇〇ドルを払ってはいない）。

私がこの点を確信したのは、Ｐ＆ＧのＰＵＲ事業とよく似た経験をしたからだ。二〇〇五年、私はコーネル大学で働きながら、世界的な日用品メーカーのＳＣジョンソン社の委託で、ケニアでフィールドチームを率いていた。目標は、ナイロビのスラムを対象とするＢＯＰビジネスを開発することだった。[13]われわれが用いた新しいイノベーション手法は、コミュニティの真のニーズを深く理解することによって、状況にふさわしい、人から求められる製品やサービスを提供するビジネスを創造できるという確信に基づいていた。

現地のニーズを理解し、現地の知見と知識をビジネスコンセプトに組み込むために、盛りだくさんのプロセスに取り組んだ。たとえば、コミュニティに入りこんで数週間過ごすイマージョン、コミュニティのメンバーとともに行うトランセクト法〔生物の生息数調査などに用いられる統計学手法。一定の線または帯状の区域を歩きながら出会った個体数から推計する〕や参加型ワークショップ、アイデアを生み出すためのセッションなどの各種の参加型開発ツール、数カ月にわたる大規模な消費者調査（三つのスラムで一〇〇〇以上）と製品やサービスのテストを行った。ところが、事業を開始してみると、消費者の需要はほとんどなかった。コミュニティでの劇の上演のような草の根のマーケティング技術も、スラムのさまざまな地区での集中的な意識向上努力も、目立った変化を起こすことができなかった。

コミュニティクリーニングサービス（CCS）という名の訪問クリーニングサービスを提供するこのビジネスは、住居内のゴキブリ、蚊、トコジラミなどの害虫駆除、カーペット（スラムに住むイスラム教徒世帯の多くはカーペットを所有している）、家具、壁や床、トイレの洗浄と殺菌、消臭などを行うものだった。このビジネスがニーズに応えるものであるのは確かだと思われた。ニーズがきわめて大きく、しかも切実であることは、住まいと装いに大きな誇りを持ち、気を使うスラムの住人自身が、言葉や行動で認めている。キベラのスラムでの試験では、SCジョンソンの害虫駆除剤、レイド（Raid）を噴霧した一面の土壁から、ゴキブリが四〇匹ほどもぞろぞろと出てきた。キベラでは家のトタン屋根にマットレスを載せて陽にあてているのをよく見かけるが、多くの住人を悩ませているトコジラミを退治しようとしているのだ。夜は特に蚊が多く、マラリアを媒介する恐れがある（私が滞在したキベラの家庭では、蚊を寄せつけないように終夜、灯油ランプの炎を小さくして灯しつづけていた）。また、溜め置き式のトイレの臭気が家の中まで漂ってくる。排泄物が捨てられる川沿いの地域では特にひどい。

実際のところ、われわれがプロジェクトを開始したキベラやそのほかのスラムの住人は、それまでに訪問ホームクリーニングサービスに接したことがなかった。CCSをどう考えればいいか、まったく分からなかった。自分たちの経験の範囲にない、奇妙な現象だったのだ。セグウェイが発売されたとき、前代未聞のメディアの宣伝や高い認知度にもかかわらず、アメリカの消費者が当惑したのと同じだった。[14] われわれのイノベーションアプローチは、ほかのケースでもほとんど同じだが、現地のニーズを理解し、それを製品やサービスの形にすること、そしてそれらがもたらす利点を人々に訴えることを狙いとしていた。それは典型的な**市場参入**のアプローチだった。しかし本当に必要だったのは、ＣＣＳが提供するサービスが価値ある生活の一部と見なされるような新しい消費者マインドや日課、習慣をスラムの住人に植えつける**市場創出**のアプローチだった。

プロジェクトを立ち上げたコミュニティに対するＳＣジョンソンの揺るぎないコミットメントと、ＢＯＰにサービスを提供する能力を構築する方法としてプロジェクトに投資する意志がなければ、ＣＣＳはその時点で屈辱的な終わりを迎えていただろう。しかし、ＣＣＳは事業のポジショニングを見直してスラムの共同トイレと公共トイレの清掃に焦点を絞り、今日ではナイロビの六ケ所以上のスラムで働く四〇人もの起業家を抱えるまでになった。本稿執筆時点で、ＳＣジョンソンはＣＣＳを収益性のあるビジネスモデルに育てる努力を続けている。

なぜ、わざわざ市場を創出するのか

ＣＣＳの話を読んだビジネスリーダーは、やる気をなくすかもしれない。「市場創出」は自社の経験からはあまりにもかけ離れているように思えるかもしれない。それよりも従来の市場参入アプローチを続け、会社の研究開発とビジネス開発の努力を既存のＢＯＰ市場に向けることを選ぼうとするのも理解できる。

たしかにそれは一つの選択肢であり、それで成果をあげた会社もある。よく引き合いに出されるヒンドゥスタン・ユニリーバ（ＨＵＬ）がインドのＢＯＰ層向けに「ホイール」ブランドの洗剤を開発して成功した話は、この点をよく示している。[15] インド企業との競争の脅威にさらされたHULは、エスノグラフィ（民族誌学）の手法を用いて、衣類をほとんど手洗いしている低所得者特有のニーズにもっとよく応えられるように洗剤の製品設計を見直した。サプライチェーンを再構築してコストを削減し、一般的な市場価格に近づけた。HULはホイールのイノベーションで既存の顧客価値提案を脱却し、BOP市場を確立した。ホイールは商業的に成功した。

たしかに、自社の現行業務とビジネスモデルをひっくり返さずに、既存のBOP消費者市場に入り込めることもある。一〇〇カ国以上に事業展開する九兆ドル規模の世界的な乳製品メーカー、アーラはその好例だ。同社のナイジェリアの販売・マーケティングチームは、粉ミルク市場の最下位セグメントにビジネスチャンスがあることに気づいた。アーラは数カ月にわたって徹底的な消費者調査を行い、この低所得セグメントにとって重要な製品の特質は、色（明るい白）と溶けやすさ（固まりができない）であることを突きとめた。一包装当たり一〇ナイラ（約七セント）というターゲット価格を実現するために、乳脂肪を植物性脂肪に替えた。アーラの「ダノ」ブランドの「パワーカウ」粉ミルクがナイジェリア市場で発売され、BOP消費者の間でたちまちヒット商品になった。

残念ながら、HULやアーラが進出に成功したような成熟したBOP市場だけに注目するのでは十分でないかもしれない。なぜなら、BOP層を環流している数兆ドルと推定される経済的価値の大部分から会社が事実上締め出されることになるからだ。なぜだろうか。開発経済学者が言うように、途上国経済の景観は均質とは程遠い。インフォーマル部門や貨幣によらない経済活動の広大な海に、成熟消費者市場の小島がぽつぽつと浮かんでいるのだ。[16] 言い換えれば、BOP層には経済的な「潜在力」

があるにもかかわらず、既存のBOP市場に取り込まれているのは、標準的な市場参入戦略を使って入り込むことができるほんの小さな部分だけなのだ。

ここで思い出しておこう。**製品やサービスを消費しないことが、ＢＯＰの決定的な特徴である。**(17)会社によっては、既存の市場を一つも見つけられないかもしれない。だからこそ、経済的な潜在力を確実なリターンに変える、すなわちＢＯＰに潜む捉えにくい富を手に入れるためには、新しい消費者市場を創出しなければならない。

このことは、起業を志す人にとっては、新しい挑戦でも何でもない。ビジネスの歴史と同じくらい古い挑戦だ。つまるところ、途上国の都市スラムや農村できれいな水を売るというビジネスの中核的課題は、先進国で革命的な新技術を商業化しようとするシリコンバレーの起業家が直面する課題と本質的に同じなのだ。したがって、**ＢＯＰの消費者にサービスを届けるために大きな跳躍をした会社が、着地した場所で直面するビジネス構築の課題は、まったく違うように見えても、実はなじみのあるものに非常に近いのだ。**

消費者市場創出の意味を理解する

新しい消費者市場の創出に効果を発揮するイノベーションプロセスを管理するとき、市場参入の場合と何が違うのかを理解するには、まず消費者の立場に立って、彼らの視点から市場創出のプロセスを考えなければならない。これは文化人類学者が「エミックな理解」（対象文化の内側から、そのメンバーにとっての意味を見出そうとする姿勢〕と呼ぶアプローチだ。

そういう人類学的な視点に立ち、私は「消費者市場」を「ある価値提案にお金を払うという観念と実践が習性となっていて、製品を自分の生活に埋め込んでいる人々のコミュニティ」と定義している。われわれの生活はさまざまなモノが織りなすタペストリーのようなものであり、生活に埋め込まれた製品はその一部になる。それらは役者にとっての小道具のようなものであり、われわれはそうしたモノを通して、平日は親や配偶者、ブランドマネジャー、週末はサッカーのジュニアリーグのコーチやアマチュアのサイクリストというように、いろいろな役割やアイデンティティを生き、演じている。この視点に立てば、消費者市場とは、製品に個人的な意味や意義を与える意味発見の努力がコミュニティ全体として成功した結果と考えられる。

経済人類学者のスティーブン・グードマンが指摘するように、市場は「コミュニティ基盤」から意味と意義を引き出している[18]。コミュニティ基盤を構成するのは、友人や家族が守っている規範や伝統、人々の日々の日課や習慣、人々との親密な関係と取引行為、テレビ映像やラジオ番組、道路や芸術品から耐久品や日常消費財までの人が作ったモノ、さらには川や森、野生生物などの自然環境とのかかわりなどである。コミュニティ基盤は新しい市場に形を与える材料を提供し、それがあるからこそ消費者は味気ない抽象的な製品に命を吹き込むことができる。

意味発見のプロセスとコミュニティ基盤の相互作用を通して消費者市場が誕生した素晴らしい例が、二〇〇一年のサンダンス映画祭ドキュメンタリー部門観客賞・監督賞を受賞した『ドッグタウンとZボーイズ（Dogtown and Z-Boys）』によく捉えられている。一九七〇年代にサウスロサンゼルスのドッグタウンと呼ばれる「ビーチスラム」に住む、大多数は貧しい、不良すれすれの十代のサーファーたちのグループがスケートボードで一躍スターになっていく過程を回顧した記録である。地元のサーフショップ、「ゼファー（Zephyr）」のサーフィンとスケートボードのチームだったのでZボーイズと呼ばれた彼らがきっかけとなって、世界的なスケートボード市場が誕生した。そこには今日でもドッグタウンのユニークなコミュニティ基盤が反映されている。

Zボーイズは、打ち棄てられ半分崩壊した遊園地、パシフィックオーシャンパークの桟橋の下の地元民しか立ち入らないサーフィン用入り江で培った、アグレッシブで危険をものともしないサーフィンテクニックをスケートボードに持ち込んだ。Zボーイズはサーフィンをするようにスケートボードを操り、サウスロサンゼルスのアスファルト道路を深くしゃがみこんだスタイルで疾走し、サーファーが波に触れるように手で路面を触りながら大胆にターンした。

この意味発見のプロセスは、厳しい干ばつでロサンゼルス郊外のプールが軒並み干上がったときに、興味深い展開を見せた。Zボーイズは住宅の裏庭に忍び込み、空のプールでスケートボードを滑らせ、今日のハーフパイプのスケートパークの先駆けとなる過激な「バーティカル（垂直）」テクニックを編み出した。雑誌がこぞって、滑っている彼らの先鋭的な写真とともに記事で取りあげ、彼らがよく出場するスケートボードの試合を報じたこともあって、アメリカはもちろん、ほかの国の消費者も、この新しいライフスタイルを試し、自分たち独自の意味を見出すプロセスを始めようとした。

Zボーイズの例が示すように、消費者市場創出の背後にある意味発見のプロセスは、直線的なパターンに従わない。互いに依存し合い絶えず動いている多くの部分で構成されるほかの複雑なシステム同様、消費者市場は複雑系の科学者が言うところの「創発特性（Emergent Property）」である。創発特性とは、それを発現させた構成要素に還元できない新しく生まれた特性を意味する。始まったときのもの「以上」の何かができるのだ。

複雑系の科学者、ケビン・ケリーが書いているように、創発特性を扱ううえでの問題は、「因果関係の問題」が出てくることだ。意味発見のプロセスが総体として、いつ、どんな理由でクリティカルマスに達し、大衆消費者市場として結晶化するのかは誰にも分からない。たとえば、村の住人の一人の女性に、日常生活にPURを埋め込むよう納得させるにはどんな変化が必要になるかを考えてみよう。顕微鏡でしか見えないバクテリアについての新しい知識を吸収するには、古い「民間伝承」や家庭療法を見直さなければならないかもしれない。きれいな水はこう見え、こういう味がすると長い間信じていた考えを捨てなければならないかもしれない。PURの小袋を買うために、コカ・コーラを毎週飲むのをやめれば、楽しみがなくなった夫や子どもと揉めるかもしれない。小袋を買いに行ったり水を濾過したりするために、友人たちと毎週楽しんでいた気楽なおしゃべりの時間を割かなければならないかもしれない。

いくらでも考えられるが、私の言いたいことは分かっていただけるだろう。そのうえ、これはただ一人の（仮想の）女性のリストだ。関係してくる個人的な事情は、その村に住むほかの二五〇人の女性はもちろん、インド全土にある六〇万の村の女性ではそれぞれに異なっていることだろう[19]。

新しい製品と価値提案を生活に埋め込むことが個人の次元でさまざまな影響を及ぼすことが理解できれば、米国の都市郊外であれ、南アフリカのスラムであれ、単に人々のニーズをもっと深く掘り下げたり、いわゆるホリスティック（全体論的）な解決策を探したりするだけでは、新しい消費者市場は簡単には生まれない理由がおのずと明らかになる。市場創出には、異なる種類のイノベーションの論理とアプローチが必要なのだ。

本章の残りの部分では、市場創出という視点から、新しいビジネス構築の取り組みに欠かせない二つの重要な要素に、市場参入の場合とは異なる方法で対処する仕方について論じる。二つの要素の第一は価値提案のフレーミング、第二は戦略的イノベーションプロセスの定義である。

市場を創出する価値提案をフレーミングする

価値提案から始めよう。市場創出の観点からの目的は、「試してみる」気を起こさせ、そうすることで「意味づけ」のプロセスを促すような製品やサービスをつくることだ。そのためには、価値提案には、マルコム・グラッドウェルなら「粘り（stickiness）」と表現し、チップ・ヒースとダン・ヒースが共著『アイデアのちから』（日経BP社）で詳しく探求したような、ある種独特な「惹きつけて離さない力」がなければならない。[20][21]しかし、われわれが求めるのは、メッセージを広め、商品認知を促すのに役立つ「粘着性」ではない。消費者の心を開き、新しい考え方や新しい行動を学ぶ意欲を与えるような「粘着性」が必要なのだ。市場を創出するには、最初の価値提案は私が「価値開放的（value-open）」と呼ぶようなものでなければならない。

「価値開放的」とは、価値提案が非限定的であり、製品の価値を具体的に定義しないことを意味する。

価値開放的な提案は、製品の用途が広いことを重視する。深夜の通販番組では家庭用の新しいアイデア商品のおもしろい意外な用途を紹介している。ああいうものを思い浮かべればよい。カリスマ主婦、マーサ・スチュアートも、このコンセプトをユーモアたっぷりに演じている。商品を本来の用途以外の目的に使う独創的なアイデアを紹介するのがスチュアートの売り物だが、有名なアメリカン・エキスプレスのコマーシャルでは、彼女のこの才能を、破棄したクレジットカードをタイルのようにプールに貼るというパロディに仕立てている。彼女の創意あふれるアプローチは、視聴者に自分も商品の新しい用途を試してみたいという気持ちを起こさせる。

価値開放的な提案は、製品が自分の生活にどう適合するかを、消費者が実際に使いながら自分なりに考えることを促すため、消費者の力を借りて価値提案を「充実させる」効果がある。[22] この考え方の起源は、マイルズ・ホートン〔米国の教育者・社会主義者。成人教育を通した変革を提唱し、公民権運動に影響を及ぼした〕やパウロ・フレイレ〔ブラジルの教育者。識字教育を通したエンパワメントと変革を提唱〕などの先駆的な社会活動家の業績にある。ホートンとフレイレは、情報を人に伝達することだけを目的とした伝統的な教育方法は、アイデアが抽象的なままなので社会変革をもたらすには効果的でないと考えていた。彼らは、直接経験を通して問題について学び、それを自分の生活環境と結びつけさせる大衆教育手法を提唱した。この手法では、問題を取り巻く社会的意味を一人ひとりが自分のものとして考えることを重視する。この当事者意識が個人のコミットメントをもたらす。そして個人のコミットメントこそが考え方と行動の持続的な変化の鍵になる。[23]

一般的なマーケティングの教えに従えば、マネジャーは「価値閉鎖的（value-closed）」なメッセージを発信しがちになる。製品の価値をはっきりと定義し、伝達することによって、顧客は迷いがなくなり、十分な情報に基づいた選択ができるという考え方だ。しかし、製品がコミュニティ基盤に埋め込まれるまでは、製品の価値をこと細かに伝達しその価値について消費者を教育しようとする努力は、かえって製品の社会的意義をその枠に「閉じ込め」てしまい、意味発見を妨げる「買うか買わないか、どちらか」という意思決定の構図をつくり出す。

低所得者市場では、価値開放的な提案を出発点にすることに、さらに好ましい可能性がある。それは、価値閉鎖的なアプローチでは、製品提案が「医療」「食品」など単一の家計費目に振り分けられてしまい、その結果、必然的にターゲット市場の規模と、消費者がその製品にお金を払おうとする意志に人工の天井がかぶせられてしまうからだ。価値開放的な提案はそれを防ぐことができるのだ。健康、娯楽、社交、パーソナルケアなど、いくつもの家計費目にまたがっていれば、その製品が自分にとって意味があると思う人の幅が広がり、消費者がその購入に充てる予算の割合も高まる。

私がソレイ社とともにインドで行ったプロジェクトが、この点を説明するのに役立つ。ミズーリ州セントルイスに本拠を置くデュポンの子会社、ソレイ社は、売上高一〇億ドル規模の、食品・栄養業界向け分離大豆タンパクの世界的なメーカーである。同社は二〇〇六年に低所得消費者層にビジネスを拡大するために、インドの三カ所でビジネス開発プロジェクトに着手した。三つの事業地は協調していたが、各事業地の二人一組のフィールドチームは、現地での販売価格の決定も含めて、かなりの独立性と実験の余地を与えられていた。最も高い値をつけた事業地は、最も安い値をつけていた事業地より五〇％近く高い価格で大豆タンパクを販売していた。しかし彼らは、価値開放的なポジショニングを用い、女性を対象とした娯楽と食事、仲間意識、女性のエンパワメント、家族の団結、健康などの要素を組み合わせた、食べ物をベースにした多彩な催し物や社交的な機会を作った。一方、価格が低い方の事業地の一チームは価値閉鎖的なフレーミングに陥り、もっぱら大豆タンパクの健康上の利点に絞った広報やセールストークを行っていた。

結果はどうなったかといえば、価値開放的なフレーミングを使った事業地の方が、大豆タンパクの価格を相当高く設定していたにもかかわらず、需要が大きく、顧客維持率も高かった。

後でもう一度ソレイの話に戻るが、ここでは、ソレイのケースが価値開放的なフレーミングの持つ戦略的意味をよく示していると言っておきたい。**価値開放的なフレーミングは、売上総利益率を上げ、その結果、地理的に狭い範囲でもビジネスモデルが営業を継続するのに十分な人口基盤を持てるようになるのだ。**開発途上国ではたいていそうだが、ほんの数日、村々を回れば、BOP層の大きな部分を占めている農村部の貧困層にサービスを提供しようとするビジネスの実現可能性にとって、これら両方の要素がいかに重要であるかが理解できる。BOP戦略思考に根づいた薄利多売の論理は、狭い地域に数十万人が住み、家から家へ歩いて行ける都市スラムや周辺の不法居住区（ムンバイのダラヴィやナイロビのキベラ、ヨハネスブルグのソウェトなどのように、百万人規模のところもある）では、意味があるかもしれない。薄利多売戦略の正しさを証明する証拠として真っ先にあげられる、ヒンドゥスタン・リーバが洗濯用洗剤「ホイール」で市場参入に成功したケースでは、主としてインドの都市住民に、この地域に張り巡らされたママパパショップ（個人経営の小売店）のネットワークを通してサービスを提供していたことは、偶然ではない。

しかし、同じ規模の人口が半径三〇マイルの範囲に点在する数十の村に分散して住み、村と村を結ぶ道路は劣悪で、明かりもなく、いつ来るかわからないバスとリキシャに頼るしかないとなると、同じビジネスは必然的に高コスト構造になる（とりわけ、同じ数の人口にサービスを提供するのにかかる人の数と交通費は相当な額になる）。こういう状況では、価値開放的ポジショニングを用いて総利益率と顧客転換率（ターゲット層のうち実際に顧客になった人の割合）を上げることが決定的に重要である。

市場を創出するイノベーション戦略を定義する

価値開放的ポジショニングは、個々の顧客を最初に惹きつける力を強化し、市場創出のプロセスを動き出させる。この動きを続けさせ確実に市場を出現させるには、消費者の意味発見プロセスに特有の偶発性を中心に築かれたイノベーション戦略が必要である。

「イノベーションの埋め込み」はそういうアプローチの一つだ[24]。これは、人間行動についてのシンプルな観察に基づいている。「人は自分の欲求とそれを満たす方法がはっきり分かったと思えば、それを獲得するために必要なら生活を変えたり、犠牲を払ったりする可能性が高い」ということだ。市場創出においては、人々にある価値提案と製品を手に入れたいと思わせ、新しい日課と行動を学ぶことに時間と努力を注ぐよう仕向けるのに最も効果的な方法は、当事者意識を持たせることだ。

埋め込まれたイノベーションは、ビジネス開発にコミュニティづくりと先に述べた大衆教育手法を組み合わせることによって、その当事者意識を生み出し、ひいては消費者の需要を喚起する。言い換えれば、ビジネス開発プロセス自体が需要を喚起するように構築するのだ。商業化の時点または市場投入段階で行われるマーケティングや認知向上キャンペーンに頼るのではない。消費者は後者のアプローチを、企業が「あなたがたにはこういうニーズがあるはずだ、私たちにはその解決策がある」と納得させようとしているように感じることが多い。消費者が疑いを抱くのは当然だ。

実際には埋め込まれたイノベーションはどのような働きをするのだろうか。埋め込まれたイノベーションは、最初の対象コミュニティがさまざまなレベルの責任を持ちながら自分たちのこととして、新しい価値提案とビジネスを想像し、パイロットを行い、進化させるようにすることによって、当事者意識を醸成する。その際、自社の製品と技術が確実にそのビジネスの中心的な役割を果たすようにする。Zボーイズとドッグタウンの場合と同じように、そのビジネスが提供するものを最初の対象コミュニティの基盤に埋め込むことが重要だ。そうすれば、ほかの消費者が意味発見のプロセスを開始するのを促す具体的な評価基準とベンチマークが確立するからだ。

イノベーションの埋め込みは、優れたコミュニティ・オーガナイジングと同じように、コミュニティの関与の範囲と当事者意識を成長させつづけて、それによって「基盤」が築かれるという雪だるま式に膨らむプロセスと捉えることができる。先に述べたSCジョンソンとソレイのイニシアチブでプロジェクトのフィールドリーダーを務め、メキシコと米国でもほかの企業のコンサルタントとして働いた経験からいえば、このプロセスを次の三つの主要な段階に分けて考えると扱いやすい。

●種まき

●基盤づくり
●成長と強化[25]

種まきの段階では、コミュニティの中に最初の興奮を巻き起こし、信頼の基盤を築き、コミュニティのビジネスチームとともに、会社の製品と彼らのスキルを使って、戦略的裏づけのあるビジネスコンセプトを構築する。目標は、コミュニティのチーム内に、ビジネスで成功するというビジョンと願望を芽生えさせ、彼らの意欲をかきたてるような視野の広いビジネスアイデアに製品を組み込むことだ。会社の製品は、コミュニティのチームがより大きなビジネスコンセプトに対して抱く感情的なコミットメントと熱意の波に乗る。

一つ重要なポイントがある。このコンセプトをつくり上げるには、市場参入のための消費者調査につきものの徹底的なニーズ評価は必要ない。むしろ、その種の綿密な調査は逆効果になることがある。ニーズ評価は、問題点の羅列に傾きがちなので、「否定的」なビジネスコンセプト、つまりビジネス側が「問題である」と見なすものをコミュニティから排除することを目指すビジネスが生まれることが多い。これは皮肉にも、その新しいビジネスが（そして会社も）、抜け目がない、もっと言えば搾取的だという印象を与えることがある。二酸化炭素排出でも水系伝染病の問題でもよいが、市場創出の観点からは、何か悪いものを排除しようとするのは、良いものの影響を育てようとする――環境問題で言えば、マクダナーとブラウンガートが言う「エコ効果が大きい」[26]というようなメッセージのフレーミング――より、感情に訴える力の幅が狭く、持続性が乏しくなる。

基盤づくりの段階では、最初に提供する製品・サービスと基本的な経営管理システムを、コミュニティ・チームの親しい友人や親族――社会学者の言う「強い紐帯のネットワーク」――とともに行う催し物を通して、会社とコミュニティ・チームが協働して開発する。これは、消費者にテスト製品についての意見を求めるプロトタイピングとは異なる。ここで友人や親類を集めて行うのは、高い次元のビジネスのビジョンを、実際的で地に足のついた消費者製品・サービスとして具体化する「メイク・アンド・モデル」ワークショップだ。

「メイク・アンド・モデル」ワークショップは楽しい社交的な催しとして行われ、参加者は自分の知識や経験を提供して製品提供の一部となる具体的なアウトプットを出しながら（メイキング）、そのビジネスコンセプトの下で消費者がとり得る行動を実際にやってみる（モデリング）。これが、そのビジネスが提供する製品・サービスに対する当事者意識と個人的な共感を拡大させ、何かを初めて試すときに感じる壁を乗り越えさせる。強い紐帯のネットワークを活用することは重要だ。協力的で柔軟な姿勢で応じ、快く時間を割いてくれる可能性がはるかに大きいからだ。たとえば、お金を払って参加してもらうアプローチと比べると違いがよく分かる。その場合、ビジネスへの個人的なコミットメントが生まれにくく、より幅広いコミュニティの期待に傷をつける恐れがある。

最後の**成長と強化**の段階では、法的に登録されたビジネスを開始する。このとき、最初の顧客ベースはすでにできている。コミュニティ・チームの友人や親類（彼らの強い紐帯のネットワーク）を対象にして、前述と同様の「メイク・アンド・モデル」の催しを行い、価値提案とビジネスモデル全体を発達させる。これによって、ビジネスに対するコミュニティの好意が一歩進み、個人的に関心を持つ顧客ベースが拡大する。

この段階で注目すべき重要なポイントは、①さまざまな参加者が取り組みに参加していることを形のあるもので示す目印、つまり「バッジ」のようなものをつくって彼らの間の社会的つながりを維持することと、②幅広いコミュニティの人々に、当該製品を使っている人が増えていることを目に見える形で紹介することだ。人類学的に言えば、これによってその消費者製品が「規範化」され、コミュニティ基盤の自然な一部に見えるようになる。

イノベーションの埋め込みの例として、私がインドでソレイ社と行った仕事をもう一度見てみよう。すでに述べたように、二〇〇六年にソレイは（コーネル大学と提携して）インドの低所得消費者に大豆タンパクを提供する新しいビジネスを創造した。忘れてはならないのは、分離大豆タンパクはｉＰｈｏｎｅのようにそれ自体に大きな注目が集まる消費者製品ではないことだ。味気のない、白っぽい粉末にすぎない。また、すぐに使える製品でもない。大豆タンパクの働きは一緒に調理する食品の酸性度と温度に影響されるので、新しい調理習慣や方法を学ぶ必要がある。

ソレイのケースはイノベーションの埋め込みの典型的な例ではない。先に述べたプロセスの要素のいくつかはうまく現場で実行できたが、実際に経験した問題から導き出された要素もあった。ほかのプロジェクトでテストする機会を得たものもあった。しかし、他とは異なるこのアプローチ独自の流れと焦点が、直感的に理解できる良い例であるはずだ。

われわれは、ソレイのプロジェクトをインドの二つの都市スラムと一つの農村で立ち上げた。フィールドチームと私は、まず一週間のホームステイを行った。その間、ホストファミリーの米の収穫や小売りのキオスクなどの生計活動に参加した。目的は、コミュニティの一員になろうとするわれわれの決意を示すことだった。その後、コミュニティのビジネスチームの採用にとりかかった。地域の家庭で何十回も少人数の会合を開いて、コミュニティに貢献できる新しいビジネスを、ソレイとともに育てることに力を尽くしてくれるパートナーを探すというわれわれの目的を説明した。結局、各事業地で二〇人ほどの女性が名乗り出た。

ソレイのチームと私は、いきなり大豆タンパクの売り込み方についてのブレインストーミングを行うのではなく、数週間かけて女性たちとともに、どうすれば彼女たちがビジネスパートナーとして働けるかを探った。われわれも女性たちも、自分のことや、顧客のユニークな価値観や補完的商品、ビジネスモデル、戦略的推進力などのテーマに関係のある経験を語った。この作業を通してソレイと女性たちの間に仲間意識が芽生え、女性たちの個人的な経験に結びついた共通のビジネス言語が生まれた。

一カ月ほどで、自分のベーカリーを開いてシェフになるという女性たちのビジョンを活かした製品・サービス提供に大豆タンパクを組み込んだビジネスアイデアに意見が集約された（料理の才能はインドの主婦の間ではきわめて高く評価されるスキルだ）。エイボンのような家庭訪問方式で、大豆タンパクを使ったおいしくて健康に良い料理のつくり方を主婦に教える調理コンサルティングサービスと、大豆タンパクを強化した調理済みパッケージ食品の製品ラインを組み合わせるというものだった。

その後、チームは一カ月間、家でソレイの大豆タンパクを使って料理をし、レシピを試したり親類や友人と交換したりした。チームのオフィスに集まって調理をすることもあった。その間、毎日、一日の終わりにミーティングを開き、女性たちがその日の経験や発見、個人のエピソードなどを報告し合った。女性とその家族は、大豆タンパクの信奉者になった。

チームは次に、より広いコミュニティへの働きかけを図り、「ご近所で料理をする日」という催しに、彼女たちが料理の名人と認める友人を招いた。これらの「料理の達人《グル》」に、調理の腕前とコツを伝授してほしいと頼み、ソレイの大豆タンパクを使った特別料理を披露してもらった。試食会を開くたびに、隣人の親類や友人、コミュニティのリーダーが、八〇人ほども集まった。その結果、チームの女性以外のコミュニティのメンバーもプロセスに関心を持つようになった。コミュニティから生まれた料理のレシピ集もつくられた。

チームはさらに、「クッキングアウトリーチ」を毎日行うようになった。何人かの主婦をその中の一人の家に集めて、大豆タンパクを使ったヘルシーな料理を一緒につくるのだ。社交を楽しみながら、ここで試した大豆タンパクを使った料理を自分でも実行してもらうことが目的だった。農村部の事業地では、女性たちも隣の村でホームステイをした。親類の家に泊まってクッキングアウトリーチの活動を行うのだ。彼女たちは事業がまだ正式に登録される前から、大豆タンパクを売ってほしいというリクエストをコミュニティの女性たちから毎日のように受けるようになっていた。

業務開始以後は、リピート客向けにブランドロゴがついた再使用可能なプラスチック容器入りの大豆タンパクを発売した。この製品の顧客は「コンテナクラブ」という主婦グループのメンバーになった。女性たちのビジネスチームが主婦グループの子どもたちの学校を訪問するときは、同行してもらうことも多かった。正式な業務開始から一年以内で、主婦層に大豆タンパクを販売する事業は軌道に乗り、女性たちが目標とする所得の半分にほぼ届くほどの手取り利益をあげるようになっていた。ソレイがコミュニティビジネスに大豆タンパクを販売するときのマージンは、従来の法人顧客への販売から得ていたマージンと同等だった。

このようにスタートは上々だったが、最近の世界的な不況はこのプロジェクトにも大きな打撃を与えた。事業を拡大するには追加投資によって損益分岐点に達するまでの期間を支える必要があったが、それができなくなった。コミュニティビジネスは機能しつづけており、ソレイから大豆タンパクを購入しているが、ソレイの現場チームの経営指導の不在を穴埋めすることは難しい。

興味深いことに、ソレイの撤退をにらんで売上急増を図ろうとして、三つの事業地いずれでも女性たちのチームは、大豆タンパクでの市場参入アプローチに後戻りする傾向を示した。主婦たちの意識と関心を急いで育てようとして、栄養上の利点を強調する価値閉鎖的なメッセージを伝えることにしたのだ。この戦略が裏目に出て、売上の伸びは衰えた。これに対抗するために、女性チームは、スラムや農村に消費者市場が確実に存在するタンパクを強化した調理済みパッケージ食品に力を入れはじめた。しかしこれらの製品からの利益は、彼女たちが大豆タンパクから得ていた利益の半分以下だ。特に農村部では、利益率の低い製品でビジネスを維持できるかどうかは、時間がたたなければ分からないだろう。

ＢＯＰでのビジネスチャンスに合わせた戦略

本章の主な目的は、ビジネスチャンスが広がるＢＯＰの空間を解説し、現存するさまざまなビジネス課題とそれに対処するためのビジネス戦略の概略を描くことだった。私が本章で強調しようとした、ＢＯＰでのビジネスチャンスを分断する重要な断層の一つは、**市場参入**のチャンスと**市場創出**のチャンスの区別だった。焦点はＢＯＰ消費者市場への参入とＢＯＰ消費者市場の創出にある。なぜならそれらは一つの連続体の二つの終点を表しているからだ。

これまでにも述べたように、既存のＢＯＰ消費者市場に参入する場合（ＨＵＬがホイールで、アーラがパワーカウで参入したように）、ビジネス上の課題は似通っていて、現行製品を新しい国へ拡大する場合とほとんど同じプロジェクトマネジメント体制が求められる。現場に行き、消費者と競争相手を徹底的に調査し、その発見に合わせて（有望だと判断されれば）ある程度製品を再設計し、ポジショニングし直す必要がある。この状況では、参加型消費者調査と設計能力は重要だが、非従来型の提携関係の役割はそれほどでもない。

これらは国または地域、あるいはその両方のレベルの経営体制で、一〜三年程度での資本回収を目標に推進できるプロジェクトだ。したがって、ＢＯＰで事業をスタートさせるという点では、既存のＢＯＰ市場に参入するのが、組織の混乱と投資が最も少なくて済む。このアプローチの欠点は、先にも述べたが、ビジネスチャンスの数と規模が限られているということだ。ＢＯＰ消費者市場に「参入」

することによって得られる富はない。

逆に、新しいBOP消費者市場を「創出」することには、先進国で新しいブルーオーシャン〔競争のない未開拓市場という意味〕産業を創出する場合と同じように、きわめて大きな利点がある可能性がある。しかしそのマネジメントははるかに複雑で、投資コストははるかに大きく、回収期間ははるかに長い。最初のシード市場づくりから始まって、投下された資本を回収できるほどの規模に拡大し、株主にリターンを届けられるようになるまでには、どう考えても五〜七年、おそらくはそれ以上かかるだろう。[27]マイクロクレジットを核に新しいBOP消費者市場を創造した組織の優れた例であるグラミン銀行は、最初の顧客ベースを確立させ、ビジネスモデルを拡大する準備を整えるまでに、現場で六年という年月をかけている。[28]東アフリカでマイクロ灌漑ポンプを中心に新しい消費者市場を創造した著名な非営利組織キックスタートも、事業を軌道に乗せるのに同じくらいの期間を要した。[29]

BOP市場創出の取り組みは、カントリーマネジャーのレベルで責任を持って推進しなければならないが、そのためには本社の最高経営陣の支持と関与が欠かせない。国レベルのマネジャーがこのような長期の投資を単独の判断で行うのに必要な柔軟性を持っている可能性は少ない。国レベルのマネジャーは流動性が高いため、現場に必要な継続性と集中を維持することは難しい。多くのマネジャーが業績をあげて昇進してゆく途上国市場では、特にこの傾向が強い。前述したように、市場創出のプロセスは、事実上、製品開発に用いられていた従来の「決行か中止か」の二者択一の決定基準とは異なる成果とそれを測る指標を必要とする。通常の業務規範の枠を超えて動くには、最高経営陣からそれを承認してもらう必要がある。

「跳ぶ前によく見ろ」とはよく聞く格言だが、以上の議論の経営上の意味を一言で言えば「ＢＯＰに跳びこむ前によく見ろ」ということだろう。自社が今できることと、これからする意志があることに適合する投資プロファイルと組織能力のニーズがあるＢＯＰのビジネスチャンスに目標を絞ることが、成功するＢＯＰビジネスの第一歩だ。それができれば、ＢＯＰを対象とする幅広い投資を呼び込むきっかけになる。そのことがほかでもない世界の低所得層を助けることになるのである。

第III部

効果的なビジネス導入

Effective Implementation

第5章

ミクロレベルで市場を理解する

A Micro-Level Approach to Understanding BOP Markets

マドゥ・ヴィシュワナータン Madhu Viswanathan

「細かいところにこそ落とし穴がある」という。BOP市場で事業が成功するには、BOP市場を現場レベルで——ボトムアップの視点で——理解しなければならない。市場に関係のある貧困の特徴とは何か。一対一の交渉が主流のBOPの市場では、「人間」の問題と「経済」の問題の境界がぼやけ、短期的な関係より長期的な関係が優先される傾向がある。「豊かなネットワーク」が資源の制約を補い、消費と起業は同じコインの裏表であることがある。したがって、BOP起業家は、製品とサービスを具体化、現地化、「社会化」しなければならない。(1)

この章では、ピラミッドの底辺（ＢＯＰ）の消費者と起業家、市場についての一〇年以上に及ぶ研究や教育、社会的イニシアチブから得られた知見を紹介する。[2] こうした仕事を通して浮かび上がってきたポイントは、ＢＯＰの状況から学び、解決策を設計するには、ミクロレベルでの洞察から始まるボトムアップの姿勢が欠かせないということだ。これは本章を貫くテーマでもある。本章では、この姿勢に基づいて買い手と売り手、市場の行動を理解していく。そこから、実践者にとって重要な意味を引き出せるだろう。[3]

本章の執筆作業においてもボトムアップの姿勢が重要であり、ＢＯＰの消費者と起業家の声が私の出発点となった。特に二人の人物をたびたび例として登場させながら、議論を進めていく。言い換えれば、ＢＯＰの商業・社会組織の検討から始めるのではなく、貧困の中に生きている個人とコミュニティから出発し、ＢＯＰの消費者と起業家、市場を彼らの立場から見ていく。次に、このミクロレベルで得られた知見を使って、それらが営利企業や社会的企業にどういう意味を持つかを導き出す。つまり、ＢＯＰの状況への理解を深めることや、製品とサービスの設計を含めた経済的・環境的・社会的に持続可能な解決策を設計することにどういう意味を持つか、ということだ。

私は、この視点が単に適切であるというより、きわめて重要であり切実に求められていると考えている。所得ピラミッドの上層では、生態学的惨状が急速に広がっている。ＢＯＰでの生産と消費が、ピラミッドの上層の生産と消費を模倣しはじめれば、そしてその結果、**ＢＯＰではるかに大きな規模で**環境が同じようにダメージを受ければ、地球は壊滅的な影響を受けるだろう。[4]

ＢＯＰとかかわろうとする企業は、既存の市場の現状を理解して学び、どうすればそれが所得ピラミッドを上昇しながら持続的な市場になれるかを想像する必要がある。したがって、ＢＯＰの特徴である生きるのに精いっぱいの貧困層市場が、どうすれば持続可能な市場になれるかを学ぶ必要がある。このボトムアップの見方では、ＢＯＰ市場は単にモノを売り込むための市場以上の存在と捉えられる。また、そこにある市場は貴重な教訓を学び、適切な解決策を考え出せる場所とも見ることができる。

本章は、大きく三部に分けられている。最初のセクションでは、ＢＯＰ消費者、起業家、市場のユニークな特徴についてのミクロレベルの洞察を通して、ＢＯＰ市場とは「何か」に焦点を合わせる。第二のセクションでは、それがＢＯＰの理解にとって「何を意味するか」を論じる。第三のセクションでは、営利・社会領域の実践家が解決策を設計するにはどうすればよいかを議論する。次に、これらの議論の概略を示す。

ボトムアップの視点からのＢＯＰ市場

ＢＯＰと貧困の多面性

▼貧困の多面性……低い識字能力がもたらす
- 固定的、絵文字的な思考
- 対処能力と自尊心の維持

低所得

ＢＯＰ市場

▼製品と消費――目の前の生活環境を改善するためにつくる、または買う（あるいははなしで済ませる）
▼市場での交渉――人間関係VS取引
▼市場取引――流動性と絶え間ないカスタマイゼーション
▼分散し、断片化した市場と、無数の集団の影響――社会環境に対処する
▼資源は乏しいが豊かなネットワークがある、一対一の交渉が優勢な市場――社会・文化に埋め込まれた市場リテラシーの発達
▼起業――コインの裏表としての消費と起業――強みと弱み／さまざまな領域への適応能力

地域の持続可能性

▼短期的な生存のための消費と中期的な視野での保全

BOP状況をボトムアップの視点で理解する

BOP状況から学ぶ

▼個人的なつながりの欠如を克服し、それを補う強みを発見する――お互いに学ぶ姿勢

- ▼既存の市場を理解する
  - 強みと弱みを理解する

BOP状況の調査と理解

- ▼BOP状況への全面的なイマージョン
  - 製品、人間関係、市場の各レベルを理解する
  - 認知面、感情面、運営面での配慮
- ▼調査方法に関する配慮
  - 一対一の交渉が優勢な市場のオピニオンリーダーの見識
  - 現実的な状況で解決策をテストする
  - 対等な立場でのコミュニケーション
- ▼幅広い調査の勧め
  - 広い範囲の生活環境を理解する
  - 商品の消費と個人とコミュニティの福祉を理解する

BOP状況のためのボトムアップの解決策を設計する

BOPのための持続可能な解決策を設計する

- ▼基本的ニーズと上昇志向のニーズの特定

▼広い範囲の生活環境、多用途多目的に適した設計
▼人としての尊厳への信頼と尊敬の醸成
▼低い識字能力を前提とした設計
▼現行の製品とインフラを活用する設計
▼受け渡し時点でのカスタマイゼーションを見込んだ設計
▼現地の持続可能性に配慮した設計

持続可能な価値を伝え、提供する

▼費用対便益のトレードオフを伝える
▼情報教育的製品サポートを提供する
▼具体化、現地化、社会化したコミュニケーション
▼一対一交渉市場に適した設計のコミュニケーション
▼社会的ネットワークを活用する価格設定と製品提供

BOPのための企業型解決策を実行する

▼多様なパートナーシップ
▼機能の分散化または外部化

組織にソーシャルグッドを植えつける

- ▼製品が個人とコミュニティの福祉に及ぼす影響を深く理解する
- ▼ビジネスプロセス、成果、評価における個人とコミュニティの福祉の向上の重要性
- ▼製品に関連のあるソーシャルグッドを組織文化に植えつける

ＢＯＰ市場とは「何か」――ミクロレベルの状況と特徴

ここでは、ボトムアップのアプローチから得られるミクロレベルの知見を提供するＢＯＰ環境の重要な側面に焦点を当てる。特に消費者や起業家の市場取引に注目する。具体的にイメージしやすいように、あるＢＯＰ消費者とＢＯＰ起業家の簡単なプロフィールを織り交ぜて議論を進める。彼女たちの話から重要な要素が読み取れる。

ＢＯＰと貧困の多面性

ＢＯＰの消費者と起業家の世界では、裕福な環境ではありふれた予測可能な活動が、不確実性に満ちたものになることがある。たとえば、最も重要な消費活動、つまり一日一度のまともな食事のためにコメなどの主食を調理することにさえ、調理用の燃料の有無やコメの品質、調理に使う水の質など

に関する不確実性がつきまとう。

消費活動一つとってもこういう状況であるうえに、不安定な電力、あてにならない公共交通機関、季節によって変動する所得といった不確実性がある（これらはほんの一例だ）。そのために、次々に襲ってくる大小さまざまな難問に休みなく備えなければならない。近くの町に買い物に行くのも、利用できる公共交通機関があるかどうかや、都合の良い時間に便があるかどうかで、スムーズにいかなかったり断念しなければならなかったりする。企業の業務がうまくいくかどうかは、信頼性のある物資の供給体制と、ある程度安定した電力の供給があるかどうかに左右されるだろう。

「貧困」は生活のほとんどすべての側面に影響を与える。この点は、ほかでもよく主張されているので、ここでは詳しく論じない。むしろ、市場に関係のある貧困の諸側面に光を当てていく(5)。

固定的、絵文字的な思考

貧困の重要な一側面は、情報と教育の領域に表れる。識字能力の低さには、特に注目すべきだ。抽象化することが難しく、たいていは非生産的な特有の思考形式に陥りがちだからだ(6)。

固定的な思考とは、一つの情報だけに注目し、ほかの情報と総合して抽象化することがほとんどないという意味だ。たとえば、適切なサイズを考えないで一番安いモノを買うようなことだ。固定的な思考はさまざまな形をとる。一つの情報（価格、賞味期限など）だけに注目してほかの情報の意味（賞味期限や「税込最高小売価格」の意味など）を完全に理解しない、なじみのある状況を求める（同じ店で買う）、現金を小分けにして管理する、時間を抽象化しにくいため短期的な視点で考える（返済は「一日一〇ルピー」などと、一見ささやかな額を示されたために、法外な利息を支払うことに同意してしまう）などの行動がそうだ。

もう一つの思考様式は、絵文字的思考である。ある程度の識字能力を必要とするシンボルに出会ったとき、一対一で現実に対応させるという初歩的な情報処理の形に頼るのだ。こういう思考は、「絵に頼る」ことに限らない（「絵に頼る」ことは、実際には識字能力のあらゆるレベルで行われている）。よく見られるのは、ブランド名などの文字情報を画像として捉える、想像上の紙幣を操作して「足し算」や「引き算」をする、パターンを見比べて乗るべきバスや買うべき薬を判断する、どういう風に使うかを視覚的に思い浮かべて商品を買い、ふさわしいサイズ（たとえば、あるデザートをつくるのに必要な砂糖の量）のパッケージを選ぶ、といった行動だ。

識字能力の低さの影響をさらに悪化させるのが、「低所得」だ。所得が低ければ、その日その日をしのぐこと、要するに次の食事を確保することに集中せざるを得ない。この資源の欠如に、識字能力の低さゆえの固定的思考が相まって、ＢＯＰでは消費者も起業家も最も近い将来のことにしかあまり目を向けない。より良い製品を探す場合でも、新しい事業のアイデアを考える場合でも、将来を思い描くことはＢＯＰでは難しいか、不可能だ。

コラム5-1　識字能力の低さがもたらす行動の制約

四六歳の女性、スミトラは、正式の教育を受けたことがない典型的なＢＯＰ消費者だ。

字が読めないので、バスの番号をパターンとして見比べて判断していた。よく間違ったバスに乗ってしまい、見知らぬ人に助けを求めて邪険に扱われることがあるという。

「バスの停留所で、これ（手に書かれた番号）を人に見せて尋ねてから、バスに乗ります。途中で誰かに聞くのは嫌でした。……バス停では、誰にでも聞くわけではありません。まず、あたりにいる人を見て、良い人かどうかを判断して、それから聞きます。顔つきと身なりで、どの人に聞けばよいか分かります。……教えてくれないで、ひどいことを言う人がいます。だから、そういう人には聞かないで、どれでもいいから来たバスに乗ることにしました。乗ってから、途中で車掌に聞きます。良い人だったら、このバスは私が尋ねたルートは通らないと言い、降りて正しいバスに乗るよう、停留所を教えてくれます。車掌の機嫌が悪かったり、無責任な人だったりすると、バスから降りろと口汚く怒鳴るんです」

彼女の経験は、識字能力が低いと行動が制約され、その結果、人に依存せざるを得なくなることをよく物語っている。

ところが、こういう制約の中でさえ、人々は識字能力の欠如と所得の少なさを巧みに乗り越える独創的な方法を考えついている（コラム5-1）。たとえば、口頭で計算するスキル（南インドの現地語で「口算術」と呼ばれている）、パターン照合（処方箋と薬の名前を照合するとき）、「具体的会計」（現金を小分けにする）などを使っている。消費者や起業家は、携帯電話のような新しい技術にも適応している。あらかじめ申し合わせたコードによって「不在」着信を使ってコミュニケーションをするといった革新的な使い方を見つけていることも多い（たとえば、不在着信に課金されない場合、ユーザーはこれを使って目的地に着いたことを知らせたり、呼び出し音の回数で意思を伝えて契約をまとめたりしている）。蟻を殺すのに洗剤を使う、新聞紙やプラスチックの袋を数え切れないほどの独創的な使い方をするというように製品を再利用したり多くの用途に使ったりすることは、必要から生まれる知恵の一部だ。起業家もまた、きわめて限られた資源で顧客のニーズに応える方法を工夫し、革新的なビジネス手法を実行している。たとえば、高額商品向けに分割払いプランを考案し、顧客とのコミュニケーションを図り、つねにカスタマイゼーションを求められる環境で通常のビジネス手続きと価格を維持している。

自尊心の問題に対処する

識字能力が低いのは貧困に原因があるとされることが多いが、同時に自尊心の問題をきわめて複雑なものにする。住民全体の識字率が低い地域でも、識字能力の低い個人は、たとえばなじみのない商店主などに話しかけたり会話を続けたりすることに不安を感じることが多い。答えられない質問をされるのを恐れるのだ。識字能力の低さは、低所得よりも深刻な偏見を生むことさえある。貧しいのは読み書きができないためだと見られることがあるからだ。

識字能力の低さは、ＢＯＰ消費者に特有の足かせになる。母語では十分に会話ができても、たとえば英語などの知識が必要な銀行や商店と交渉しなければならないときは、地元にいながらにしてよそ者になってしまう。ＢＯＰ消費者は、知らない製品やなじみのない店を避けたり、自分の子どもや友人、知人、見知らぬ人にまで助けを求めたりして、いつ敵意をむき出しにするともしれない市場に何とか対処し、自尊心を守っている。商品の価格や品質について質問しても無駄だと判断することもある。第一に、自信を持って言いたいことを言えないからであり、第二に、生活状態と限られた購買力を考えれば、そのとき手に入る製品と価格以上のものは期待できないからだ。

マズローの欲求段階説をBOP文脈に当てはめれば、基本的な生存のニーズが優勢になると思われるかもしれないが、事実はまったく違うことが多い。物質的な資源がわずかしかない状況では、人間関係が何よりも重要になる。マズローのピラミッドで言えば、心理的欲求や自己実現などの上方の階層の欲求が優勢になることがあるのだ。ほかにほとんど何も持っていなければ、強い自尊心こそが、逆境をなんとか生き抜く気力を奮い立たせ、社会のネットワークの中で役割を果たしつづけさせる。名誉が傷つけられれば「すべてを失う」のだ。

同じ理由で、BOPでは核家族と拡大家族、社会集団、伝統、信仰が大きな意味を持つ。物質的な意味ではほとんど何も持っていない人々は、余計に家族や伝統、社会環境に大きく頼り、そして自らもそれらを支えている。

コラム5-2　自尊心を大切にするBOPの人々

前のコラムで紹介したBOP消費者のスミトラは、ローンの返済が遅れたとき、人前で恥をかかされた（支払いを強要する一手段）ときのことを、次のように語っている。

「夫が病気になったとき、三万ルピーの借金があったんです。あるとき貸金業者が来て、口汚く罵りました。悲しくて、とても不安になりました。夫は、自分が助けてやったおかげで羽振りが良くなった男に、借金をしているというだけで怒鳴られたと感じました。だから私たち一家が将来どんなことになっても、あの男（貸金業者）のところには行ってはだめだと言いました」


自尊心の問題は経済ピラミッドの上層に限ったことではない。まったく逆である。貧困の中では、人は自尊心を保ち、貧しさゆえに味わう辛い感情をできるだけ少なくしたいという気持ちを強く持つ。この話は、一対一の交渉が主流の状況で自尊心が果たす役割と、集団の影響の重要性をよく表している。スミトラは、夫は死ぬまで彼女に対して横暴だったとも語った。夫の死によってスミトラは多くの点で自由になったが、今でもおおむね夫が望んだはずの生活をしている。さまざまな場面で、他人にどう思われるかが心配なのだ。たとえば外で食事をするというようなことだ。

「夫が生きていたときは、外食することもありました。でも今一人で行けば、近所の人たちに気づかれるかもしれません。誰かに見られたら、誰それの奥さんはお店で食事をしていると言いふらされるでしょう。お腹がすいたから食事をするためにお店にいたのに、そうとは言われないでしょう。皮肉っぽく『見てごらん。あの人は家で料理をしないで外のお店なんかに行っているよ』とうわさされるでしょう。そんな風に言われたら腹が立ちます。だからすぐそこにお店があっても、スナックを買って食べたりしません。ほかの人に聞いてもいいですよ。お腹がすいても、自分でおかゆをつくって食べます。外食をする習慣はありません」

ＢＯＰ市場でのトレードオフの現実

貧困の中に生きる人々は、市場では厳しく困難な、不可能でさえあるトレードオフにしょっちゅう直面している。貧しい人々がしなければならない基本的な選択の一つが、**買う**か、それよりお金がかからない（そしてよりカスタマイズしやすい）選択肢である**つくる**（石けんやスパイス、薬などのパッケージ商品を買わずに、家で栽培したり、作ったりする）か、**なしで済ませる**か、である[7]。

もう一つの基本的な難問は、どちらも同じくらい切実な事柄のどちらにお金を使うかを選ぶことだ。時には苦渋の選択を迫られる。家族の誰かに医療を受けさせるのと、子どもの教育にお金を使うのでは、どちらが重要だろうか。「正しい」答えはない。答えようのない問いがあるだけだ。

だが、自分の最も身近な状況を良くしたいという衝動は、製品と消費に大きな影響を与えることがある。ＢＯＰ市場の消費者も、より良い製品には少し多くお金を払おうとすることがある。消費ができない状態が慢性化しているため、より大きな意味を持つことに消費する機会では特にこの傾向が著しい。たとえば、一日一度のちゃんとした食事のためにより良い品質のコメを買ったり、持っていることが誇りであるような象徴的な製品やブランドもの（絹のサリーや、特定の機能がついた携帯電話のブランドなど）を買ったりするようなことだ。貧しい環境では、豊かな環境以上に、商品やサービスが大きな意味を持ち得る。たとえば、人里離れた村で子どもが病気になり真夜中に治療法について助言を求めようとするとき、携帯電話は文字通り命綱になる。重要な栄養素を含む食品は、「不可欠ではないがあればいい」ものではない。それが命を救うこともある。(8)

貧困層の人々も、差し迫ったニーズだけでなく、生活を向上させたいという望みを持っている。その場合も、特定の製品を所有するという形をとることがある。ほかの豊かな消費者と同じ基本的な動機によって突き動かされることも多い。とりわけ強い動機は、教育や医療の面で子どもたちにより良い将来を与えたいという思いだ。

市場での交渉——人間関係 VS 取引

ＢＯＰ市場での取引においては、個人が主要な経済関係をつくるのは一つの店に限られていることが多い。都市部なら近所の小売店、もっと田舎なら大きな再販業者などの店である（コラム５－３）。

コラム5-3　顧客と親密な関係を築くＢＯＰ起業家

四五歳の女性、ヴェランマは、村の学校で五年生まで勉強した。何年もの間、極貧状態の家庭を切り盛りしてきた。一家は食事の代わりに炭水化物の多い安い飲み物で済ませることも多かった。そういう困難な状況でも、彼女は決して借金をせず、わずかな収入でやりくりしてきた。

一五年ほど家を守っていたが、夫が働けなくなった。突然、家族を養わなければならなくなった彼女は、数キロ離れた店で仕入れてきた道具類を自分の集落で売る商売を始めた。大きなモノを買う顧客向けに長期の積み立てプランを考案し、前払い金をほかのローンにまわした。購入を申し込んだ人には小さな道具を無料のサンプルとして提供し、毎月くじ引きを行って、当たった人は大きな道具を予定より早く受け取れるようにした。

ヴェランマは、顧客に商品を買っておけば結婚などの重要な人生の節目に役立つことを説く。夫たちが言いそうな反対意見に反論し、子どもの結婚について語り、苦しい家計の中から商品を買うお金を貯めたことがどれほど感謝され、尊敬されるかを力説する。これは一対一の交渉の世界では重要な要素だ。こういうことについて、顧客一人ひとりとじっくりと話し合い、秘密を守る。そして潜在顧客からのお返しを期待する。つまり、相談に乗ったことに対する見返りとして商品を買ってくれることを期待する。

経済的要素と人間的要素の境があいまいになり、助言と消費は互恵的な関係になる。ヴェランマの話は、ＢＯＰの文脈では起業家であることと消費者であることが表裏一体であることをよく物語っている。

こういう関係を築くのには切実な理由がある。近所の店なら、困ったときにはつけで売ってくれ、記録しておいてくれるだろう（もちろん、割増料金を取られる）。店主は、重要な周辺サービスを提供しているかもしれない。たとえば、お金を安全に保管する（やはり有料で）といったサービスだ。彼らの生活は、あまりにも不確実な側面が多く、いつ次の危機に見舞われるかわからないため、売り手との間に強い絆を築こうとする。状況が違えば合理的に思えるような「解決策」、たとえば、月初めに大きな再販業者からまとめ買いするということにも、現実には危険が潜んでいる。医療などの緊急事態に対処するのに必要になるかもしれない流動資金がなくなるからだ(9)。

また、次にくる危機を乗り越えるためには、困ったときに大いに助かる掛け売りをしてくれる近所の小売業者との関係を保っておく必要があるかもしれない。だから、先が読めない中で市場と付き合わなければならない人々は、「取引」よりも「人間関係」を優先することが多い。ＢＯＰでは消費者も起業家も、不確実性に対処し、乗り越えていくために、中・長期的な展望で信頼できる人間関係を育んでおくことが必要になる。それが彼らの売り手と買い手としての経済価値を高めることにつながる。皮肉にも、今を生き抜くために、先を見越して人間関係に投資する必要があるのだ。当面、差し迫ったリスクがなければ——それはより裕福な状況ということだが——市場で短期的な視点で取引することが可能になる。

市場取引——流動性と絶え間ないカスタマイゼーション

前述のような一対一の交渉の市場では、価格と支払いプランが売り手と買い手の直接交渉で決まるため、取引は流動的になりがちだ。交渉した価格によって重量が「調整」されるかもしれない（「あんたが値切った値段だと、これだけだ」というのが常套句だ）。商品に欠陥があると（衣類が色落ちしたときなど）、分割払いの残金が支払われないかもしれない。そのような流動的な取引の最大の特徴は、価格や商品の形態の**カスタマイゼーション**である。売り手はいつも、通常のやり方を守るか、例外的な扱いをするかの葛藤に対処しなければならない。

例外的な扱いをすれば売上は上がるが、特別サービスや支払い免除の話が広まれば、ほかの顧客もみな同じような要求をしようとするから、ついにはビジネスに悪影響が及ぶだろう。したがって、売る側は口コミをうまくコントロールしなければならない。たとえば、異なる扱いをした話が顧客全体に広まるのを防ぐために、「形式的」な支払いを求めなければならないことがある。しかし、常連客であるとか、非常に貧しい、あるいは高齢というような合理的な理由があれば、一定の特別扱いは正当化されるし、必要でもある。

ヴェランマはこの一対一の交渉の市場で、顧客から個人の好みに基づく要求を日々突きつけられている。しかし彼女は、返品された商品を高額なものと交換することは拒否している。もし承知すれば、その話が広まり、ほかの買い手から同じような要求をされて、すぐに商売に響くことをよく理解しているのだ。彼女は次のように語っている。

「そういう人もたまにいます。……そんな人には、ほかの人に売った品物をチェックしてほしいと言います。その人にもほかの人に売ったのと同じものを渡しているんだと言います。それで納得して何も言わずに帰る人もいますが、怒鳴る人もいます。どちらにも対応しなければならないんです。ほかのお客に渡した品物の質を確かめてくださいと言います。その人たちは、受け取った品物の質は良く、役に立っていると言うはずです。それを聞けば冷静になって、引き下がるでしょう。それでも気に入らなければ、私のところにあるほかの品物をどれでも選んでもらいます。でもお金は返しません。何としてもお金は返しません。

これが広がらないようにしなければなりません。ほかの人がまねをするかもしれないからです。私からお金を返してもらったと言いふらすかもしれません。そうするとほかの人もまねをしようとするでしょう。だから、品物としか交換しないんです。どんな品物とでも交換しますが、お金は返しません」

市場での関係──人間的側面を重視

最小限の資源しかない市場では、売り手も買い手も「人間関係」を特別に重視する。これがある意味で小規模取引の経済的価値を増幅させており、信頼できる人間関係が信用供与と値引きの基盤になっている。したがって、前述のように、短期の取引ではなく、長期的な人間関係が、取引相手の価値を測る際に意味を持つ。

このように一対一交渉市場の力学は複雑であるため、「人間的」と「経済的」の境界線は必然的にあいまいになる。信頼できる売り手や買い手を探す、あるいは返済能力を測るといった市場での活動では、人間的な判断が中心的な役割を果たす。貧困が広く共有されている状況では共感に訴えることは多く、相互の利益と公正さを求めることも一般的だ。これは、より裕福な市場の特徴である距離を置いた取引とは著しい対照をなしている。スキルが育ち、口コミが大きな影響力を持つBOP市場では、人間的側面と、公正さと信頼の問題が、市場や競争といった抽象的な観念より圧倒的に重要だ。公正で信頼できると判断され、したがって個人とコミュニティの福祉に貢献する可能性がある、直感的で相互依存的な人間関係が優勢になるのだ。

人間関係がきわめて優勢である環境は、資源に乏しい多くのBOPコミュニティのネットワークを豊かにするといった利点は多いが、これらの関係にはかなりのマイナス面もある。信頼に付け込んでごまかしたり悪辣な行動に出たりする者が必ずいる。取引の流動性が高いことを悪用して、相手に損をさせて自分が利益を得ようとする。このように、一対一交渉の市場は、特有の諸刃の剣の特徴があり、きわめて厳しい現実を抱えていることが多い。

このような豊かな社会的ネットワークは、利点にも欠点にもなり得るということを強調しておくべきだろう。人を助けることも傷つけることもある。見知らぬ人や単なる知人が市場で助けを求めても断られるかもしれない。無担保の借金の返済を強要する手段として、人前で恥をかかされるかもしれない。個人的な恨みを晴らすために、消費者が起業家を不当に攻撃するかもしれない。誕生や結婚、死にまつわる伝統の多くは出費をともなうが、それを賄えないためにしきたりを守れず、村八分にされることがあるかもしれない。私は、きわめて厳しいこともある現実のうわべを繕おうとは思わないが、この現実には、消費者と起業家どちらにも利益がある側面もあることを強調したい。たしかに社会的ネットワークは、乱用されたり悪用されたりする恐れがあるが、多くの場合、良い結果を生むように活用することもできる。

断片化した市場と集団の影響——社会環境に対処する

多くの貧困状況でもう一つ注目すべきなのは、市場が著しく断片化され、地理的に分散していることだ。このことは農村部にはもちろん当てはまるが、都市の「孤立した」地域にも見られる。たとえば、インフラが劣悪で資源が限られていると、物理的な移動が制限される。したがって、BOPに見られるのは、世界の先進経済の特徴である巨大で比較的均質な市場ではなく、不均質で断片化した市場だ。言語、方言、社会構造は、州や地域、地区によって異なる。通りを挟んでさえ異なることもある。このような断片化した市場の課題をさらに困難にしているのが、地方自治体、社会階層、非営利組織、コミュニティに基盤を置く組織（商品やサービスを売買している自助グループなど）、その他諸々の、多様な集団の影響である。

こうした市場は、外部の組織に対する不信感が強いことが多い。そのため、社会的領域の問題に対処するには、状況による違いを理解し、さまざまな組織や集団と協働することが必要になる。この状態は、より裕福な状況とはきわめて異なる。裕福なコミュニティは、より多くの資源と最新のインフラがあり、通信チャネルも普及しているため、地元勢力の強力な影響を受けにくい。

社会文化的に埋め込まれた市場リテラシーの発達

先にも述べたように、資源に乏しい貧困状況は、複雑な（そして、功罪相半ばする）対面交渉を特徴とするネットワークが豊かでもある。こういう個人的で特異な市場が、皮肉にも、貧しい人々が消費者や起業家として経済と市場の基礎を学ぶのを助けている。売り手やほかの消費者との絶え間ないやり取りのおかげで、交渉戦術などのきわめて価値のあるスキルが発達する。そういう交渉は口頭で行われるので、消費者は読み書きのレベルにかかわらず参加して利益を得ることができる。自信がつけば、ほかの消費者や売り手、友人、知人、見知らぬ人にも助言を求めるようになるかもしれない。自らも起業家であることで、計算能力などのスキルが身につくかもしれない（コラム5-4）。

コラム5-4　市場リテラシーの効果

前出のBOP消費者のスミトラは、夫の存命中は最低限のスキルしか持っていなかったが、夫の死後、一家の意思決定を担うことになった。成人向けの講座を受け、経験が深まるとともに、彼女は「市場リテラシー」をもつ消費者に変わっていった。

「今では、堂々と聞きます。店の主人に鶏の下脚が一本二ルピーだと言われれば、一本一ルピーにまけてもらえるか、だめならほかの店へ行く、と言います。どんなことでもはっきりと高い声で聞きます。……

店主は（以前は）私を食い物にしていました。……私は数えようとしませんでした。……値段を知ろうとしませんでした。言われるままに払っていました。今まで三六年も同じことをしていたんです。結婚したときは一三歳でした。今では四六歳です。彼が決め、彼が言う同じ値段で買っていました。ずっと同じ額を払っていました。値段を聞こうともしませんでした。

この一カ月は、うまくいっています。教わった通りにチェックして確かめています。請求書を確認するんです。やり方は分かっています。なぜごまかすのかと聞きます。卸売りの店でも同じです。彼ら（地元の店主たち）は、私がなぜ以前の私と違うのかと尋ねました。私が変わったことに気づいているのです。……彼は石けんを一一ルピーで売っていますが、卸売店では一〇ルピーです。私はどうしてそんな風に売れるのかと尋ねます。その理由を聞きます。すると彼は卸売の値段でいいから、店で大きな声を出さないでほしいと言います。彼はごまかすのがうまいんです。ここはごまかしばかりです。私たちは苦労してお金を稼いでいるのに、ここではごまかし方を知っていれば、良い儲けになるんです。

彼ら（店主たち）はみなごまかしています。目方も正確ではありません。この人は新しい機械を買いました。私は重さもチェックします。時々間違っていたからです。

ここには、社会文化的に埋め込まれた「市場リテラシー」とでも言えるものが芽生えている。これは読み書きのスキルを意味する「識字能力（リテラシー）」とは区別しなければならない[10]。市場リテラシーは、消費者や起業家としてのスキル、権利意識、ある程度の自信が総合されて生まれる。市場リテラシーによって、識字能力の低い消費者が口頭での計算や値引き交渉、店を変えるという行動を通して市場に対処できるようになり、識字能力の低い起業家が消費者との交渉や初歩的な会計管理ができるようになる。また、一対一の交渉と口コミが支配する環境での市場リテラシーは、不公正な販売慣行に抵抗する力になる[11]。

BOP消費と起業――コインの裏表

コラム5-3のBOP起業家、ヴェランマの仕事ぶりから分かるように、一対一交渉の市場では、消費と起業は同じコインの裏表だ。二つは豊かな経済圏で見られるよりはるかに強く、緊密に結びついている。

それはなぜか。消費者と起業家の役割が、互いを強化するからだ。たとえば、売り手として交渉し、計算し、取引をまとめることは、消費者としてのスキルを向上させる。マイクロビジネスを経営した経験のある消費者は多い。人々はほかの消費者や売り手と知識を共有することによって市場について学び、買い手と売り手の両方と対面交渉を行っている。消費者と起業家の役割が絡み合って、両者が困難を共有し、互いに共感しあう共生的な関係をつくり出している。日常生活では、起業家は売り物と資源を事業と家庭の間でやりくりするため、二つの役割は区別がはっきりしない。

もっとマクロのレベルでは、これらの二つの役割は互いに育て合いながら経済的成長を促す。その好例が、携帯電話市場だ。消費者の通信ニーズに応えて携帯電話や通話サービスを販売する起業家は、購買力が増した消費者になる。いつもそうとは限らないが、うまくいけば好循環が生まれるのだ。

強みと弱み

ＢＯＰ消費者と起業家（スミトラとヴェランマのような）には、強みも弱みもある。こう主張すると驚かれるのは、ＢＯＰ関連文献のいくつかが強みよりも弱みを強調してきたからにすぎない。実際には、消費者や起業家が貧困状況をなんとか乗り切り、生き残るために駆使している知恵やスキルは相当なものだ。しかし同時に、識字能力の低さと低所得が固定的思考の影響を増幅し、人々の将来を思い描く能力が制約されている。

例をあげよう。貧しい女性が、家庭で覚えた料理の腕を頼りに、家の近くで食べ物屋を開く。目標は何とか食べていくこと、そしてできれば家族の暮らし向きを改善することだ。出発点は具体的な現実、自分自身の現実だ。しかしこの商売を選んだのが正しいとは限らない。場所が悪いかもしれないし、バリューチェーンの中で彼女が商売をするのに最適なところではないかもしれない（たとえば、練り粉などの特殊な食材を商業施設に販売するチャンスがあるかもしれない）。

さまざまな領域への適応力

起業家は生きていくため、あるいは運と勇気にもよるが、貧困から抜け出すための手段としてビジネスを始める。ヴェランマの例が示すように、起業家は流動的な取引と絶え間ないカスタマイゼーションを特徴とする環境で、コミュニケーションを管理し、製品と価格を顧客一人ひとりにカスタマイズしながら事業を行っている。こういう状況では、当然ながら「人間的要素」と「経済的要素」の区別があいまいになる。起業家は、供給業者に対しては買い手、消費者に対しては売り手、家族に対しては一家の稼ぎ手というように、さまざまな役割をこなしている。この点でも、距離を置いた取引関係と機能の分化を特徴とする裕福な市場とは大いに様相が異なる。

この現実を考えると、市場での交渉の一つの要素、たとえば売るときや買うときの行動だけを、家族や生活環境などとの関連性を理解しないで分析しても不完全であり、誤解が生じる恐れがある。たとえば、家計の足しにするために売れ残った生鮮食料品を家族が消費するのを許す起業家もいれば、商売の生き残りのために家族が売り物を消費するのを許さない起業家もいるだろう(12)。

地域の持続可能性——短期的消費、中期的環境保全

ミクロレベルに目を向ければ、BOPに生きる人々にとって「持続可能性」が何を意味するかも見えてくる。識字能力の低い低所得の個人は、自分と家族以外の何を守ろうとするのだろうか。彼らが優先するものの中には、その土地の文化や環境、経済までもが含まれているのだろうか。

答えを聞いて驚かれるかもしれない。**貧しい生活をしている人々にとって、環境問題は遠い問題ではなく、切実な問題だ**。地元の環境が悪化すれば病気や死を引き起こす。騒音、粉塵、ゴミ、土壌汚染、水質汚染など、環境汚染がどのような形で起きるにしても、ＢＯＰの個人が自分を守るためにできることはほとんどない。地元の環境が悪化すれば、健康や生活の質、人間関係、社会的ネットワークに悪影響が及ぶことが多い。たとえば、混雑した都市の一角に高層ビルが建設されれば、コミュニティが分断され、日照が損なわれ、涼しい風が通らなくなる。

このように、ＢＯＰでは消費者にとっても起業家にとっても、「持続可能性」の問題はいくつもの領域に及んでいる。第一は、**生存**である。これは、食糧をはじめ、水や空気、健康、衛生といった基本的な身体的ニーズに関するものだ。次に、**つながり**である。コミュニティや地域生態系、教育・生計手段・貧困緩和に関する成長または進歩とのつながりだ。さらに、少し狭い定義ではあるが、**環境保全**がある。貧困は必ずと言っていいほど、消費か環境保全かというトレードオフを突きつける。家族が次の食事を調理するには薪が必要（短期の問題）だが、中期的には森林が破壊されずに残ることが必要だ。

ＢＯＰ消費者と起業家はこれらのトレードオフに対応している。少なく使い、再使用し、リサイクルしている。創意工夫と対処能力によって、環境をある意味でコントロールしている。つまり「対処」しているのだ。資源を節約するために利用できるもので解決策を考え出す。たとえば、プラスチック容器を保存に使う。家の中や移動中に衣服を使って汚染を防ぐ。公共交通機関を使う。お金の節約と栄養補強のために買わずに自分でつくる。雨水を貯める。地元でモノをつくる。栄養分の損失が少ない革新的な調理法を用いる。ほかにも無数にある。

このようにBOPをミクロレベルで理解すると、より裕福な状況では貧困と環境が別個の問題と捉えられているかもしれないが、二つは分けて考えることのできない深く絡み合った問題であることがはっきりと分かる。したがって、貧困の多くの側面と、それらが相互に絡み合った問題に取り組むためには、社会的、環境的、経済的に持続可能な解決策が求められる。

要するに、われわれはこれらの消費者と起業家から「学ぶ」必要がある。彼らの行動をミクロレベルで理解し、現場の現実を反映した、個人とコミュニティの福祉に良い影響を与える解決策を考え出さなければならない。

これは何を意味するか――BOP市場への理解を深める

ミクロレベルの知見を紹介してきたが、BOP市場でのビジネス開発についての理解を深めるには、このボトムアップの視点をどのように活用すればよいのだろうか。

まず、BOP状況を理解しようとするときの、われわれ自身の弱点を認識する必要がある。ほとんどのマネジャーは、貧困、特にBOPに見られるような種類の貧困に自分の経験を重ねることができない。[13] それに加えて、たとえば、「貧しい人々は何かに依存している」というような思い込みがある。だが、実際には、依存は比較的まれだ（そもそも頼るべきものがほとんどない）。こうした先入観を捨てる必要がある。BOP状況と深く接したことがない中流または下位中流出身の人は、解決策を構想するのを妨げたり、革新的なアプローチを否定したりしかねない先入観を抱いていることが多い。おそらく最も非生産的なのは、解決策は先進地域から持ち込まなければならないという思い込みだろう[14]。

次にわれわれは、最低限の生活をしている人々がそれに耐えて生き抜く中で、消費者や起業家としてかなりの経験をしてきていることを認識する必要がある。そうして学んだことが貴重な土台になり得る。同時に、目下の課題より先を見越すことができにくい（無理もないことだが）というような彼らの限界も理解しなければならない。強みを美化したり、弱みをことさら強調したりせずに、両方を理解することが重要だ。

逆説的なようだが、貧困や識字能力の低さに自らを重ねることはできなくても、学ぶ意志と柔軟性を持っている人は、斬新で革新的な解決策を構想するのに理想的な立場にある。ＢＯＰ状況に近い人の弱点を補うというマネジャーや研究者の強みはここにある。マネジャーや研究者にＢＯＰ状況から学ぶ意志があれば、ＢＯＰ消費者や起業家の強みと弱みを補うことができる。お互いから学びあう姿勢から、先進国で生まれたアイデアを現地のニーズに合わせる応用が生まれ、先進国に移転できる教訓も得られる[15]。

ＢＯＰ状況を調査し、理解する

ＢＯＰについての考え方を根本的に変えようとするなら、その状況に全面的に入り込むこと（イマージョン）がきわめて重要だ。ＢＯＰ状況で知識や専門技能、個人的な関係の欠如を克服するのに役立つだろう。また裕福な状況では合理的に見える意思決定や効果があると思われる問題解決でも、ＢＯＰには適用できないかもしれない。イマージョンは、われわれがこういう先入観から脱却するのに役立つだろう。

ＢＯＰ消費者や起業家の日常生活の場で全面的なイマージョンを行うときは、具体的な問題を深く正しく理解することを目標とすべきだ。たとえば、製品レベルでは、製品群が消費者の生活環境にどう適合するか、それらはどういう状況で使われるのか、製品を使うことによって個人とコミュニティの福祉が増進されるか、といった問題が考えられるだろう[16]。人間関係のレベルでは、一対一交渉の特質、オピニオンリーダーの役割、口コミの効果、消費者スキルの養成などの問題がある。市場レベルでは、社会政治構造、さまざまな集団の影響、地元経済を維持し富を創造できる生計手段創出の機会といった問題が含まれるだろう[17]。全面的なイマージョンが必要であることは、先の議論でも触れたように、ＢＯＰの全体像を理解することと矛盾すると考えるべきではない。ＢＯＰの状況は千差万別であるため、全面的なイマージョンを実施するときは、特定のＢＯＰ状況の細かなニュアンスを理解することを目標にすべきだ（コラム５－５）。

コラム5-5　三つの市場リテラシー

社会的領域の問題で私が実際にかかわってきた例に、市場リテラシー教育の開発と普及がある。最低限の生活をしている消費者や起業家への詳細なインタビューや観察などの徹底的なイマージョンや調査を通して、重要なニーズを特定した。まず一年以上かけて彼らの話を聞いた。その結果、市場アクセスや金銭的資源などの要素に加えて、個人が消費者や起業家としてもっと効果的に市場に参加できるようになる、つまり市場リテラシーを身につけることが不可欠であることが判明した。この市場リテラシーによって、貧しい消費者や起業家は、市場に対処する、交渉する、口頭で勘定する、といった多くのことができるようになる。

市場リテラシーを三つのレベルに分けてみた。①生計を立てるためのスキルという具体的なレベル、②消費者や起業家としてのノウハウという抽象的なレベル、③市場の力学をより深く理解し、ひいては変化する環境に適応する能力を与える「ノウホワイ（know-why）」（取引はどういう仕組みでどういう意味があるのか、取引がバリューチェーンにどのようにつながっているのか、ビジネスはなぜ顧客中心でなければならないのか、など）のメタレベルである。

このイマージョンから、底辺の消費者と起業家の強みと弱みの両方の理解が得られた。

ＢＯＰ市場について学ぶには、最新の文献から知識を得る[18]ほかに、零細な行商人や小売店主から、自助グループのリーダーや非政府組織やコミュニティ組織にいたるまでの幅広い「専門家」の意見を取り入れるべきだ。ネットワークが豊かであるというＢＯＰ状況の特徴を考えれば、オピニオンリーダーから意見を聞くことと、特定の市場での口コミの広がり方を理解することが重要になる。

同時に、NGOや外部の企業で働く中・高所得者が表明するような「フィルターを通した」見方だけに頼ることは避けなければならない。この重要性はいくら強調してもしすぎることはない。BOP消費者や起業家との直接交流は絶対に欠かせない。

多くの面で見落とされている知見をつなぎ合わせなければならない。これは、いくつかのコミュニティを選んで現地調査を行うという下からの視点で行うべきだ。上からの視点のサンプリング法は、これらの市場が均質だという非現実的な仮定に基づく傾向があるからだ。[19] 知見は、BOPの現実に即した方法で拾い集められなければならない。たとえば製品試験の領域では、識字能力が低い消費者は製品を扱った全体的な経験に頼るため、裕福な環境での製品テストによく見られるような抽象的な特性に沿った製品テストよりも、実際に製品を使ってもらう方がはるかに効果的だ。

さらに、裕福な環境ではほとんど考慮されない次元までテストしなければならないかもしれない。たとえば、どうすればその製品を消費することで個人とコミュニティの福祉を増進できるか、市場活動と社会的善の建設的な相互作用を促進できるか、というような面である。

BOPの調査で「見落とされている」点について、ほかに考えるべきことはあるだろうか。答えの一つは、先にも述べたように、調査に参加する人たちとほぼ対等の立場で接する必要があるということだ。ほとんどなじみのない問題と状況について、自分たちは解決策を持っていると考えてはならない。こういう調査の場合は特に、共感と、誠実に会話する能力が求められる。また、個人とコミュニティの福祉に真剣に向きあうことも求められる。[20]

同じように重要なのは、「大局的」な思考、つまり、BOP市場の取引と消費が展開されるような環境の、変化に富む背景についての理解である。富裕な環境での取引では普通、匿名性の高い状況で、個人の可処分所得のうちのわずかな部分を使って、一つの品物を単独で購入する。だが、BOPでは対照的に、市場と生活環境は分かちがたく結びついている。**解決策が成功するか失敗するかは、そのベースである生活環境への理解の深さに左右される**[21]。そして、深く理解するには、解決策の設計の土台としてミクロレベルの知見に基づくボトムアップの姿勢が求められる。

どうすればよいか――BOP市場のための解決策を設計する

ミクロレベルからBOP状況を理解するとして、分かったことを活かし、より良い未来のために設計するにはどうすればよいのだろうか。私が強く勧めるのは、当たり前のようだが、下からの視線で解決策を設計すること、持続可能な価値提案を行うこと、組織的解決策を実行すること、そして組織に「ソーシャルグッド」を根づかせることだ。

持続可能な解決策を設計する

言うまでもないが、BOPのニッチ市場でのビジネスを企てる企業にとっての最大の課題は、BOPの人々が入手しやすい価格で満たすことのできる重要なニーズを探り当てることだ。BOPはニーズがあまりにも多く、資源があまりにも少ない世界である[22]。

しかしこの世界の人々も、消費はする。基本的なニーズを満たし、子どもたちのためにより健康的な選択肢を求めている。期待を裏切らない高品質の製品を所有（あるいは少なくとも利用）したいと思っている。BOPへの携帯電話の普及は、コミュニケーションという不可欠のニーズがいかに重要であるかを証明している。携帯電話は孤立を克服するのに役立ったり、急病のときには文字通り生命線になったりする。また、教育などによって子どもたちにより良い生活を与えたい、あるいは生活環境を改善するために自分で何かの技能を習得したいという強い動機に後押しされた、上昇志向のニーズもある。

最も基本的な課題は、生活環境を思い描くこと、具体的に言えば、柔軟に製品が使われる状況を思い描くことだ。効果的な「BOPデザイン」とは、あらかじめ決められた使用条件に応えるのではなく、状況と必要に応じて、さまざまな想定外の使い方が可能なものだ[23]。これも、消費者の家庭生活と、BOP起業家が直面する流動的な販売現場の条件（たとえば、自転車や屋台）をよく理解することによって可能になる。過酷な条件での使い方の特徴も考慮に入れなければならない。

先に述べたような絶え間なくカスタマイゼーションが求められる取引環境では、さまざまな形態にできるように製品を設計する必要があるだろう。おそらく、現地の起業家が最終的な形態を決定できるようにすることも必要だ。コミュニケーション関連の解決策は、さまざまな現地語や方言をインターフェースに用いることが求められるかもしれない。これは現地レベルで行うのが最もうまくいくだろう。食品の場合、購入時点で現地起業家が価値を付加することが必要かもしれない。高齢者や子どもといったセグメント別に異なる成分を加えてカスタマイズするのだ。このような現地化《ローカライゼーション》は大企業の標準化や品質管理の担当者からは異端と思われるかもしれないが、末端までの管理を手放すことは成功に欠かせない。

解決策は、生計を得る機会を創出し、ビジネス関係を通して製品を共創する提携関係の可能性を探るようなものでなければならない。現地の経済、現地の生態系、現地の文化を維持するものでなければならない[24]。小さく断片化された市場に存在する無数の差異と、一対一の関係が圧倒的に優勢な環境でのカスタマイゼーションの要求に応える必要がある。解決策は、ＢＯＰ消費者や起業家の人としての尊厳への信頼と尊敬を育む、透明で公正なプロセスから生まれなければならない。

強調したいのは、解決策を**具体化、現地化、社会化**する必要性だ[25]。たとえば、包装やコミュニケーション、教育は、対象とする人々の識字能力が低いことを考えると、具体的であるべきだ。解決策の現地化には、製品のインターフェースの設計に現地の言語を使うことから、現地の起業家に参加してもらうことまで、さまざまな対応が考えられる。一対一の交渉や人間関係が優勢な市場では、解決策を社会化するにはコミュニティを巻き込むことと、ＢＯＰ消費者と起業家が身につけている社会的スキルと口頭言語スキルを活用することが必要だ。たとえば、情報・教育関連製品についてコミュニティレベルで交流すること、製品組み立ての最終段階や、識字能力の低い消費者に製品の価値と利点を伝えることに現地の起業家を参加させること、口コミで広まりやすい包装・コミュニケーション・教育を採用することなどがある[26]。

製品のインターフェースと包装は、貧困層の固定的で絵文字的な思考を考慮して設計すべきだ。製品の利点を視覚化して伝達することも重要だ。また、貧困の多面性の問題に取り組む解決策を設計することも同様に重要だ。たとえば、製品の利点や適切な使い方などのトピックを包装に取り入れるといった方法で、教育的な側面を強く打ち出すことができる。

既存の製品を新たに加わった重要な製品を届ける手段として使うことができる（たとえば、栄養添加物を販売する手段として主食に加えたり、携帯電話を教育・情報製品のプラットフォームとして用いたりする方法）。互いに無関係なように見えるニーズに対してそれぞれ独自の装置とマイクロファイナンスのプランを考えるのではなく、すでにあるインフラと製品・サービスを活用することも重要だ。固定電話回線がないところでの携帯電話のように、インフラの不備を跳び越えることも、もう一つの重要な点だ[27]。社会の力がきわめて強い世界では、たとえば、調理に関する製品とそれにまつわる伝統的な考えの領域での解決策は、現地の文化の維持に配慮しなければならない。

広い意味で、解決策の設計には、**ミクロレベルでのボトムアップのアプローチが求められ、各段階では現場に入り込むことが必要である**。また、非営利組織、零細な売り手や小売商、自助グループのリーダーなどの見識を活用し、この状況に最も通じた人たちの助言を引き出すことも重要だ。

持続可能な価値提案をＢＯＰに提供する

コミュニケーションは、**潜在顧客が製品を使うことによる利益を視覚化できるようなものでなければならない**。ＢＯＰの消費者は限られた財力しかなくても、主要なニーズ（通信、主食、教育）を満たしたり、生活環境の向上に役立ったりする質の良い製品には多少の割増料金を払おうとすることがある。したがって、消費者が中・長期にわたる時間や費用と利益（たとえば利率）、健康増進などの目に見えない結果といった金銭以外の資源を過小評価したり、無視したりしがちな状況では、かけた費用に対して得られる利益を強調する価値提案を設計して、伝えることが欠かせない。

情報・教育資源が乏しい市場では、コミュニケーションは上からのマスメディア志向のアプローチに頼るのではなく、下からの発想で開始し、製品に関するサポートを提供することを目標にすべきだ。コミュニケーション戦略は、口コミ、オピニオンリーダーとの連携による情報の共有やフィードバックの収集、コミュニティとの対話などによる緊密な社会的交流を活用すべきだ。製品の試用を通して最大の反響を巻き起こし、普及率を上げるために、社会的ネットワークをコミュニケーションに組み込むべきだ（コラム5-6）。

コラム5-6　教育プログラムの発展

先に論じた市場リテラシー教育プログラムは、識字能力の低い人々を対象として、具体的な教材や、現地化した内容、ロールプレーや絵を使った作業などの、参加者が身につけている社会的スキルを活用する手法を用いて設計された。したがって、このプログラム自体が、コミュニケーションを具体化、現地化、社会化する必要性をよく表す例になっている。

プログラムは、参加者が教育的な環境になじみがないことから、文化的な配慮を重視して策定された。自分を向上させ、経済的に上昇する方法を見つけるために（伝統的ではない）教育を受けたいという人々の上昇志向のニーズに応えるものである。これらのプログラムをより多くの人々に届けるために規模を拡大するプロセスは現在も続いており、状況に応じて既存のインフラや視聴覚メディア、地域テレビを利用している。

教育プログラムはカスタマーサービスのような分野での雇用可能性を高める訓練や、特定分野の起業機会、栄養に関する消費者教育などに対象を絞ってカスタマイズすることも、より高い教育への橋渡しとして幅広くカスタマイズすることも可能であり、多様な目的に対応することができる。

では、流通の分野はどうだろうか。前にも述べたように、一対一交渉の市場は、現地の零細事業者と現地の顧客との間にある信頼と引き立てを特徴としている。効果的な販売モデルは、このような社会的ネットワークを活用している。地元の売り手が、消費者が困っているときにクレジットを提供するなど特徴のあるサービスを提供すれば、固定客ができる。起業家とその供給業者との間でも同じことが言える。小売業者がこれらの関係に基づいてクレジットを提供し、価格を調整し、異なる形態の製品を提供することができるような価格設定と販売実務を設計すればよい。価値提案を伝達することについての幅広い視点はここにも当てはまる。最も効果的な流通の方法は、上からではなく下から開発されたものである。

ＢＯＰのための企業型解決策を実行する

ＢＯＰのための企業型解決策に求められるのは、地理的に狭い地域で、言語や文化といった難しい問題をともなう次元で、きわめて多様な状況と社会政治環境にうまく対処することだ。そのため企業は、さまざまな組織との協働、さらには「外部化」による分散化を検討する必要がある。つまり、現地の組織と提携して、意思決定の権限を与えるのだ[28]。こうしたアプローチはいくつかの利益をもたらすと考えられる。たとえば、市場知識が得やすくなる、よりよく対応できる、生計手段が創出される、地域コミュニティの参加が促される、事業者とＢＯＰ消費者や起業家とのより共生的な関係が生まれる、といったことだ（コラム５‐７）。

このアプローチを、富裕市場の特徴である拡大された取引関係と比較してみよう。こういう経済中心の関係を通して、企業は一つのコミュニティの内部でも、さまざまなコミュニティにまたがる形でも事業を行うことができる。しかし、市場での取引を容易にするためにある種の組織（たとえば信用調査所）が必要だという富裕市場における前提は、通常、ＢＯＰには当てはまらない。また、取引に役割を果たしている組織の種類も、明確で固定されているとは限らない。家族や近隣、村などが、微妙だが重要な役割を果たしている。子どもが事業の手伝いをしているかもしれない。近所の人が共同貯蓄グループを設立しているかもしれない。村が市場活動を組織しているかもしれない。

コラム5-7　企業と現地BOPの協働

BOPと協働している小規模な会社の興味深い好例が、世界中でソーラーオーブンをつくっているサンオーブンインターナショナル社だ。[29]

同社は、貧困状況での経験が豊富で、こうした状況での生活条件を理解することに時間をかけてきた。CEOのポール・マンセンは、現地の経済、文化、環境を維持しながら利益をあげられるような方法で、ビジネスを伝統に適合させるにはどうすればよいかを理解するという考え方をとっている。

同社の製品は、薪の不足と高い燃料価格に対応することを狙ったものだ。現地の起業家が主要部品のライセンスを受けて、移動可能なソーラーオーブンを製造している。同社は、現地NGOや起業家などの多様な組織と提携して、顧客に接触している。顧客の手が届く価格を慎重に見極め、革新的な融資プランもパッケージに組み込んでいる。調理と食事には文化が深くかかわっているため、ビジネスを確立するまでには、その地に特有の課題をいくつも乗り越えなければならないのは当然だ。

組織にソーシャルグッドを植えつける

もう一つの重要な点は、ＢＯＰで経済的に成功するには、製品に関連する分野で社会の利益になるという「ソーシャルグッド」の要素が不可欠だということだ[30]。それは、伝統的な境界があいまいになることがＢＯＰ市場の最大の特徴であるからだ。資源に厳しい制約がある状況では、製品は基本的な生活環境の向上と深く結びついている必要がある。経済的な関係は人間関係と大きく重なりあう。より幅広い社会的環境と市場活動が混然一体になるのだ[31]。

具体的にはどうすればよいのだろうか。企業も市場と同様に、商業的な目的とソーシャルグッドの境界があいまいであることを理解したうえで、きめ細かな方法で事業を行う必要がある[32]。製品と機能への細分化されたアプローチ、言い換えれば、ビジネスはこっちの箱に入れ、社会的状況はあっちの箱に、というようなアプローチは、うまくいかないだろう。ほとんどの場合、全体論的なアプローチの方がはるかに有望だ。製品とそれに関連するコミュニケーションは、差し迫った生活環境の向上に注目するのは当然だが、さらにその上を目指す必要がある。個人とコミュニティの福祉を改善するような支援を提供しなければならない。

個人とコミュニティの福祉を重視することは、限られた資源を使うＢＯＰの消費者にとって必要条件であるかもしれない。同様に、ＢＯＰの生活の重要な側面である関係性の人間的な次元を強調することで、組織とその製品はより信頼できる「コミュニティのメンバー」になることができる。個人とコミュニティの福祉を推進し、個々の人間関係と社会構造を強化しているという評判を築くことができる企業は、成功する可能性が高まる[33]。

複雑な社会的環境にうまく対処するにも、多くの場合は「ソーシャルグッド」という共通項を通じて、多様な組織と協働することが必要である。地理的に分散し断片化した市場はさまざまな影響を受けやすい。ますますネットワーク化が進む今日では、女性の権利から環境問題までの切実な問題に焦点を絞った小さなグループが、BOP市場への橋渡しと、個人やコミュニティの福祉を阻害する不公正あるいは搾取的な慣行に対する対抗勢力の役割を果たしている。

これが容易に達成できることはめったにない。ソーシャルグッドの推進を通して組織をコミュニティに埋め込むには、製品が個人とコミュニティの福祉にどう貢献できるかを深く理解することが必要だ。そういう思考が組織に根づかなければならない。そうすれば、製品に関連するソーシャルグッドが企業の基本的な姿勢になり、その知識、プロセス、成果、業績、文化に影響を及ぼす。たしかに容易な仕事ではないが、BOPでの経済的成功には欠かせない。

営利企業と社会的企業にとっての意味

きわめて社会的な影響力の強いネットワークの中での起業家や消費者は、自分たちが育ててきた関係を活用して市場での取引に携わっている。そのようなシステムを上からの視点で否定したり、強引に再編しようとしたりしても、成功はおぼつかない。たとえば、BOPの状況に「解決策」として信用調査所を持ちこもうとするのは、ＢＯＰ市場の社会的な豊かさを無視するトップダウンの処方箋の例だ。それでは、取引を可能にし、支えている豊かな社会的ネットワークをないがしろにすることになる。とはいえ、搾取的な慣行には立ち向かい、取引が双方に利益をもたらすように再編成する必要はある。したがって、「信頼に基づく取引を奨励し強化するには社会的関係をどのように使えばいいか」を問うことが適切になる。この問いに答えるのに理想的なのは、ミクロレベルの知見を用いる下からのアプローチだ。

そのようなアプローチは、社会的ネットワークなどの現象を深く理解する必要性も示している。しかしそれらに名前をつけることや分類することはあまり役に立たない。実際には、そのような名前や分類はＢＯＰとは異なる裕福な状況から輸入されたものであり、それらを誤って用いれば、全体的に捉えるべき現象を細分化することになる。

ミクロレベルの下からの視点のアプローチをとることによって、生活環境——つまり現実——の重要性が、具体的に強く感じられる。ＢＯＰの消費者が実際にどのように生活し、製品をどのように使うかを想像すれば、「最適設計」についてのわれわれの考え方は変わるだろう。子どもの安全への配慮はその好例だ。裕福な社会の製品設計者は、子どもはガスレンジに手が届かないと考えても差し支えない。ＢＯＰではそのガスレンジは小屋の床に置かれ、周りに多くの子どもがいる中で使われるかもしれない。われわれはその現実を変えることはできない。では、どのような「最適な」設計が頭に浮かぶだろうか。

ミクロレベルのアプローチは、ＢＯＰ状況こそが既存の市場であることを改めて教えてくれる。

社会的企業と営利企業の実践家は、今、現実に働いている力学を理解することから始めなければならない。しかし、ＢＯＰ状況は既存の製品や解決策の単なる並行市場ではなく、それをはるかに超える存在であることも認識しなければならない。当然そこには学ぶ機会が多い。では、具体的には何を学ぶべきなのだろうか。まず、既存の市場の豊かな力学の中で、どうすれば適切な解決策を設計することができるかを学ぶことができる。そのような解決策はどのようにして、これらの市場が外からきた事業者に利益をもたらしつつ、環境的、社会的、経済的な持続可能性を高めるのを助けることができるかを学ぶことができる。そして最後に、こういう逆境から生まれた解決策が、ほかの状況に移転されても利益をあげられることを学ぶことができる。

しかし、ここで話は出発点に戻る。貧困市場のための解決策を創造できるようになるには、まずそれらの市場をミクロレベルで「理解」しなければならない。これはどういう状況においても言えることだが、ＢＯＰではこれまでに述べた理由によって、なおさら重要である。ＢＯＰ状況でそれほどの時間を過ごしたことがない典型的な研究者やマネジャーは（今のところ、長い時間を過ごしたことがある人はきわめて少ない）、捨てなければならない先入観と、学ばなければならないことが非常に多い。それを学ぶためには、対等の立場でのコミュニケーションが欠かせない。**誰かのために設計《デザイン》するにはその人から学ぶという姿勢が求められる**。その学びが、個人とコミュニティの幸福は効果的な解決策と深く結びついているという、動かし難い真実を映し出すものになることは、ほぼ確実である。

第6章

デザインのリフレーム

Reframing Design for the Base of the Pyramid

パトリック・ホイットニー Patrick Whitney

先進工業国では、デザインによって画期的な製品が生まれている。規模の経済を脱し、選択の経済に向かおうとしている先進工業国では、このデザインの力が脚光を浴びるようになってきた。本章では、アップルのiPhoneとチョトクール冷蔵庫を対比させ、経済ピラミッドの頂点で成功した戦略的デザインの手法を、そのままか修正した形で、ピラミッドの底辺の市場に用いるのは有効か、という挑戦的な問題を探る。

二〇〇七年六月二九日、早朝のサンフランシスコ、シカゴ、ニューヨークに出勤してきた人々は、四〇〇メートルにもなろうかという行列に出くわした。[1] 先頭に陣取った人は、三〇時間以上も前から並んでいた。この騒ぎを引き起こしていたのは、アップル社のiPhoneだった。すでにほかの伝統企業のコモディティ製品があふれ、停滞していたカテゴリーの製品だった。

大いに期待が持てる初日の滑り出しだったが、それを大幅に上回る顧客満足度や市場シェア、利益での大成功が続いた。iPhoneの製品と関連ソフトウエアは、それまでに録音音楽ビジネスを塗りかえていたiTunesのプラットフォームと統合されていた。iPhoneは多機能でありながら、ほかのどんなスマートフォンよりもはるかに使い方が簡単で、写真や音楽などのメディアを管理するのにきわめて便利なうえに楽しさまでも感じさせる方法を実現していた。

それから二年近くたった二〇〇九年の初めごろ、インドのムンバイの東四五〇キロにある村で、ある暑くてほこりっぽい朝、六〇〇人の村人がテントに詰めかけていた。ピラミッドの底辺（BOP）のユーザー向けに設計された四三リットルの冷蔵庫「チョトクール」のお披露目に集まっていたのだ。[2]

この製品のデビューも華々しかった。チョトクール（ヒンディ語で「少し冷たい」の意）の新しい販売チームを代表する八人の女性が、製品をマリゴールドの花綱で覆われた輿《こし》に載せてテントに運びこんだ。女性たちは見物人に向かって「チョトクール」を讃える歌を歌う。「チョト」が希望をもたらした、家族を養うお金を初めて自分で稼げるようになったから、今では尊敬の目で見られる……というような内容だった。次に地元の政治家が、チョトを買うことだけでなく、この冷蔵庫、そして発売元のグループの販売員になることがいかに役立つかを褒めたたえる演説をした。

世界の反対側にいる人でも、驚くべき事態が起きていることを理解できただろう。ムンバイに本拠を置くインドの複合企業、ゴドレジアンドボイス（Ｇ＆Ｂ）社のチームは、単にＢＯＰ向けの革新的な製品と新しいビジネスモデルを発表したのではなかった。地域の女性との連携と雇用も生み出したのだ。これがひいては地域経済を育て、人々の福祉を向上させ、労力を節約できる電気製品を買えるようになる可能性を高める。冷蔵庫さえ買えるようになるかもしれない。

Ｇ＆Ｂがプロジェクトを始動させてみると、消費者との交流は思った以上に複雑で分かりにくく時間がかかったが、意外な知見が得られた。それが、同社が**問題の捉え方の枠組みを見直す（リフレーミング）**きっかけになる。潜在顧客が新製品に期待することだけでなく、人々の生活の実情を理解すると、貧しい村の住民に安価な冷蔵庫を売るという当初の目標は、のちにＧ＆Ｂが「３Ｌビジョン」と呼ぶことになるもっと幅広い目標に取って代わられた。より良い生活水準（living standard）、ライフスタイル（lifestyle）、生計手段（livelihood）をつくり出すという３Ｌビジョンが新しい枠組みになったのだ。結果は、多くのレベルで満足できるものだった。冷蔵庫の売上高と収益性が増加しただけでなく、Ｇ＆Ｂが販売する冷蔵庫はプロジェクト当初の予想からより安くてより良いものになった。

ｉＰｈｏｎｅとチョトクールはどちらも発売時に熱い注目を浴びたが、二つの製品はこれ以上ないほど異なっている。これらが販売される市場は経済ピラミッドの両極にあった。一見したところ、インド農村部の低所得世帯向けの冷蔵庫と、時代のアイコンになり携帯電話のカテゴリーを一変させた電話とは、何の関係もないように見えるかもしれない。しかし、両者の成功の裏をよく見れば、アプローチと結果が非常によく似ていることが分かってくる。アプローチに関しては、どちらのチームも業界標準を受け入れず、問題と製品に求められる要件をリフレームした。どちらのチームも、ユーザーがほしいと言っていたものを超えるソリューションをデザインした。どちらも、ビジネスモデルとサービスを変えることを含めたシステム解決策をデザインした。二つのプロジェクトは、新しく生まれてきている**戦略的デザインの原則**を用いた分かりやすい例だ。これが採用されているのは、シックスシグマのように詳細な手続きとして体系化されてはいないが、人々がまだ意識していないことも多い本当のニーズに応えようとする企業のリスクを減らしてくれるからだ。

画期的なイノベーションの多くがそうであるように、iPhoneとチョトクールもいくつかの面で意外さがあった。もっと早くつくられなかったこともその一つで、予想を上回る成功を収めたあとではあまりにも自明であったように見えることからすればなおさらだ。どちらの製品も、新しい技術を発明する必要はなかった。どちらの設計チームも、業界の常識を超えるところまで行き、満たされていないユーザーのニーズを発見した。アップルは、通常のボイスメールとeメールのサービスとしては合格レベルにすぎない携帯電話でも、写真や映画、音楽、インターネットで素晴らしいユーザー経験を提供すれば売れるだろうと考えた。G&Bのチームは、冷蔵庫を買うことを考えたこともない消費者の大きな集団を、単なる消費者としてではなく、自分で収入を得る起業家としても価値のネットワークに取り込むことができれば、彼らは忠実な顧客になるという仮説をたてた。携帯電話市場は停滞していたし、貧困層の冷蔵庫市場は存在さえしていなかった。それにもかかわらず、二つの企業のチームはどのようにして正しい決断を下したのだろうか。それぞれのチームが、企業がイノベーションのプロジェクトをフレームするときの常套的な方法をとっていれば、チョトクールもiPhon

ｅも生まれていなかっただろう。

ユーザーの共感を呼ぶ製品を創造することにかけて、つねに他社より優れている会社があるのはなぜだろう。ｉＰｈｏｎｅやチョトクールなどの画期的なイノベーションの創造の背後にあるデザインの分野に、いくつかの一般的な原則があると思われる。これらの原則の特徴を一言で言えば、**問題をそのまま受け取らないことと、ユーザーについての洞察を使って問題をリフレームすることだ**。リフレームすることで、業界の常識からはずれていて、消費者から期待や要求を受けたものではなくても、後から見ればユーザーが望む生き方に合っているためまったく自然に思える新しいアイデアが湧いてくる。標準的な業界の枠組みではリスクがあるように見えるアイデアでも、問題がリフレームされ、ユーザーの日常生活のパターンに本当に根ざしたものであれば、実際にはリスクは小さいことがある。このことはユーザーが高所得でも低所得でも変わらない。

ここで役に立つのは、「複雑さのレンズ」を通して見ることだ。先進世界での複雑さの原因は、かつてないほど増えた消費者の選択肢によって日常生活のパターンがますます多様になっていることだ。それとは対照的に、ＢＯＰにモノを売っている企業が直面する複雑さには、ときに戸惑うほどの多様な原因がある。たとえば、言語、文化、家族関係、宗教、食物などの要因があるが、それらがすべて街区ごと、谷ごとに違っていることがある。企業が見込み客を常連客にしたいなら、これらをすべて理解する必要がある。

ピラミッドのどの層の消費者が対象でも、複雑さの要因の多くは、ソフトな、価値観を色濃く反映した行動であるため、意思決定者の課題は困難さを増す。このような人間的な側面が強い要因が、計画することを難しくしている。こうした要因は、商品やサービスが失敗するまでは考慮に入れにくく、「見えにくい」ことさえ多いからだ。

複雑さの原因が、選択肢が多すぎることであるか、機会が少なすぎることであるかにかかわらず、デザインのプロセスが最も解決に力を発揮するのは、まさにこの種のあいまいな問題である。本章では、次の二つの問題を取り上げる。

●経済ピラミッドの頂点で画期的なイノベーションを創造するために採用された新しいデザインの原則は、ピラミッドの底辺で成功するイノベーションを創造しようとするときにも使うことができるか。

●これらの手法をBOPで使うには、修正しなければならないか。

私の主張は、デザインを使って企業のイノベーション成功率を高める手法は、経済ピラミッドの上層でも下層でも同様に有効だということだ。どちらの場合も、理由は異なるが、企業は自社の製品を買って使う人々について、望むほどの知識を持ち合わせていない。この知識不足が、デザインと開発の問題の著しい複雑さの原因になっている。新しいデザイン手法はこれを克服するのに役立つ。あいまいな問題の解決に役立つデザインのプロセスは、製品のスタイルを決めるのに使われる既知のテクニックではない。それは、「何を提供すべきか」に注目するという、デザインのあまり知られていない側面のテクニックなのだ(3)。

規模の経済から選択の経済へ

二〇世紀に先進世界が成し遂げた大きな成功の一つは、多くの人が貧困から抜け出し、中流階級へと上昇したことだ。これが可能になったのは、大量生産の驚異的な成長と効率によるところが大きい。ヘンリー・フォードのリバールージュなどの工場が、効率化推進の舞台となった。その成長によって、ほとんどの人が貧しかった社会は、五〇年の間に、ほとんどの人が多くの選択肢を持つ快適な中流階級の生活をしている社会に変わった。[4]

二〇世紀の大部分は、企業は規模の経済性に基づいて競争していた。最も優れた大きな工場を持つ企業が勝つことが多かった。この競争は、消費者に本当の選択肢を与えることを拒む。ヘンリー・フォードの有名な言葉がそれを証明している。「どんな顧客でも、好きな色の車を選べる。それが黒である限り[5]」

工場の生産性が上がりつづけ、豊かで快適な暮らしを可能にしていくと同時に、企業はプラットフォーム戦略、セグメンテーションモデル、フォーカスグループ、プロダクトスタイリング、計画的陳腐化などを編み出して、需要を喚起した。米国の自動車業界などはこれを極限まで推し進めた結果、選択は見せかけだけのものになった。[6]「万人受け」という大量生産の倫理を緩和しようとして、業界リーダーたちは、性能は同じままで製品の外観やメッセージを変えるためにデザイナーを頼った。たとえば、流線形のデザインが何にでも適用された結果、列車、ホチキス、冷蔵庫をはじめ、ありとあらゆる製品カテゴリーの品物が、テーブルに置いておくものでさえ時速九〇マイルで走っているように見えた。

アメリカでは二〇世紀半ばごろには、商品をいかに売り込むかが、どういう風につくるかと同じくらい重要になっていた。経営科学とビジネススクールの権威が上昇した。工学の学位を取得したあと、MBAを取ることが、将来の経営幹部へのモデルコースになった。状況を分析して最適化し、答えを出す方法を学ぶには、申し分のない基礎だ。企業経営は、製造と、新しく生まれてくるマーケティング・財務・業務の分野のビジネス原則のバランスの上に行われるべきだというのがマネジメントの通念だった。事業計画と生産技術は緊密に結びついていた。さらに、製造と経営の原則と手法は絶え間なく様式化され数値化されていた。これは完全に理にかなっていた。なぜなら、組み立てラインの効率や、スーパーマーケットの販売項目といった収集データは、正確に計測できるほど安定したものだったからだ。その結果、リスクが軽減され、計画作成能力が高まった。

しかしこれらのテクニックには本質的に限界がある。今日、あらゆる業界の主要企業は、生産業務の無駄な経費をとことん削り取るシックスシグマやTQM(総合的品質管理)などのプロセスを採用しているため、これ以上削減できるコストはあまりないのだ。すべての企業に効率の良い生産システムが行き渡っているなら、もっと品質が高い、もっと革新的な製品、すなわち人々の生き方のパターンに合う製品をデザインする以外にとるべき道はほとんどない。

今日の消費者は以前よりはるかに眼識がある。国内メーカーがつくり出した豊富な選択肢と増えつづける輸入製品・サービスによって、「できること」「望ましいこと」に対する消費者の期待は拡大した。店やメディアが実生活での教室になり、高度な知識を持つスーパー消費者を多数生み出した。

消費者向けの製品やサービスをつくっているイノベーションチームは、ゲームのルールが変わってしまったことに気づいた。どれもみな同じようによく見える多くのアイデアの中から、どのオプションがユーザーの心をつかむかを判断しなければならなくなっているのだ。今日の先進国に住む人々は、大量生産とマスメディアの時代に生きていた人々よりはるかに変化に富む、予測のつきにくい生活をしている。経営者は売上を増やさなければならないために、新しいデザイン戦略の採用に走っている。新しいスタイリングだけでなく、ユーザーについてのより深い洞察を用いることによって形づくられる、消費者の生活と深く結びついた製品によって、このような消費者にうれしい驚きを与えるようなイノベーションを生み出そうとしているのだ。

柔軟性のある生産システム、グローバルな貿易、そのほかのさまざまな要因の影響で、手に入る製品とサービスの数と種類が増えつづけている。われわれは「規模の経済」から、「選択の経済」に移行した。そこを支配するのは、ヘンリー・フォードのあの言葉ではなく、匿名の消費者の次のような声だ。「私がほしいモノを、私の好きなスタイルで、私が求めるチャネルで買いたい。昨日より安い値段で」

企業の意思決定者は、既知の生産プロセスを最適化し、既知のコストを削減することが競争のかなめであった比較的安全な世界から無理やり引き離された[7]。今や彼らは、技術と新しいビジネスモデルによってほとんど何でもつくれる世界に住んでいるが、消費者が過剰な選択肢を持つようになったことが新しいリスクを生んでいる。消費者の生活がこれまで以上に多様になるにつれ、生産者が消費者のニーズとウォンツを知ることがますます難しくなっているのだ。

あらゆるものを生産する方法についての知識は「増加」しているのに、ユーザーの日常生活に対する知識は「減少」しているというずれを**イノベーションギャップ**と呼ぶ（図6-1）。これが、デザインの原則を採用する企業が増えている主な理由の一つだ。人々が何を必要としているかを理解すれば、現在あるものとは異なり、かつより良い製品をつくり出せる可能性が高まるように、元々の問題をリフレームできるようになる[8]。

ユーザーの欲求に注目することは、従来の問題とは次元が異なる問題であることが分かる。企業は今や、技術と経営についての理解に加えて消費者についての理解を得る能力を持ち、**バランスのとれたイノベーションを創造する**ことができなければならない。二〇世紀のビジネスリーダーは、大きな問題に立ち向かった。そして工場の業績やサプライチェーンの流れ、販売チャネル、人口統計、セグメンテーションモデルといった定量化できる現象を使って、何をすべきかをはっきりと見通すことができた。情報技術や、自動化された工場、システム計画、財務モデリングなどのイノベーションは、とるべき行動を明確に判断し信頼性のある計画をつくるのに役立った。将来は十分に明らかであるように見え、経営幹部は回収できるまでに一〇年かかる工場効率化への投資などの長期計画にも安心して取り組めた。

図 6-1 ◆ イノベーションギャップ

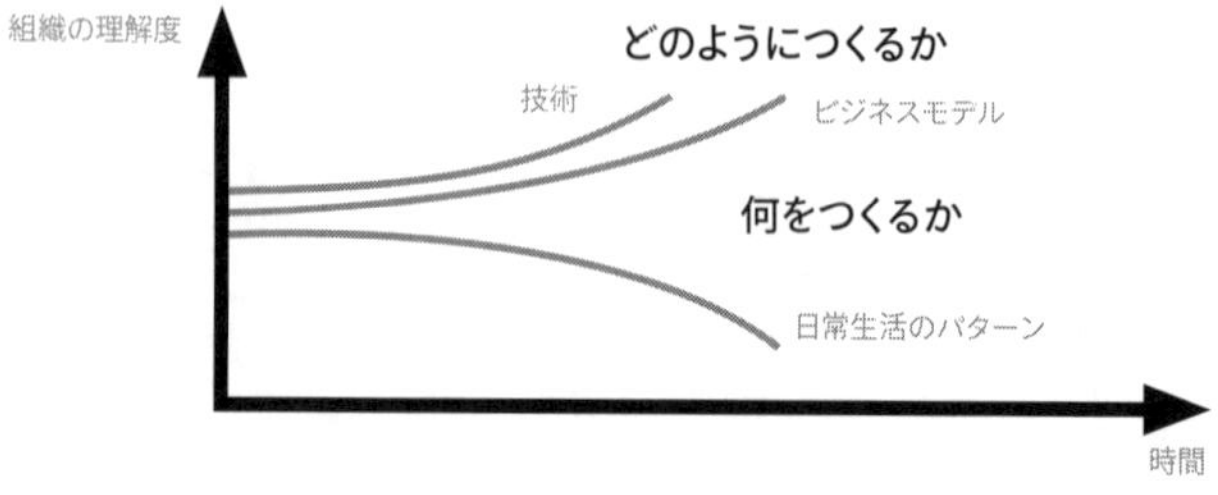

今日の経営幹部は、変化の激しい消費者の生活にすばやく反応しなければならない。彼らは、しばしば「ファジーフロントエンド」〔開発初期の混沌とした段階〕と呼ばれる問題に直面する。規模の経済では主要な資産であった工場は、選択の経済では負債になった。企業の安定性の最大の源であった工場は、柔軟性に欠けるために、最大のリスクになった。生産の柔軟性を増すために製造とサプライチェーンを外部委託しても、前提となる「何をつくるべきか」という問いに答えなければならないことは変わらない。

BOPのイノベーションギャップに取り組む

企業の意思決定者は、新興市場への参入を考えるとき、特にBOPを対象にしようとするときに、同じ問いに直面する。ほとんどの経営幹部は、成長のためにいずれBOP市場に参入しなければならないという認識を持っているが、将来を楽観してはいない。なじみのない販売チャネルや提携関係、低価格、現在の顧客とは大きく文化が異なる消費者を相手にするのは難しいのではないかと考える。国内市場向けにデザインされた製品の機能を削ぎ落したり価格を下げたりしても、彼らにとっては魅力がなかったり手が届かなかったりするのではないかという不安もある。これまでにも試みて失敗した会社がある。残念ながら、**彼らはほかにどうすればよいか分かっていない**。

消費者のセグメンテーションやビジネスモデルなどの標準的な手法を適用すれば、BOP市場が有望に思えることはめったにない。BOP消費者にアプローチする明確な方法がない企業は、BOPは難しすぎると結論を出し、将来の主要な成長市場を無視して国内にとどまるか、規模は小さいがなじみのある新興市場の中・上層の成長市場に集中する。その結果、先進市場での場合と同じように、ここでも何をつくればよいか分からないという厄介な問題に直面する。

つくるべきものについてのこの不確実な状態を完全に取り除くことはできないが、デザインの力で軽減することはできる。ピラミッドの頂点では、以前のiPodとiTunesの組み合わせと同様、iPhoneがそのカテゴリーをすっかり変えてしまった。アップルは、画期的な製品を生み出すためにデザインを用いた説得力のある例だ。アップルのデザイン能力の核心にあるのは、①業界の現状を断固として拒否することと、②ユーザーが求めるもの、さらにはユーザーの想像の範囲さえ超える素晴らしい優れた製品をつくりたいという意欲だ。要するに、アップルはユーザーのニーズと欲求に競争相手より早く気づくだけでなく、ユーザー自身が気づく前に気づいている。

このアプローチが通用するのは先進経済だけだろうか。私は、そんなことは「ない」、と強く言いたい。証拠は身近なところにある。同じ業界だが市場のローエンドで、ノキア1100は、家庭用電子機器史上最大」のベストセラーの位置を守りつづけ、二億台以上を売り上げている。懐中電灯が「内蔵されているため「カ・トーチ」（小さな懐中電灯）とも呼ばれるこの電話は、BOPユーザーがこの機能を特に便利だと思うだろうという仮説に基づいて設計された。シンプルで頑丈なつくりで防塵性が高く、懐中電灯が内蔵されている。電力が不安定なところに住んでいる人にとっては非常に役立つ機能である。懐中電灯を組み込むというアイデアは、ノキアのデザイナーが停電のときに携帯電話の照明がついた画面を使っている人がいるのを見て思いついた。もちろん、内蔵懐中電灯がついた頑丈な信頼性のある携帯電話は先進国でも人気があり、1100の驚異的な成功に貢献した。

ピラミッドの頂点でのアップルの成功と、ピラミッドの底辺市場でのノキアの成功は、人々の要求や期待を上回る製品を創造する方法として、ユーザーについての洞察が問題をリフレームするのに大きな力を持っていることをよく示している。では、どうすればこれが普通に行われるようになり、デザインにどう関係してくるのだろうか。

「どのように見えるべきか」から「どういうものであるべきか」へ

「デザイン」という言葉は、天才が推し進める謎めいたブラックボックスのようなプロセスというイメージを想起させることがある。本章では、そうでないことを明らかにしてゆく。創造性のある天才が身近にいれば役に立つかもしれないが、「問題をリフレームする」デザインのプロセスは、実際には分かりやすい、模倣可能な活動だ。さらに、デザインはあいまいな問題を扱うことに力を発揮する。むしろ、創造性を補うものとしてあいまいさを使うため、明白な答えがない問題や、最適化に基づく標準的な手法が役に立たないビジネス問題を扱うのに特に適している。

従来のデザイン・開発プロセスを実践しているチームは、問題をそのまま受け入れ、顧客が何を好きで何を嫌いだと言っているかを知るために調査を行い、そのうえで方向を選び、最適な解決策をつくろうとする。現在の知識を最大限に利用することがカギになる。この「直接的デザイン」アプローチでは、チームは今の現実の分析から、予測可能な解決策の創造へと直接進んでいく（図6-2）。

　直接的デザインは既知の市場で漸進的な変化を生み出すのに力を発揮する。こういう変化は、使い勝手と見た目を良くすることに注目することが多い。しかし、既知の市場向けに新しい製品やサービスを考案するときのように、不確実性が大きい場合には、効果は少なくなる。なじみのない市場に向けて新しい製品やサービスを開発するときは、さらに難しくなる。

　選択の経済に特有の不確実性に対処するのに必要なデザイン手法は、規模の経済の安定性と予測可能性と関連する、スタイリングに目を向ける手法とは異なる（とはいえ、当然、製品の見た目は良くなければならないが）。「何をつくるべきか」という問いに答えるには、もう二段階、進める必要がある。最初のステップは、ユーザーについての理解をバランスのとれたイノベーションの一環として組み込むことだ。人が自分はこうしていると「思っている」ことではなく、実際に人が「している」ことを見ることが、非常に役に立つ。ユーザーにかつてないほどの選択肢がある場合はなおさらだ。

　第二のステップは、ユーザーが現在使っている製品やサービスではなく、「ユーザーが何を達成しようとしているか」という観点から問題を見ることだ。チームは、製品を取り巻く活動や関連する価

図 6-2 ◆ **直接的デザイン**

分析 ▶ 創造

1. 現在の状況を分析する	2. 新しい製品・サービスを創造する
既存の市場、製造プロセス、競争相手を理解し、推進する選択肢を迅速に決める	現行の製品との違いが漸進的であるために結果が予測できる新製品の開発に向けて、資源を最大限に利用する。
a. アップルは音楽ビジネスへの参入を決定した。直接的デザインを用いていれば、より確実な道を進み、同社のコア・コンピテンシーであるソフトウエアと統合製品から離れなかっただろう。無料ファイル共有の普及により、音楽出版はすでに終わった業界だとみなされていた。	a. アップルがコア・コンピテンシーに従っていれば、世界最高の音楽ソフトウエアと MP3 プレーヤー、iTunes、iPod を作ったところで止まっていただろう。そうすれば、当然、音楽業界は再生しなかっただろう。
b. G&B は、現在冷蔵庫を買う力がないインドの人々に安価な冷蔵庫を提案するという思い切った策に出た。通常の設計・開発プロセスからの大幅なコスト削減努力が求められると予想していた。	b. G&B がより安い製品を売るという、もっと予測可能で一見したところ安全に見える道を選んでいれば、それを買える新しい顧客はわずかだっただろう。

値によって決まる、より高度で抽象的なレベルで問題を定義する必要がある。企業がユーザーにとって価値のあるイノベーションを生み出そうとするなら、デザインと開発のプロセスに抽象的な次元を加えることが必要だ。それによって、予測可能な解決策を目指して最適化するプロセスから、何をつくるべきかを決定するプロセスに変わる。企業は変化する市場に向けた新しい製品やサービスを創造する複雑さに対処することができる。これが、戦略的デザインと呼ばれる一連のフレームワークと手法の中核になる。

戦略的デザインは、大きく次の四つの段階に分けられる。(9)(10)

❶現在の状況を理解する
❷問題をリフレームする
❸選択肢のプロトタイプをつくる
❹最終的な目標と出発点を明らかにしたロードマップを策定する

戦略的デザインは、通常、標準的なデザイン・開発プロセスで対象とされるよりも広い状況を視野に入れようとし、一般的な企業の視点では見落とされる要素にも目を向ける。特に、戦略的デザインを用いるチームは、製品の直接的な用途だけでなく、ユーザーの活動と欲求にも目を向け、イノベーションを受け入れやすいレベルにまで問題を抽象化するのだ。

たとえば、洗濯機を計画しているなら、販売する機械の使い方だけでなく「衣類を手入れする」活動全般に目を向けるだろう。新しいスナック食品を計画しているなら、包装されたスナックだけでなく、「家族の集いやパーティーを開く」ことに注目するだろう。都市部のBOP向けに新しい住宅を計画しているなら、家庭の運営だけでなく、「ビジネスを経営する」活動も重視するだろう。ダラヴィ（ムンバイのアジア最大とされるスラム）の住人の一部屋は、夜は寝室に、食事の前には台所に、それ以外の日中は家族が売っている製品の小さな工場になるかもしれない。どのケースでも、戦略的デザインのプロセスでは、会社が売る製品によってではなく、ユーザーが関心を持っている活動として定義することによって、抽象化された高いレベルで問題をリフレームする。もちろん、そのためには、ユーザーが本当に関心を持っていることは何かをチームが深く理解することが必要であり、それがユーザーの期待を超える製品を生み出すことにつながる。

ユーザーについての洞察を用いて問題をより抽象的に見ることで、製品にとどまらないイノベーションが生まれることが多い。ビジネスモデルが修正されたり、時にはまったく新しいビジネスが提案されたりすることがある。チーム（と競争相手）が驚くような結果がしばしば生まれ、多くの場合、ユーザーの全体的な経験が向上する。たとえば、アップルが直接的デザインのアプローチを用いていたら、世界で最も優れたMP3プレーヤーと使いやすい関連ソフトウエアを開発するだけにとどまっていただろう。アップルはそうせず、低コストと多機能を重視する業界の標準的なフレームワークを超えて、問題をリフレームし、素晴らしい製品をつくり上げただけでなく、サービス、小売りでの驚異的な存在感、新しいビジネスモデルをも生み出した。彼らは音楽に関するユーザーのあらゆる経験を分析した。どういう方法で音楽を購入し、共有し、聞いているかはもちろん、音楽出版社が顧客を訴えるほど業界が悪化の道をたどった経緯を分析した。したがって、リフレームされた問題は、より良いMP3プレーヤーをつくることではなく、それよりはるかに幅広く、抽象的になった。「どうすればもっと音楽を楽しめるか」とリフレームされたのだ。問題を抽象化することによって、アップルは消費者を現実的なニーズを持った人々と捉える複数の選択肢を自由に探究できるようになった。こうして、アップルは音楽業界を塗り替えることができた。抽象化とは製品やサービスの本質的な性質を発見することであり、イノベーションの成功にデザインが果たす最も重要な役割である。抽象化の核心は、既存の製品を、ユーザーが達成しようとしている基本的な活動と目標から切り離すことだ。これによってチームは、特定の製品にまつわる通念に縛られることなく、ユーザーが本当に求めていることを達成するさまざまな方法を探ることができるようになる。

「リフレームされた問題」には、ユーザーの本当のニーズとウォンツが描き出される。これが、バランスのとれたイノベーションが反映された選択肢をつくり出すためのきわめて豊かな土台になる。選択肢は、「つくれるかもしれないもの」を記述したものであり、ユーザー体験を向上させるイノベーションのプロトタイプ、シンプルなビジネスモデルまたはバリューウェブ、技術的な要件や課題を特定して記述する。この段階での目標はできるだけ多くの実行可能な選択肢を考案し、その中から一つまたはいくつかを選んでもう少し詳しく検討することだ。最終的な目標と最初のステップのイメージも加える（図6-3）。

この段階では、開発に進む前にまだ作業が必要だ。バランスのとれたイノベーションの三つの次元それぞれを精密化するほかに、期待されるユーザー体験をつくり出す製品提供の概略と、簡単に実行でき、ユーザーの欲求と日常生活のパターンに根ざした最初のステップの提案を示した「ロードマップ」を作成する。日常生活にしっかりと根を下ろしていれば、会社はユーザー自身が求めていないような欲求のレベルにまで踏み込めるために、リスクが軽減される。小さな規模で迅速にスタートすれば、会社は業務能力やブランドイメージに過剰な負担をかけなくてもよいので、リスクが軽減される。合言葉は、**「大きく考え、小さく始め、すばやく動く」**だ。

戦略的デザインはBOPで実際にどう機能するのか

これらのデザインへの先進的なアプローチは、本書の焦点である社会経済的セグメントのBOPにとってはどういう意味を持つのだろうか。

企業のデザイン・開発チームは、BOPの日常生活を、先進国の日常生活と同じように複雑で理解しにくいと見ている。ほとんどの場合、彼らが混乱するのは、BOPのユーザーに選択肢が多すぎるからではない。ほかの二つの要素が原因だ。一つは、貧困ゆえの必要性と制約によって、日常生活に混沌といってよいほどの変化があることだ。毎日ささやかな仕事を探して生計を立てている自営の職人は、携帯電話を買う余裕がなければ、仕事が終わるたびに家まで歩いて帰らなければ、次の仕事の場所の連絡を受け取れない。収入が少なくて銀行口座がつくれなければ、融資を受けられず、現金だけに頼る生活を余儀なくされ、そのためにさまざまな苦労をする。もう一つの原因は、文化と言語の細かな違いが、標準的なビジネスモデルを用いるには小さすぎる、さまざまな市場を数多くつくり出していることだ。ムンバイのような大都市でも、スラムは出身村別のグループに分かれている。

変化に富むこの状況は、ＢＯＰ市場で戦略的デザインとイノベーションを創出する妨げになるだろうか。その反対である。私の意見では、先進経済の場合と同じように、ＢＯＰ向けの商品をつくり出そうとしている企業は、戦略的デザインのプロセスを用いて製品、情報、サービス、新しいビジネスモデルを創造することができる。一般的に用いられているプロセスは、先進市場に用いられたときと同じように、ＢＯＰの複雑さに対処するのにも役立つが、ＢＯＰで

図 6-3 ◆ **戦略的デザイン**

抽象化
2. リフレーム
ユーザーを深く理解することによって、会社の製品ではなくユーザーの活動に基づいて問題を定義しなおすことが可能になる。より抽象的なこの見方によって、幅広い選択肢の検討が可能になる。
a. 業界では、音楽共有をやめさせ、料金を支払わせるようにすることがビジネスチャンスだと考えられていたが、アップルは、人々が再び録音音楽を楽しめるようにすることを目標に設定した。
b. 業界では、インド国民の 80%は冷蔵庫に手が届かないと考えられていたが、G&B は、顧客と連携して地元の経済を成長させ、人々が冷蔵庫を買えるようになるのを助けた。
3. 選択肢を創造する
リフレームされたプロジェクト概要に基づき、選択肢としてイノベーションに関連するビジネスモデルのプロトタイプをつくる。

a. アップルは、修理店や、量販店の中に展開するショップ・イン・ショップをつくることと、価格と音楽販売のさまざまなモデルを検討した。

b. G&B は、ユーザーとともにプロトタイプをつくり、公共バスを販売チャネルとして使う可能性を探り、現地の女性との多様なビジネス関係の形態を検討した。

分析
創造
1. 状況
技術、ビジネス、ユーザーの欲求をバランス良く見る視点からビジネスチャンスを理解することによって、ユーザーの生活に根ざしたイノベーションが生まれる。
a. アップルは、MP3 プレーヤーが複雑であること、音楽共有ソフトが著作権侵害行為を助長していること、音楽小売りはまったく不振で、誰もが損失を出していることに気づいた。
b. G&B は、貧困層に安価な冷蔵庫を売るというビジネスチャンスに気づいた。
4. ロードマップ
求められるユーザー体験を明確に特定し、迅速でリスクの少ない最初のステップと、最終的な解決策の目標に忠実な工程を策定することが役に立つ。
a. アップルは、マッキントッシュ用のごく普通のアプリケーションとして iTunes から出発し、その後、楽曲ごとに音楽を販売する iPod と iTunes、独自の小売りチャネル、Genius Bar などのサービスを加えていった。iTunes が、のちに iPhone と iPad のプラットフォームになった。
b. G&B は、最初の計画より低価格で、利益の大きい製品を売り出した。生活水準、ライフスタイル、生計手段の三つの L を向上させることを重視する 3L モデルをつくり出した。ほかのコミュニティにも拡大できる新しい働き方を確立させた。
現実

は予算の制約と物流の難しさがあることが多いため、このアプローチは細部を修正する必要があるかもしれない。

以上の点を裏づけるために、**❶現在の状況を理解する**、**❷問題をリフレームする**、**❸選択肢のプロトタイプをつくる**、**❹ロードマップを策定する**、という四部からなる戦略的デザインのプロセスが、BOPの状況で細かな修正を行ったうえで用いられた例を見てみよう。

インドのスラム再建プロジェクト

イリノイ工科大学の大学院の一つ、デザイン学部（ID）のプロジェクトが良い例だ。IDに、米国の通信業界の起業家で何代かのインド首相の情報技術・通信アドバイザーを務めてきたサム・ピトロダから話があった。ピトロダは、IDが四部構成のデザインプロセスを先進国で用いて出した成果を見て、私にチームリーダーとしてインドの都市スラムの住宅問題に取り組んでほしいと要請した(11)。

当時、プロジェクトに参入しようとするクライアントはいなかったが、ピトロダは、新しい住宅をつくるというビジョンは、政府機関から営利企業にいたるまでの適切な支持者を惹きつけるはずだと確信していた。彼以外の誰かがそのようなプロジェクトを提案すれば疑いの目を向けられただろうが、ピトロダは一見不可能に見えることでも達成する方法を知っていた。ラジヴ・ガンディ首相はピトロダに、インド初の全国的な電話システムを構築するよう要請していた。熱とほこりに強い交換機をつくることだけでも簡単なことではないが、これはそれをはるかに超える大事業だった。本当のイノベーションがもたらされたのは、貧しい村やスラムにサービスを提供するには国中に電話ボックスをつくる必要があるが、いかにして大量の人を雇ったり巨大な官僚的組織をつくったりせずに膨大な設備を維持すればよいかというモデルが存在しないことに気づいたときだった。その費用を捻出することは不可能だったので、サムは一つひとつの電話ボックスを小規模ビジネスに変えた。ボックスの近くに住む誰かが通話料金を徴収し、ボックスのメンテナンスに責任を持つというビジネスだ。

❶現在の状況を理解する

チームメンバーとして加わった、当時大学を卒業したばかりのアンジャリ・ケルカーとまだ学生だったアレクシス・キネブルーとともに、われわれは戦略的デザインをインドのＢＯＰコミュニティに適用できるかどうかを検討しはじめた。まず、当初サムがフレームした「標準化したレンガをデザインすることができれば、スラムの住人はより耐久性のある、ほこりの少ない、質の高い住まいをつくることができるだろう」という問題をそのまま受け入れた。レンガに雨水を吸収させて貯める方法があるかも知れなかった。また、風の強い乾季には通常の日干し泥レンガは浸食が激しく、ほこりが目や肺に入る原因になるが、風にも強い表面にすることもできるかもしれなかった。

われわれは、バランスのとれたイノベーションのモデルと戦略的デザインプロセスを採用して、プロジェクトをスタートさせた。現在の状況を正しく把握するために、何人もの人にインタビューを行って、関連技術とビジネスモデルについての高度な情報を集めた。フライアッシュレンガ（石炭灰混合レンガ）などの世界中の技術について学び、ムンバイ地域の地元の建築材料についても学んだ。家族構成と所得、村から都市への人口移動のパターンについても学んだ。ムンバイのスラムの地価高騰についての資料も読んだ。インフォーマルな現金経済とそれに関連する闇市場について、そして、スラムに住む何千人もの起業家がいかにそれらに悩まされているかを学んだ。われわれがした質問は住居に関係のある話題をほとんど網羅し、①質の良い住居は人々の生活を大きく向上させる、②家を建てるには質の良い建築資材とプロセスが欠かせない、という仮説を確認した。

❷問題をリフレームする

二次調査は重要だったが、ダラヴィやそのほかのムンバイのBOPコミュニティの日常生活について十分に詳しい情報を得ることはできなかった。もっときめ細かな情報を得るために、われわれは戦略的デザインでよく利用されるようになっているラピッドエスノグラフィ（短時間で行う民族誌学）プロセスを用いた。「セルフドキュメンタリーカメラスタディー」の手法を使って、ムンバイのBOPコミュニティの日常生活を撮った写真を何百枚も集めた。

この段階で、BOP状況に合わせてプロセスを修正し、逆に、BOP市場での作業が難しかった点を先進国でももっと効率良く使えるように修正した。主な修正は、現場でのデータ収集と、IDでのデータ分析を分離したことだ。通常この作業は同じ人が行うのが好ましいが、分離すればコストを大幅に削減できるため、観察的調査を実施するかしないかで大きな違いが出る。観察的調査を行うには別の人を雇い、フィールドノートの取り方を定型化しなければならなかった。フィールドノートの定型化は、調査の厳密さと速度を向上させるのに有益であり、先進世界でのプロジェクトにも応用できることが分かった。

われわれはこのプロジェクトのために、現地チームのメンバーとしてムンバイでソーシャルワーカーと学校の教師を採用した。彼らの仕事は、セルフドキュメンタリーを行う人に方法を教え、その後でインタビューをすることだった。彼らはそのような指示やインタビューを行うことに慣れておらず、また、予算の都合でチームの大部分がシカゴに残らなければならないため、彼らだけで活動してもらうことになっていた。そのため、細かくやり方を定めた指示書を使わなければならなかった。われわれは「ＰＯＥＭＳ」の枠組みと定型インタビュー集を用いて、種類も細かな内容も同じデータを集めることにした。

「ＰＯＥＭＳ」は人々（people）、目的（objects）、環境（environments）、メッセージ（messages）、サービス（services）の頭文字をとったものだ。人類学的な枠組みでは、家族構造、宗教、所得などの人口統計学的な要因に目を向けるが、ＰＯＥＭＳは、ビジネスが対象にすべき人々を特定し、彼らの生活をより良いものにするためにデザインによって変えられることを明らかにしようとする。また人類学的枠組みは文化に関する知識を集積するためのものだが、ＰＯＥＭＳの各カテゴリーは、日常生活を改善する製品とサービスを設計するためのものである。

写真、ＰＯＥＭＳの枠組み、インタビュー集を組み合わせることによって、われわれの存在が調査対象者の回答に影響を及ぼすことなく、大きな予算も必要とせずに、家庭生活の諸側面を比較できるような形で人々の生活を見ることができた。写真と、その後インタビュアーに語られたストーリーは、われわれがユーザーの生活を「理解」し、彼らの生活全般に対して持っていたかもしれない先入観を破るのに役立った。写真の画像はインタビューの質問事項を改善するのに役立った。

カメラスタディーで撮影した写真には、調査員が知らない人の家庭に入るときに話のきっかけになるという二次的な用途もあった。調査対象者の中には、地元の文化の外側からやってきた人には一度も会ったことがない人が多く、インタビュアーと話をするのを恥ずかしがったり、疑ったりする傾向があった。自分で撮った写真を使って自分の生活について話すことで、すぐに共感的な雰囲気が生まれた。

不慣れでも地元出身者を作業に使うことの利点は、熟練した外国人の調査員を使うより人を集めやすく、インタビューされる人々をよく知っているということだ。地元の人は貧しい人々を「珍しい」とは思わないので、データ収集プロセスの一貫性と客観性を維持するのに役立つのだ。

われわれは調査の結果を、一連の「ラピッドイマージョンワークショップ（短時間で行うイマージョンを模した作業）」を行ってさまざまな外部の専門家のグループと共有した。[12] 専門家のバックグラウンドはさまざまである。たとえば、アフリカでアッシュレンガの工場を経営している起業家、インド農村部で小売販売チャネルを調査している研究者、ダラヴィで女性の雇用を促進する非政府組織（ＮＧＯ）を運営しているマーケティング研究者、ＩＴ起業家、政治家、ボリウッド映画のプロデューサーなどだ。ワークショップでわれわれのユーザー観察の結果を学んだ彼らは、きわめて適切で、かつ独創的なアイデアを出してくれた。

写真は、さまざまな都市スラムを映し出していた。そのすべてが同じように、基本的なインフラの欠如、下水システムの不足、不十分な水へのアクセスなどの問題に苦しんでいた。目に見えること以上に多くのことを明らかにしたのは、家庭や地域で撮影された写真の「裏」にある物語だった。われわれは、ささやかな住まいのほとんどで行われているビジネスについて目で見て話を聞き、一部屋だけの住まいが毎日複数の用途に使われていることを学んだ。近くにできた新しい高層住宅は、彼らの小規模なビジネスに不向きなため、ほとんどが空室だということを聞いた。供給業者や顧客との接触のために、小規模ビジネスのオーナーは路上にいなければならないのだ。われわれは、従来の調査プロジェクトでは探そうともしなかったパターンを発見した。

豊富なデータとワークショップで得られた知見によって重要なリフレームが可能になった。状況把握の段階での調査から学んだことはどれも、新しい住居が必要であることを示しており、スラムの住民は自分たちの住宅を改善する機会に跳びつくであろうことがフィールドワークでも確認された。しかし、これが彼らの最も急を要するニーズであることはまれだった。彼らが本当に必要としていたのは、可処分所得を増やし、いつでも最も役に立つものを買えるようになることだった。その結果、プロジェクトは「より良い家をつくるための新しいレンガをつくること」から「より価値の高い、もっと収益性のある雇用を創出すること」へとリフレームされた。

これは自明の答えのように見えるかもしれない。しかし最初の「より良い家をつくるための新しいレンガ」というフレーミングも同じように明白だった。あまりにも明白に思えたので、当然、あらゆる調査結果が支持したこの解決策に向けた最適な対応案を見つけることが、われわれの課題だと思った。

戦略的デザインプロセスから生まれる製品やサービスが自明であるように見えることが多いのは、それらがユーザーの生活に根ざしているからだ。このことはどういう経済状況のユーザーについても言える。たとえば、アップルの音楽ビジネスは、後から見れば当たり前の試みだったように見える。しかし、音楽出版者たちにはそれが分からなかったし、ほかの誰にもそれは分からなかった。言われた「後」にだけ、答えは当たり前のものになるのだ。

❸選択肢のプロトタイプをつくる

リフレームされた問題から生まれた七つの選択肢は、彼らの所得を増やすこと、時間を節約すること、安全を高めることに焦点を合わせていた。三つの例をあげよう。

選択肢の一つは、水の配達システムだった。大きなトラックから水の容器を降ろしてカートに載せ、狭い路地を通ってユーザーのところまで水を運ぶのだ。現在は、巨大なタンクを搭載したトラックが建てこんだ地区の外に駐車し、女性たちがトラックまで歩いていき、水を家に運ぶのに何時間も費やさなければならない。この配達システムはそれに取って代わることができる。近隣の何百人もの女性が歩いて水を運ぶことで失われる価値と、日中のほとんどの時間、何千ものバケツに水を満たす間、大きなトラックが駐車したままになっていることによるコストは、何人かの運転手を雇う効率の良いカートシステムのコストを十分すぎるほどカバーできる。

第二の選択肢は、日雇労働者が仕事を探し、資金をプールして銀行口座を開けるようにするギルド

（職人組合）システムをつくることだった。携帯電話による支払いシステムと組み合わせて、現金への依存を軽減することができる（現金経済は、盗難を引き起こし、透明性がないために闇市場や腐敗を助長するという大きなリスクがある）。

第三のオプションはギルドシステムに関連するが、BOP起業家がベストプラクティスを共有する情報交換の仕組みだった。今のところ、小規模なビジネスを行っている人が地元のコミュニティの外の専門家から学ぶ方法はない。これは、先進国で同じような事業を行っている起業家にとっては当たり前の資源だ。

このプロジェクトは、サム・ピトロダが、ほかの人々によるほかのプロジェクトの模範になるようなものにすることを目的として始めたものであるため、われわれはこれら三つのイニシアチブのうち、どれを開発するか特に慎重に選んだ。第一の選択は、BOP起業家のための情報交換システムだった。その主な理由は、資本集約的でなく、増殖させられる可能性があるからだ。現在の計画では、ビデオストーリー、現地での展示、村の会合などの費用がかからないローテクメディアを含めた複数のコミュニケーションを利用している。本章執筆の時点で、アフガニスタンの高い技術を持つカーペット職人がサプライチェーンを再構築し西欧諸国に新しい市場を築くのを支援しているNGOとともに、ビデオストーリーを作成するパイロットが行われている。これを成長させるには、ギルドや関連キャッシュレス支払いシステムなどのほかの選択肢も実行する必要があるだろう。

再び、チョトクール

戦略的デザインの原則を用いた、BOPに根ざしたイノベーションの有用な例であるチョトクールの冷蔵庫にもう一度目を向けてみよう。G&Bのチームの当初の目標は、膨大な人口を擁する、昔も今もあまり消費をしない層の、日々の冷蔵・冷凍ニーズに応えることができる小さな箱型クーラーを開発することだった。インドでの冷蔵庫のカテゴリーの普及率は一八%以下だ。したがって、チームの最初の問いは、**彼らはなぜ買わないのか。彼らの満たされていないニーズ、とりわけ彼ら自身は買えると思っていないモノについてのニーズを満たすのはどういうものか**だった。

価格が問題の一つであることは明らかだった。問題そのものといえるかもしれない。メーカーであるG&Bは、おそらく安価なコンプレッサーを使って、安い金属製のボックスをつくり、ほかの消費者製品で大成功していた直接訪問販売チャネルを通して売ることができると考えていた。典型的な主流製品のローエンドの価格は七〇〇〇ルピー（約一四〇ドル）程度だったが、G&Bは二五〇〇〜四九五〇ルピー（約五〇〜一〇〇ドル）という野心的な価格帯を目標にしていた。世界的な冷蔵庫ビジネスの通常の利益率である四〜五%に達するのは難しいと考えていた。

彼らが最初にとったステップは、BOPの非ユーザー、特にもう少し安ければ冷蔵庫を買うことができる消費者を理解することだった。村人は、提案された製品はまだ高すぎるし、冷凍するものはない、と言ってきた。

チームは驚き、知見を得るために使ってきた方法をリフレームする必要があることを悟った。村人にもっと近づき、日常生活で何に囲まれどのように暮らしているのかを探ることにした。セルフドキュメンタリー調査ではなく、直接観察による民族誌学的プロセスを用いた。チームは何日もの間、村人とともに過ごし、食事の習慣を学び、野菜を買うパターンを観察した。村人たちが小さな住まいをやりくりして、寝て、食べて、仕事をしている様子を見た。チームは、ピラミッドの底辺の主婦を、家庭を切り盛りする敏腕マネジャーと理解するようになった。彼女たちは毎日、台所の一隅を絶え間なく居間や寝室に変えながら、家庭と子どもの教育を管理していた。

最初のインタビューとは異なり、このように近くで観察し、村人の生活を垣間見たことから、彼らの潜在的なニーズについて、次のような予想外の知見が得られた。

- BOPの消費者はわずかな貯蔵量しか必要としていない。毎日の必要量に合わせて少量ずつしか買わず、余分に買うために使えるお金も限られている。冷凍食品用の小型冷凍庫は必要ない。
- 同時に彼らは、一度に少量しか買わないために割高な料金を払ってもいる。特に、一日の終わりに値下げされた野菜を買いたくても、トマトや葉物野菜を保存しておくための涼しい貯蔵場所がないために、そうすることができない。
- 気温より二〇～三〇度低いだけでも、二、三日、野菜を長持ちさせるには十分である。
- BOPの主婦は生産性を上げて、毎日の生活をより良いものにしたいと思っている。料理をするときに材料が手元にあれば、急な買い物が減り、生産的な仕事に充てられる時間が増える。

●BOPの家庭は、子どもに大きな期待を寄せている。できれば子どもたちにもっと「快適な生活」――たとえば、冷たい飲み物――を与えたいと思っている。また一般的に人々は、冷たい飲み物を供することに高い価値を置いている。熱いお茶は誰でも出せるが、「冷蔵庫で冷やした」飲み物を出せるのは「裕福な」人だけだ。

●彼らの家は小さい。場所を取らず、動かしやすいモノを望んでいる。一日の終わりには寝床を準備するために、家具はもちろん、台所のこまごました道具まで移動させる。

●借家に住んでいるため、引越への備えも必要かもしれない。彼らは、故郷から遠く離れて収入の機会を求め、あるいは家賃が払えないために移動を余儀なくされている人々である。

リフレームされたチョトクールのコンセプトが生まれたのは、このような知見からだった。安い金属製の箱型冷蔵庫という従来のイメージは消えた。G＆Bはチョトクールを、移動可能な上開き型の電子式冷蔵装置として考えはじめた。選択肢の段階で、食物を冷蔵・冷凍するための安価な箱ではなく、見た目が良く便利で使いやすい、全体がプラスチックのボディの製品を描きはじめた。可動式の棚をつけ加え、家庭ではより多くの種類のものを保存でき、半商業用にははずして大量に保存できるようにした。

一方で彼らは、このように既製品とははっきりと異なる製品カテゴリーは、価値を明確に伝達する必要があることに気づいた。文章や画像ではなく、デモンストレーションを通して売らなければならないことを理解したのだ。製品とその恩恵が理解されるには、目で見てもらわなければならなかった。

彼らは、コミュニティの中で隣人が製品の説明をするときが、この製品独自の便利さが話題にのぼる状況としてベストだと考えた。これを新しい販売促進チャネルにするという考えから、新しいタイプの社会的な思考が始まり、主にそれまでは潜在顧客と考えていた女性たちと協働して製品のプロモーション、販売、配達を行うという新しいチャネルのモデルを探りはじめた。言い換えれば、**消費者が事業のパートナーと考えられはじめた**のだ。

チームは、ユーザーについての深い洞察と女性のパートナーたちの意見を参考にして、最初に描いていたものから劇的にリフレームされた製品とサービス、ビジネスモデルのシステムをつくり上げた。その要素のほとんどは、ユーザー調査によって形を変えられていた。今や、システムの主な推進力になったのは、ユーザーが求める経験への深い理解、それにもちろん、最初の仮説が間違っていたことがいったん明らかになれば、ほかの選択肢を検討しようとする意欲だった。彼らは製品、付随サービス、関連ビジネスモデル、ローカル化、スタッフの訓練と育成への新しいアプローチを身につけたのだ。

チョトクールのケースが興味深い理由はいくつもあるが、中でも重要なのは、最初に動きはじめるのに、一つの製品やサービスではなく、全体論的でシステム的な一組の提案が求められたことだ。大きなスケールの消費者の「3L」（生活水準、ライフスタイル、生計）を向上させるというビジョンが、強力な推進力とモチベーションになった。どんなグループにおいてもこのビジョンを達成するためには、どれか一つだけではなく、完全なシステムとして始めなければならなかった。それでも最初のステップが大きくなりすぎたりリスクが増えたりしなかったのは、販売促進と販売のイノベーションが徐々に拡大できるものであったからだ。調査を行った村から始め、次の段階は地域ごとに進めることができた。

G&Bは最終的に、「サキ・メラ」（女性の友人たちの集まり）と銘打った特別な村祭りで製品を発表した。G&Bの販売パートナーになることに同意したNGO、サワヤムシクシャンプラヨグ（SSP）によって組織されたこの祭りに、マハラシュトラ州の小さな町の周辺から六〇〇人の女性が集まった。これらの女性の中には消費者になる可能性がある人もいれば、チョトクールを売って収入を得る機会を求めている、仲介業者になる可能性がある人もいた。

サキ・メラは**共創のプラットフォーム**だった。集まった女性たちは製品へのフィードバックを提供した。色や価格、割安・割高感についての意見を述べ、彼女たちの層にアピールする価値提案を明確にするのに貢献した。G&Bのエグゼクティブとともにビジネスモデルを進化させ、その結果生み出されて高まった価値のうち彼女たちがいくら受け取れるかを決めた[13]。しかし、興味深いことに、これは対決的な交渉ではなかった。どちらかといえば、最終消費者、中間に立つ起業家、製造会社という利害関係者三者がお互いに配慮して自然にできた合意だった。

製品

前述のように、値段の安い最低限の機能を備えた箱型冷蔵庫という最初のアイデアは消えていた。小型であることと、高温のほこりっぽい気候に耐える設計であることは変わらなかったが、それ以外のほとんどすべてが変わっていた。前開きではなく上開きになっていた。コンプレッサーの代わりに半導体インダクションプレートを使っていた。価格は計画よりもかなり安い三五〇〇ルピーだったが、最初に想像していたよりはるかに見栄えを良くする必要があった。軽量で持ち運びでき、大きな電圧の変動に耐えなければならなかった（インドでは電圧の変化が激しい）。優れたデザインはすべてそうだが、製品の最終的な構造は後から見れば自明であったように思えたが、最終的なデザインが浮かび上がってきたのは、リフレームに続いて徹底的な検討とプロトタイプづくりを行ってからだった。

サービス

サービスが重要な課題になり、多くの選択肢の中から取り替え可能なふたというコンセプトが生まれた。冷却装置はすべてふたの一部に格納されるよう設計された。極端な気候や電力の質、誤用など、使用状況によって不具合が生じたときは取りはずして交換できる。最終的には、技術のない女性起業家でも基本的なサービスができる設計になった。

ビジネスモデルとオペレーション

ビジネスモデルのイノベーションは、農村部のＮＧＯとの共創と、起業家のネットワークを通した販売をかなめとしていた。イノベーションが女性起業家たちに収入をもたらし、それによって地元の経済が向上しはじめた。製造後のサービス提供、物流、販売、流通、マーケティングといったオペレーションのコスト削減にも役立った。当初は、進化の初期段階にある掃除機や浄水器などの、現地であまり知られていない普及率の低い器具を都市の市場に売り込むのに使われていた、一軒ずつ訪問する直接販売を使うことが考えられていたが、大きく異なるものになった。

現地化

販売促進とコミュニケーションも共同で考案され、現地で改良が続けられている。多様な文化とユニークで地方色豊かな伝統がある広大な国では、すべての地域で一つの商品が通用することはまずない。チョトクールはこの多様性を逆手にとってユニークなメッセージを生み出した。同社は今後、現地での協働のプロセスを通して、この不均質で不定形の市場を活用していくことを計画している。チョトクールのアイデアが生まれたとき、華やかな発売イベントにつづけて全国的にマスメディアで大々的なキャンペーンを展開することが考えられていた。現在計画しているのは、業務プロセスとビジネスモデル、それにある程度は製品の修正を通じて、人口の八〇％を占める現在冷蔵庫を持っていない層のさまざまな集団の異なるニーズに応える多様性のある製品をつくることだ。

スタッフの研修と育成

新しい起業家に販売チャネルの運営方法を教える研修は、適切な言語、文化、好ましい社会的規範を身につけた現地の講師によって行われた。最初に計画していた集団研修は断念しなければならず、販売促進と販売の基本概念が変わったために、現地のNGOのメンバーを使うことになったのだ。

これを書いている時点で、チョトクールの事業は成長とBOPの家庭の生活改善への道を歩みはじめている。これが実現すれば、消費者と企業の双方にとって非常に好ましい結果が生まれることだろう。

変化

チョトクールは単なるプロジェクト以上のものであることが分かった。チョトクールのおかげで、G＆Bの経営者は、企業競争力と社会発展という、ほとんどの場合関連性のない目標を結びつけることができた。同社の取締役で、この新製品を開発したチームのリーダーを務めたナヴローズ・ゴドレジは次のように述べている。

「私たちが正しい方向に向かっていると確信でき、身の引き締まる思いをした瞬間でした。私たちは人々の生活を向上させる何か大きなことの一部でした。進むべき道は一つしか残されていませんでした。それは、信念を守り、人々のためにさらに多くのより良い製品とビジネスを創造する、斬新でユニークな方法を探しつづけることです。製品の販売に加わってもらうことでその人にとって生まれて初めての尊厳を与えることができるのなら、そういうアイデアを百も生み出して、最も貧しい人々を助けないわけにはいかないでしょう[14]」

チームは、村人の「日常生活に根ざす」ことによって、人々の生活を向上させ、それまで存在しなかった市場を築き、期待以上の収益をあげられることを発見した。彼らはユーザーが称賛する製品と、顧客に新しい収入源をもたらすビジネスモデルと販売プロセス、元々の計画よりコストがかからない（そして、より現地に適している）技術を使う機会で構成されるシステムをつくり上げたのだ。

チョトクール、カ・トーチ、ノキア・マネー〔携帯電話による金融決済サービス〕、IDの「レンガづくりから雇用創出へ」プロジェクトや、サム・ピトロダの電話システムから学ぶことができる、より大きな教訓は何だろう。これらのケースに共通するのは、先進経済でもそうであるように、ユーザーの日常生活のパターン、ほとんど語られることがなく発見される必要があるパターンの中で問題を理解することから、人々の暮らし方に合うユニークな解決策が生まれることがある、という重要な事実である。[15] 多くのイノベーションは、初期の段階で通常のビジネスの基準で判断されたら、つぶされる。アップルの音楽ビジネスをはじめ、本章で論じた製品やサービスのほとんどには、そもそも分析すべき市場がなかった。

バランスのとれたイノベーションと四部構成の戦略的デザインは、企業が日常生活につきもののあいまいさと複雑さに起因する不明確な問題を解決する必要があるとき、特に力を発揮する。

比較的予測可能だった規模の経済から、見るからに混沌とした選択の経済への変化にともなって、先進世界の企業はデザインに目を向け、ビジネスチャンスをリフレームし、さまざまな選択肢を創造しようとしている。この同じ手法が、ピラミッドの底辺市場の複雑で戸惑わされることの多い世界のために存続可能なイノベーションをデザインするのにも役立つのである。

第7章

拡大可能な組織構成とは

BOP Venture Formation for Scale

アレン・ハモンド Allen Hammond

社会的企業は有益な仕事をしている。だが、かなりの規模に拡大しなければ、何百万人もの BOP 顧客にサービスを提供したり経済再建に貢献したりすることはできない。BOP 市場に首尾よく参入し、より良いサービスを提供するには、ボトムアップとトップダウンを組み合わせて企業を構成すべきだ。本章では、この生産的な組み合わせを達成する方法を説明する。また、BOP 起業家は規模拡大を支援するビジネスエコシステム（単独で活動する組織ではなく）を築くこともできる。そして、この目的にかなう「ハイブリッド型」組織について説明し、実例から得られた知見を提供する。

何らかの形で貧困緩和に力を注いでいる企業は多く、毎月そういう企業が新たに生まれている。しかしこれらの企業のうち、少なくとも、百万人規模の顧客に影響を与えたり国内や世界で市場を形成したりするのに十分な規模にまで拡大できた企業は比較的少ない。

われわれは、その理由を自らに問わなければならない。

よく返ってくる答えの一つが、「資金不足」である。しかしこの理由の妥当性は、一〇年前より明らかに低くなっている。社会的投資ファンドは増えており、ベンチャーキャピタルグループでさえ、同じ案件を追いかけていることが多い。社会的影響《ソーシャルインパクト》投資やBOPビジネスがファッショナブルになり、お金はファッションについてくる。

社会起業を志す人も不足してはいない。良かれ悪しかれ、BOPの世界には大望を抱く人があふれている。今日では、MBA取得を目指している人の二人に一人が、社会起業をしたいという望みを明らかにしている。もっと説得力があるのは、かつてはBOPを肌で知っていることが多い新興国出身者が社会的企業を起こす例はわずかしかなかったが、今では大挙して参入していることだ。アショカのフェローには、六〇カ国以上の国で三〇〇〇人以上の社会起業家がいる(1)。

それでは、良いアイデアはもう全部とられてしまったのではないか、という疑問がわくが、そんなことは断じてない。社会的企業の動向を追い助言をしている人たちは、この分野には十分なエネルギーと想像力があることを知っている。むしろ、社会的企業の活動分野の広がりに呼応して、創造性と、固定観念を打破する可能性を秘めたアイデアが増えているように見える。他章でも論じられているように、BOPは、世界全体のイノベーションの重要な源になるかもしれない。その推進のかなりの部分を担うのが社会起業家だ[2]。

私は、規模の拡大にいたらない社会的企業があまりにも多いのは、構造的な欠陥の一つに原因があると考えている。言うなれば、「誕生」時にいくつかの欠陥遺伝子が組み込まれたのだ。その欠陥の一つが、BOP企業を組織する際の完全にトップダウン型のアプローチだ。富裕国の善意の起業家（と有名人）が、富裕国の都市スラムであれ途上国の農村であれ、現地との深い絆もないままに、なじみのない分野の現場で社会的な問題を解決するためにトップダウンで事業をスタートさせようとして失敗する率は高い。大企業がトップダウンのビジネス構成を企ててきた場合の成績はそれより多少良いが、多くの多国籍企業や国内の大企業は、豊かな資源を持っているにもかかわらず苦労している。C・K・プラハラードが主張しているように、投資能力は、他者と協働し、新しいエコシステムを築き、根本的に異なるビジネスモデルを創出する能力ほど重要ではない[3]。そのため、成功しているBOP企業、特に現地起業家によって組織された企業は、ほとんどがボトムアップで構築されている。

しかし、ボトムアップのビジネス創造には、それなりの限界がある。この限界を単純に説明するなら、これらの組織が規模の拡大を適切に計画していないことが多いということだ。完全にボトムアップで構成されたBOPビジネスでは、十分に規模を拡大するために取り組まなければならないすべての問題を解決するのはきわめて難しい、と言い換えた方がよく理解できるだろう。

三つのレベルの課題

これはどういう課題だろう。ボトムアップの社会起業家がしばしば遭遇する課題は、少なくとも三つのカテゴリーに分けられる。サンタクララ大学のGSBIプログラム〔既に事業を行っている社会起業家の成長と拡大を支援するコース〕では、同僚たちが一八人ほどの社会起業家を毎年二週間の集中コースで指導しているが、多くの問題は基礎的なビジネスのツールを知らないことから生じているという(4)。BOP出身の社会起業家はMBAを持っていないし、正式なビジネスの経験はあまりないかもしれない。貸借対照表や損益計算書、事業計画などの基礎をよく知らないことが多い。エレベーターピッチ〔エレベーターに乗り合わせた人に、目的階に着くまでの短時間で自分の事業を売り込めるようなプレゼンテーション能力〕から、もっと正式な「依頼」まで、出資を募るための基本的なテクニックの経験はほとんどなく、急速な成長を管理できる適切な幅広さと専門知識を備えたチームをつくる必要性を理解していない。幸いにも、こういうことは教えることができる。系統立った教育は一つの方法だ。多くの場合、メンタリングは比較的短い期間で、驚くほどの効果をあげることができる。

これよりはるかに難しいのが、ローカルの、ミクロレベルの問題だ。たとえば、市場がないところに市場を創出する、カーストや部族別に分断されているコミュニティを巻き込む、従来とは異なるアプローチでのマーケティング、関心が薄く近づきがたい印象であることの多い政府やその他の利害関係者との間に関係を築く、信頼性に欠ける交通や電力の下で流通網を管理するといった問題だ。これらには、模範的な解決策はない。著しく問題が多い場所で事業を始めたことに困難の原因がある場合もある。たとえば、インフラが存在しない、政府が非協力的であったり汚職が蔓延していたりする、災害が起きやすい気候である、などだ。これらはすべて、市場創出を困難にする。[5] 一例をあげれば、インド農村部のコミュニティ規模の浄水事業六件について非公式に調査した結果、ほとんどの組織（営利と非営利両方）は村の世帯の二五〜三〇%しか顧客として登録することができず、利益が出ないか、ごくわずかの利益にとどまっていることが判明した。[6] P&GがインドでPUR浄水フィルターを販売しようとしたときも、あまり良い業績はあげられなかったと報告されている。[7]

しかし、平均して六〇%近い世帯普及率を達成するという好成績をあげている水事業もわずかながらある。そのおかげもあって、それらの事業は利益を出しているだけでなく、急速に規模を拡大している。独自に調査したある水事業の成功を決定づけていた重要な特徴は、革新的できわめて組織的に行われた社会的マーケティングのキャンペーンだった。[8] 汚染された飲料水が引き起こす健康問題についての意識を向上させたのだ。その結果、人々の行動が変わった。きれいな水、さらにはそれをつくる装置に、現代的で都市レベルに匹敵する質の良いサービスというイメージを持つようになり、お金を払って浄化された水を手に入れることを納得した。この企業は競争相手より多くの設備投資をしていた。一見直観に反した戦略だが、功を奏しているようだ。さまざまな状況で効果が証明されているもう一つのアプローチは、地元のコミュニティとともに市場を創出することを通して、押し《プッシュ》つけではなく消費者自身が求める「引く力《プル》」をつくり出すことだ。[9]

第三の課題は、マクロまたはグローバルなレベルで生じるもので、社会的企業を立ち上げたあと、規模を拡大しようとするときによく遭遇する。途上国出身の社会起業家が世界中から戦略的パートナーを見つけ、採用するにはどうすればよいのか。自分の事業のさまざまな部分に、そのクラスで最高の技術を探し出し、評価し、獲得するにはどうすればよいのか。世界中の投資会社、社会的ファンドや慈善ファンド、開発機関、外国のエンジェル投資家とつながりをつくり、資金を調達するにはどうすればよいのか。たしかに、これらすべてをこなしている社会起業家もいるが、その数はきわめて少ない。

規模の拡大を実現しやすい組織の創造を促すにはどうすればよいだろう。本章では考えられる二つのアプローチについて考察する（後述の「二つのモデル——重要な特性」を参照）。

第一のアプローチは、ローカルとグローバル、またはボトムアップとトップダウンの両方の特徴をもった組織を構築することだ。最初から「規模拡大の遺伝子」を埋め込むのだ。ＢＯＰに参入する多国籍企業がこれを試みてきたことは間違いない。それでも失敗するのは、ローカルまたはボトムアップの度合いが十分でない、提携の幅が狭いため多様なエコシステムを築くことができない、企業の四半期ごとの報告の数値や資本配分上の障害にがんじがらめになって逃れられない、などが原因であることが多い。

しかし、多くのＢＯＰ起業家の失敗の原因は、計画にグローバルまたはトップダウンの要素が欠けていることにある方が多い。規模拡大を可能にするには、組織の遺伝子にローカルとグローバル、両方のＤＮＡ（財務構造、経営能力と経験、投資家基盤など）を組み込む必要がある。そうすることで、組織が避けられない課題を解決し、規模拡大を実現する可能性が格段に高まる。

規模拡大を目指すビジネス創造への第二のアプローチは、ほかから切り離された一つの組織だけでなく、規模拡大を支援するエコシステムを構築することだ。パートナー、利害関係者、アドバイザー、共同創造者などからなるエコシステム全体の多様な遺伝子からアイデアを借り、支援を得、恩恵を受けることができる社会起業家は、規模拡大に成功する可能性がはるかに大きい。このアプローチにはたとえば次のようなことが含まれる。問題とビジネスチャンスについての新しい考え方や対応能力を獲得するために幅広いパートナーと提携すること。伝統的な企業活動の枠を超えて、エコシステムのさまざまな側面に時間と資本を使うこと。組織の目標である社会的使命に多くの利害関係者を巻き込むこと。社会的目標と商業上の関係の両方に関心を持つ戦略的パートナーを見つけること。潜在的受益者とともに解決策を共創すること。

この戦略の狙いは、**協力者や支援者、イノベーション、新しい解決策を獲得し、それによってBOPビジネス創造の難しい問題によりよく対処できるようになるために、厳密にビジネスだけに注目する従来の定義を超えて、ビジネスの創造活動の範囲を広げること**にある。この戦略は、企業自体のためにローカルかつグローバルな構造をつくることに注目する戦略とは異なるが、補完的に使うことはできる。言い換えれば、組織のローカルとグローバルな側面を支援するために、エコシステムの中にローカルとグローバル両方のパートナーシップを組み込むのだ。

エコシステム戦略の一例は、企業とNGO（非政府組織）または社会的組織の間に（ときには政府も加えて）、双方にとって価値を生み、規模拡大の可能性を最大化するような形の、ハイブリッドな組織――本物のパートナーシップ――を意識的に築くことだ[10]。ハイブリッドモデルについての研究は比較的少なく、そういう関係を築くことの難しさや、できたあとの不安定さを立証するようなエピソードは数多くある。また、「ハイブリッドモデル」という用語は、従来の援助供与者と受益者、あるいは、企業の社会的責任活動における関係という意味でも使われることがあるが、これは私が示したいこととはまったく異なる。そこで、このアプローチについて、主として私自身や同僚の経験と直接観察に基づく事例を通して議論を進めていく。私の考えでは、市場創出、販売・調達などの継続的業務、BOPビジネスの資金調達におけるハイブリッド的なアプローチの潜在力はきわめて大きいが、ほとんど正当に評価されていない。

二つのモデル——重要な特性

BOPの空間で、新しいビジネスを必要な規模に拡大させる可能性を持つ組織を創造するための基本的なモデルが二つある。

❶ボトムアップとトップダウンの両方の要素を持つ企業を構築する

❷単独の組織だけではなく、規模拡大を支えるエコシステムを築く

これら二つのモデルの特性は、次のようにまとめることができる。

ボトムアップ／トップダウン
　グローバルかつローカルなビジネス構造、資金調達と技術調達、マネジメントチーム
エコシステムの中の組織
　ビジネスと非ビジネス構造、パートナーシップ、ネットワーク、資金源

規模拡大を達成するために
グローバル-ローカルな組織を構築する

　規模拡大の達成に向けた第一のアプローチについて見ていくために、現場での例から始めよう。ハスクパワーシステムズ社は、インド東部に本拠を置く受賞歴のあるグリーン発電の社会的企業だ[11]。農業残渣――ここではもみ殻（rice husk）――をガス化した燃料で発電し、近隣の家庭や小規模な事業所に電力を供給している。同社は、全国的な電力網から外れていて以前は電力をまったく使えなかったコミュニティや、電力が供給されていても非常に不安定で、事実上ないに等しかったコミュニティで事業を行っている。二〇〇七年に創業し、早くも利益をあげているこの企業は、グリーン電力への移行の流れと、炭素クレジット適用の恩恵を受け、規模拡大が可能であるように思われた。当然ながら、同社のエネルギッシュなＣＥＯに国際的な投資家の関心が集まった。

しかし問題が起きた。国際的な投資家は国際的な持ち株会社に投資するつもりだった。税が優遇されるモーリシャスの子会社を通してインドへ資金を送るのだ。これはインドへの海外からの直接投資の一般的なルートだった。そこで同社は大急ぎでこのグローバル部門を設立し、資本構造を再編しなければならなかった。規模を拡大するために、ハスクパワーは、インド国内にあってさえ、ローカルであると同時にグローバルでなければならなかった。

グローバル-ローカルなビジネス構造

グローバルとローカルのギャップを埋める方法の一つは、起業家自身が接点になることだ。タメルドットコムの創業者、バル・ジョシは、オレゴンと故郷のカトマンズ（ネパール）で同じくらいの時間を過ごしている。彼の事業は、米国に暮らすネパール人が、ネパールの親類に現地で製造されたケーキや季節のギフトの形で送金できる革新的なサービスだ。[12] ジョシは、世界からの技術と投資を活用することができたが、同時に、カトマンズでも現地のビジネスコミュニティと政府から信頼を獲得するのに十分な時間を費やした。現在、新たな事業のスピンオフの途上にある。

このアプローチを採用しているのは、もちろんジョシだけではない。インド人の起業家の相当数は、インドで起業した場合でも、少なくともある程度の時間を米国で過ごしており、二つの国でのコネクションを活用している。ラテンアメリカとアフリカの起業家も同じ方法をとる人が増えている。

第二の、もっと一般的なアプローチは、グローバルな組織や企業と現地の企業（一社または複数）との事業提携だ。グローバルなNGOのグラミンテクノロジーセンターは、携帯電話会社のMTNウガンダと提携して、同国でビレッジフォンの会社を創業した。その会社は、現地のマイクロファイナンス組織と共同で、MTNのネットワークを使うビレッジフォンモデルをフランチャイズ展開している。つまり、グラミンテクノロジーセンターがグローバルなビレッジフォンモデルの知識を持ち込んで、MTNの低価格市場への参入を助けたのだ。そして、これが大成功を収めたので、のちにMTNウガンダはこのモデルの事業を買い取った。

同様に、多国籍企業のBPは、インドと南アフリカで複数の現地NGOと提携して、同社の二種類の燃料が使える効率の良い調理用ストーブの販売・サービスネットワークをつくり上げた。どちらの活動も、グローバルであると同時にローカルな要素を持たなければ規模を拡大することはできなかっただろう。

第三のモデルは、二人またはそれ以上の起業家同士の強力なパートナーシップだ。グローバルに活動している人と、関心のある対象国で活動している人が結集してグローバル - ローカルな企業をつくるのだ（その一例のヘルスポイントサービスについて、後で詳しく議論する）。このようなパートナーシップを可能にする仕組みは、それが第一の目的ではなくても、同様に重要である。たとえば、サンタクララ大学のGSBIプログラム、参加者にグローバルとローカルの深い経験を与えるアキュメンファンドのフェロープログラム、スコール財団のフェロープログラム〔社会起業を志すMBA学生向けのコース〕などがある。

第四のモデルは、シェル財団のSME投資ファンド、アキュメンファンド、グラスルーツビジネスファンドなど多くの投資ファンドや組織が提供しているような、投資活動にともなう起業家への集中的なメンタリングと専門的支援である。このアプローチに関連して、多くの企業育成活動が（ほとんどは）NGOによって行われており、メンタリングを行うと同時に、企業と資金提供者の橋渡し役を務めている。こうしたメンタリングと支援の仕組みが現地のボトムアップの企業にグローバルな視点を提供することができるのは確かだが、その結果、企業が確実にローカルとグローバル両方の特徴を持つようになるかどうかは分からない。そうなるためには、組織のDNAに適切な構造と展望が組み込まれなければならない。

世界クラスの技術を活用する

新興市場では、多くのボトムアップのヘルスケア関連の起業家が、公的保健医療システムの破綻によって生じている膨大な空白を埋める薬局・診療所モデルを開発している。いずれも遠隔医療やeヘルス（インターネットを介して提供されるヘルスケア）のツールを使って、無医村に医師を「輸入」することに関心があり、先進的なポイントオブケア診断検査（検体を外部に持ち出さずに、治療現場で診断や検査結果を出す技術やシステム）の利用も増えてきている。しかし私が話を聞いた起業家のほとんどは、数多くの競合するeヘルスの選択肢を徹底的に比較検討することは難しいとか、利用できるようになってきているがまだ世界的に普及していない多くの新しい診断システムの中から選定する時間がないと言う。彼らは基本的にそういう技術を、ライセンス料を払ってサービスとして買うか、これらの技術を世界的に管理している中立の組織と提携する方法を選ぼうとする。

彼らのジレンマはよく見られるものだ。世界から技術を調達する、それも「うまくやる」ことは、純粋にボトムアップのモデルでは簡単ではない。技術の選択を誤れば、重大な結果を招きかねない。薬局・診療所の例では、変更が難しい遠隔医療のアプリケーション（現在販売されている遠隔医療ソフトウエアのパッケージのほとんどに共通する特徴）を選んだ場合、ニーズの変動に合わせてアプリケーションをカスタマイズするのに、初期費用をはるかに上回る費用がかかるだろう。

これに関連する例が、有望な新興企業、サッビアテレコムだ。同社はメキシコのオアハカ地方の、これまでまったくテレコムサービスがなかった小さな町で電話とデータサービスを提供している。二〇〇九年に私がGSBIの同僚とともにサッビアのビジネスモデルを調査したとき、顧客に課している料金が非常に高いことに驚いた。イスラエル製のワイヤレス機器に支払っている高価格をそのまま転嫁していたのだ。私はシスコシステムズにそういう機器の動向に詳しい友人がいたので、起業家に紹介することができた。われわれはすぐに、同レベルの機器を九〇%も安く売っている台湾の供給業者があることを同社に指摘した。その結果、サッビアはビジネスプランを大幅に変更し、料金を下げ、以前よりはるかに野心的な町ごとの普及率の目標を掲げた。この変更が事業の成否を決するかもしれない。組織がローカル - グローバル構造の利点を持たない場合、エコシステムの中にグローバルなアドバイザーがいれば、このような失敗を犯す可能性を小さくでき、役に立つ破壊的技術の発見につながるかもしれない。

三番目の例は、多くの途上国で関心が高まっているバイオ燃料分野のケースだ。フィリピンなどでは、石油価格が近年で一番の高値に達したとき、多くの小規模起業家がこぞってココナツを植えたり農園を買ったりした。収穫したココナツから製造されるバイオ燃料の価値が上がりつづけると予想してのことだった。案の定、石油価格が下落すると、これらの純粋にローカルな企業のほとんどが破綻した。それには第二の要因が寄与していた。これらの起業家が世界的なバイオ燃料の傾向全体を見渡す能力を持っていれば、ココナツ油は、ジャトロファ〔ナンヨウアブラギリ。南米原産の低木。種子からとれる油脂がバイオ燃料になる〕などの、ほかのバイオ燃料の原料より大幅に劣ることや、成長の速いこの植物のもっと生産性の良い品種がインドで開発中であることも知ることができただろう。

生産性を高め根本的に新しいアプローチを可能にするのに最も重要な要素は、技術の向上であることが歴史的にも分かっている。ＢＯＰビジネスでは、この変化によって製品やサービスの価格をＢＯＰ消費者の手が届くレベルにまで引き下げることができるため、特に重要だ。また、日々技術が進歩し、イノベーションがさまざまな地域で生まれる今日の世界では、技術を世界から調達することがますます欠かせなくなっている。したがって、グローバル - ローカル構造か、非常に優れたグローバルなアドバイザーを持つことがきわめて重要なのだ。

グローバルな資金調達ネットワークを活用する

私は最近、インドを本拠地として創業しようとしていた新しい社会的企業の資金調達に携わった。簡先の金融危機のただ中でのことだった。この経験から私は資金調達についての認識を新たにした。

単に言えば、関心を示す人は多いのだが、コミットしようとする投資家はあまりいなかったのだ。さまざまな世界的なネットワークを利用することができた私にして、そうだった。実際、私が話をした個人・機関・投資家の数は最終的に七〇を超え、地域も米国、ヨーロッパ、ラテンアメリカ、インド、果てはニュージーランドにまで及んだ。同じような規模で世界中の資本にアクセスできる純粋にローカルな企業が、いったいどれくらいあるだろうか。

結局、最初のシード投資家を見つけることができたのは、社会起業家、支援者、投資家、ドナーの世界的なネットワークであるアショカからだった。アショカがその事業のインキュベーターであり、実質的な共同創業者でもあったため、潜在的な投資家に橋渡しをし、有利な取り計らいを求めるその能力は、私が資金調達をするうえで計り知れない助けになると同時に、多数のグローバルなネットワークへのアクセスを持つことの利点だけでなく、ハイブリッドモデルの価値も証明している。この点については後でもう一度触れる。

社会的公正や社会的企業を対象とする投資ファンドは世界中から資金を調達できる。こうしたファンドの台頭が、理論的にはボトムアップの企業が利用できる資本の全体量を増やしていることは確かだ。事実、この種のファンドが今では数十もあり、すべてが案件を探している。しかし彼らは十分な数の有望な投資先を見つけるのに苦労することが多い。逆に、純粋にローカルな企業も、そういう投資家を見つけたり、アクセスを得たりするのが難しいことがある。グローバル - ローカルな企業は、投資家の現地支部にも、本部の投資チームにも話ができるため、はるかに迅速に相手のことを知り、相手と会い、関係を深めることができる。

社会的企業にとって重要になりそうな新しい資金源が、「社会的影響投資《ソーシャルインパクト》」の急成長から生まれてきた。[13] インパクト投資は主に米国で発達した現象で、慈善資金の一部またはすべてを、補助金より大きな永続的影響を及ぼせる可能性がある社会的投資に向けることに関心を深めている財団が推進力になっている。これには小規模な個人財団も多数含まれる。

この新しいアプローチの潜在力を示したのが、最近ヘルスポイントサービスが行った資金調達である。同社は、多くの富裕家族とその財団の投資アドバイザーを務めている人の協力を得て、一財団につき五万ドル程度のＰＲＩ（責任投資原則）にのっとった投資条件説明書を送った。この投資は、ヘルスポイントの規模拡大を助け、つなぎ資金、セーフティーネットなどに充てられることが明らかにされていた。無保証、超低金利の三年満期の債券として仕組まれ、少なくとも五〇〇万ドルの成長資金を確保できた場合には株式に転換できることになっていた。

これらの条件は企業にとってきわめて有利であり、同社はこの方式で五〇万ドル以上の資金調達を期待している。一つの財団にとって五万ドルは比較的少額だが、ビジネスが成功すれば、何倍にもなって返ってくる可能性がある投資である。複数の財団からの投資が、全体としてビジネスの規模拡大の可能性を高め、結果的に投資家のリスクを減らす。この場合も、米国に関係者がいればこういう新しい資金源との接触がはるかに容易になり、出資者との関係も築きやすくなる。

規模拡大を支えるエコシステムを築く

規模拡大に成功するための二番目のアプローチは、新しいビジネスエコシステムをつくり出すことである。素晴らしいアイデアを思いつき、会社を発足させ、そのモデルが現地にコネがあるかパートナーがいる国でうまくいくことが分かったと仮定しよう。次は、さまざまな場所に事業を拡大したいと思うだろう。成功はしたが、まだ小さなビジネスである。どの国が良い市場になるかを判断するにはどうすればよいだろうか。もっと重要なことだが、何年も時間をかけたり、世界的なコンサルタント会社に巨額の報酬を払ったりせずに最も適したパートナーを探し、現地のノウハウを身につけるにはどうすればよいだろうか。この問題から、ビジネス創出におけるエコシステムアプローチの利点の一つ、つまりグローバル市場の知見や規模拡大のためのネットワークを活用することの利点が明らかになる。

組織を支えるエコシステムに、適切なビジネスネットワーク、あるいは多くの国に根づいているグローバルなNGOが含まれていて、そのグループにはビジネスの成功を助ける動機が十分にあるというような状況を想像すればよい。そのような組織の一つである国際ロータリーは多くの国に支部を持ち、数多くの社会的大義を支援しているビジネスネットワークである。地元（たとえばインド）の支部の支援を獲得すれば、いくつもの国で人の紹介や支援につながるかもしれない。CAREは数十カ国に事務所を持ち現地活動を行っているグローバルなNGOであり、その社会的目標を達成するために、企業と提携することに関心を高めている。最近では、BPがインドで調理用ストーブ事業の規模を拡大する取り組みに重要な役割を果たした。

私が直接かかわった例をあげよう。アショカのフェローは、六〇カ国の三〇〇〇人近くの経験豊かな社会起業家のネットワークだ。そのうち四〇〇人以上は、医療分野で何らかの事業を行っている。したがって、それぞれの国の医療にかかわる課題やニーズ、チャンス、政治とビジネスの現実について膨大な知識を持っている。私はまだアショカに参加していなかったが、フィリピンでアショカの代表を務めているかつての同僚に電話をかけ、私が開発していた医療モデルを説明した。彼は、私が次にマニラに来るときには、紹介すべき人をリストアップしておくと言った。彼は約束を守るどころではなかった。私は四日の間に四人の起業家、フィリピン最大のジェネリック薬品メーカー、フィリピン有数の財閥、何人かの有力政治家、医療分野の著名な学者など一〇数人と話をした。すべての会談が終わったときには、私は市場機会があることを確信し、提携相手や出資者のめどがつき、規制問題に対処する方法が分かり、政治や規制の面での支援の約束を取りつけていた。要するに、グローバルな規模拡大を格段に容易にすることができる非常に有益な市場情報を手に入れ、パートナー候補者とのつながりができていたのだ。

その後、提携が実現し、間もなくフィリピンでパイロット試験が始まることになっている。アショカのネットワークを活用した同様の市場調査がいくつかの国ですでに進行している。アショカのおかげで、ヘルスポイントのモデルは、自社の力だけで取り組んだ場合よりかなり早く、複数の国でパイロット試験を行うことができるかもしれない。規模拡大を計画するとき、現存するグローバルなネットワークを活用し、自分のエコシステムに組み込む方法を見つけることは、欠かせない要素である。

規模拡大を支えるエコシステムを築くことは、従来の組織構築に力を発揮したアプローチをBOP市場に拡大することだと考えることができる。起業のための提携、社会的ネットワークと商業的資本調達ネットワーク、技術のネットワーク、規模拡大のネットワーク、助言のネットワーク、インキュベーター――これらはすべて、ベンチャー企業を育て支えるエコシステムの一部と見ることができる。こういうエコシステムは米国でも古くからベンチャー企業の構築プロセスに組み込まれてきた。シリコンバレーの成功の中心にこれがあったことは間違いない。たしかにBOPビジネスの方がこのプロセスを遂行するのは難しいが、根本的に異なるわけではない。規模を拡大しようとする社会起業家は、戦略の一環として、組織のボトムアップとトップダウンの両方の要素を育て、国境を越えてアイデアを広めることができる、ローカルでもグローバルでもある支援エコシステムを意識して築くべきだ。

新しいエコシステムアプローチとしてのハイブリッドモデル

エコシステムを築く一つの方法は、営利企業の枠外に提携とアクセスのチャネルを開くハイブリッドモデルを用いることだ。もちろん、大学は新しい技術を使うビジネスのインキュベーターとして、昔から重要な役割を果たしてきたし、大企業はしばしば現地NGOやコミュニティグループを支援してきた。しかし私はもっと別のことを意味している。つまり、共通の目標を持つか、少なくとも目標が重なりあう企業と市民社会グループの明確なパートナーシップである。企業による慈善活動やCSR活動とハイブリッド組織の違いを明らかにするために、**パートナー双方**（**あるいは複数のパートナーすべて**）**に十分な価値を生み、全体として明白な社会的恩恵をもたらすパートナーシップ**に注目したい。その関係は、単なる後援者と受益者、バイヤーとサプライヤーの関係ではなく、本当の意味でのパートナー同士の関係でなければならない。そして、本当の意味でのビジネス価値を生み出すものでなければならない。このパートナーは事業の共同所有者になっていることもあれば、そうでないこともある。

これらの定義がまだ定まっていないため、「成功」は財務指標で測るべきか、社会的影響の指標で測るべきか、それとも両方で測るべきかという議論も含めた、成功するハイブリッドアプローチの特徴や、そういうパートナーシップの成否を決する要因についての体系的な研究はほとんど行われていない。しかし、社会起業家がこのアプローチを絶えず実験し、ますます多くのNGOが持続可能なモデルを探し求め、インパクト投資が従来の慈善活動に代わるものとして注目を集めていることから、このアプローチが持つ潜在的な力への関心は高まっている。それを後押ししているのが、ハイブリッドなパートナーシップが競争上の優位になる可能性があるという事実である。このアプローチは、営利企業の組織と非営利または市民セクターの組織の両方の利点、能力、財源を利用できるため、BOP市場参入のハードルを低くすることができ、より効果的に新しい市場を創出し、新しい製品とサービスを共同で創造することができるかもしれないのだ。

他の章で、BOPを「イノベーションの源」と捉えることについて論じられているが、BOPで活動しているハイブリッドな組織は、それを体現する一つの形と見ることができる。ハイブリッドな組織も、先進世界の強固なルールの外で新しいビジネスを開発するのを助けている。同時にそのルール自体も変わってきている（最近米国に登場し、その後すぐに他国にも現れた新しい企業形態、「低収益有限責任会社（L3C：Low-profit Limited Liability Company）」（営利企業のように事業を行うが、社会的利益の創出を第一の目的とする会社）を見ればよい。明確な社会的目標を持ち、慈善的投資も通常の投資も可能なビジネスは、それ自体がハイブリッドである)[14]。最低限でも、ハイブリッドモデルのパートナーシップは必要に応じてビジネスとNGOの役割を演じ分ける柔軟性があり、その結果、より大きく豊かなエコシステムと結びつき、規模の拡大を追求することができる。

業務遂行レベルで価値を実現する

アショカが最近行った予備的調査から、ハイブリッド型組織またはパートナーシップのいくつかのタイプと、暫定的ではあるが成功要因の特徴が浮かび上がってきた。調査ではアフリカ、ラテンアメリカ、アジア、北米の七一のハイブリッド型パートナーシップを詳しく調べ、そのうちの四四例にインタビューを行った。その結果、よく見られる五つのパートナーシップモデルがあることが分かった。

▼**調達パートナーシップ**……企業が小規模生産者を探したり組織したりするのを、パートナーのNGOが助ける。

▼**販売またはマーケティングパートナーシップ**……NGOまたは企業が、パートナーの市場参入または創出を助ける。

▼**製品共同開発**……各パートナーの知見と資源を組み合わせて、それまで達成できなかった解決策を生み出す。

▼**フランチャイジング**……NGOまたは企業が、パートナーが、製品またはブランドを冠した

サービスを販売する独立の小規模ビジネスまたはマイクロビジネスのネットワークを確立し維持するのを助ける。

▼**融資**……NGOまたは企業が、パートナーに融資またはリスク保証を提供して助ける。

これらのハイブリッド型パートナーシップのすべてではないがほとんどが、途上国の現地パートナーとグローバルなパートナー（グローバルな組織の現地支部も含む）によるものだった。先に、ローカルであると同時にグローバルであることを規模拡大可能なBOP事業のモデルの基準として提案したが、これはその裏づけにもなっている。

アショカの調査からは、ハイブリッド型パートナーシップの成功の基準についての予備的な知見も得られた。たとえば、成功するハイブリッド型の活動は、圧倒的に「利益の優位性」によって導かれていた。つまり、日常的なビジネスのニーズを満たすことが、事業の成功と利益にいたる合言葉と道筋になったのである。これが起こらなかった場合――たとえば、パートナーであるNGOが社会的使命を優先してビジネス面の任務を十分に遂行しなかったり、ビジネスパートナー側に生まれる価値（利益）に嫉妬したりすると、パートナーシップが破綻することが多かった。したがってこの観点からは、**成功するハイブリッド型の活動は、ビジネスのエコシステムにNGOを組み込んだものであり、その逆ではない**ことが分かる。目標が一致していることも重要であることが多い。特にパートナーシップを組むときやハイブリッド型の組織をつくるときに重要だが、調査した成功事例では、必ずしも目標は完全に一致していなかった。

成功するハイブリッド型パートナーシップの第二の特徴は、**企業とＮＧＯの主要なリーダーの間に強固な個人的関係と信頼があること**だった。信頼を深めるには、常時良好なコミュニケーションを保つことや、合宿などの方法が役立つことを示しているケースもあった。インタビューに答えた人の中には、パートナーシップを築くのにふさわしい相手を見つけることの重要性を強調した人もいれば、情報技術を効果的に用いてコミュニケーションを強化することと、良いマネジメントの重要性を強調する人もいた。継続性が重要な場合もある。パートナーであるＮＧＯのリーダーが代わったために、パートナーシップが急速に崩壊することがある。新しいリーダーが異なる価値観を持っていたり、ビジネスパートナーの意図に不信感を抱いたりする場合は特にその恐れがある。私はこの現象を直接経験している。ＮＧＯのコミュニティには（公衆衛生の学者のコミュニティにも）、営利活動に深い不信感を持っている人や、貧しい人々を相手にビジネスを行って利益をあげることは道徳的に正しくないと信じている人がいまだに多い。

調査対象の中には、パートナー間で多くのレベルの業務が緊密に統合されているケースがいくつかあったが、ハイブリッドがうまくいっている事業に多く見られた特徴は、明確に定義され、お互いが同意した役割と責任に基づく強い相互依存だった。興味深いことに、**正式な法的構造や契約よりも、この相互依存と業務の明確さ、双方（すべて）のパートナーのリスク報酬比率が適切であることの方が重要であるよう**だった[15]。

戦略レベルで価値を実現する

ハイブリッド型パートナーシップはたしかに業務遂行に有利である。しかし、そのようなパートナーシップは、より幅広い戦略的行動を、企業またはNGOが単独で行うよりはるかに有利に実行できる可能性がある。業務遂行だけに力を注いでいると、このような戦略的行動を排除することになるだろう。戦略的行動に含まれるのは、たとえば、革新的な官民パートナーシップや、ほとんどの新規企業より幅広い提携の可能性（より多様性のある支援エコシステム）、補助金とその他の形の社会的資本（低利融資、インパクト投資）と商業資本の両方を組み合わせたハイブリッド型の資本調達構造、企業のグループと大手の財団で規制改革のためのパートナーシップを組むなどして、パートナーシップが遭遇する障害に政策立案者の目を向けさせて行動を起こさせる能力、共通の問題の解決や規模拡大のための協働的な起業や研究を促す能力などである。

実際、ハイブリッドモデルを採用すれば、企業とその非営利パートナーは、支援エコシステムにはるかに多様な組織を組み込むことができる。たとえば、通常は新規のベンチャー企業と提携しない市民グループ、現地NGO、大手財団、開発機関などの組織や、個人としての企業のエグゼクティブなどが考えられる。

ハイブリッド型パートナーシップで協働的な研究を行っている例を一つあげよう。私がかかわっている医療事業は、いくつかの追加機能がついたロック式の調剤装置をぜひとも必要としていた。「メドステーション」という装置が二〇年ほど前に発明され、今でも米国の病院で広く使われていることが分かった。メドステーションの特許は期限が切れていた（私は発明者からそのことを聞いた）。そこで私は米国のある工科大学と提携し、学生のチームにその装置を途上国に適した廉価版に再考・再設計してもらっている。たとえば、（インターネットで行う）遠隔操作機能を加えて、現地にいない薬剤師が安全確実に調剤できるようにするのだ。基本的に、私が彼らに依頼したのは、農村部における免許を持つ薬剤師の不足と頻発する課題――①在庫品の漏出と②農村部の薬局での偽薬――に同時に対処できる遠隔薬局を実現する技術を考えることだ。設計ができれば、学生を農村部向けの技術で実績があるインドのメーカーと組ませることになる。企業と大学とメーカーが異なる知識とスキルを持ち寄って、企業が最低の支出で済むように、協力しながら問題の解決に取り組んでいるのだ。

もう一つの例は、途上国の低所得コミュニティで使うことを目的として現在開発されているポイントオブケア診断装置に関するものだ。これらの新しい診断法を開発しているハイテク企業は「チップ上の実験室」（小さなガラスなどの基板に微細技術で化学・生化学実験を行える機能を持たせた装置）や類似の革新的なアプローチを生み出すことには長けているが、現場で何が役に立つかを理解しているとは限らない。これらの装置の市場になり得る分野の組織（社会的企業、農村部の病院や診療所）の多くは、装置の存在を知らないか、目の前の問題に気を取られすぎて、良いアドバイスができない。私が関係している医療関係の企業もそうだった。

しかし、アショカは幅広いテーマを扱っており、ヘルスポイントサービスと提携しているため、これらの最新の診断法と、すべての人により良い医療をもたらすその潜在力について深い知見を持っている。そこでアショカは、医療関係の社会的企業、最新のプロトタイプを開発している診断会社、大手の財団を結集して、診療所などでプロトタイプの共同フィールド試験を行い、ユーザーインターフェースや価格、医学的な効用についての有益なフィードバックを企業に提供できるような協働体制をつくろうとしている。長期的な目標はもちろん、これらの装置の利用可能性と実用性を高めることである。アショカはＢＯＰをターゲットとしたポイントオブケア診断装置の販売業者を新しく組織することも考えている。ヘルスポイントサービスはまだ規模が小さいため、こういう仕事はできないし、すべきでもないだろう。しかしアショカと提携することで、事業活動に参加し、最終的におそらく利益を得ることもできるのだ。

これらの例も、ハイブリッドモデルが組織構築と規模拡大のためのエコシステム戦略の一環として潜在的な力があることを示し、支援エコシステムを築くことの有効性を証明している。

アイデアを行動へ

では、この章で紹介したアイデアを新しい組織の構成に適用し、規模拡大の可能性を最大化するにはどうすればよいのだろうか。具体例として、医療分野で進行中のケースをあげよう。周知のように、農村部での医療が直面している問題は数多く、とても解決できそうにない。医師やその他の医療専門職が不足し、信頼性の低いサプライチェーンが供給する医薬品の品質は低く、偽物も多い。最新の診断検査を手ごろな料金で利用することはほとんどできない。病気を予防するのに役立つ清浄な飲料水などの重要な生活必需品へのアクセスがないことも多い。

われわれはこれらの問題に、前述した重要な対処法を反映した方法で取り組んでいる。ヘルスポイントサービスを構築する節目でわれわれが行った選択とその根拠を次に紹介する。

▼解決策を共創する……私は、アミット・ジャインと出会ったとき、すでに最新の診断技術を取り入れて機能を強化した薬局に注目していた。当時ナーンディ財団に在籍していた彼は、コミュニティ規模で安全な飲料水を提供する革新的なアプローチを推進していた起業家だった。われわれは二〇〇八年のサンタクララ大学ＧＳＢＩのイベントで二週間をともにすごし、ナーンディの水事業モデルと私の薬局モデルが完璧にフィットすることを発見した。そこでわれわれは、事業立ち上げにナーンディが重要な役割を果たすより良い解決策をともに創造した。そして、アミットもわれわれの組織に加わることになった。同じころ、私は自分の組織を育てるためにアショカに参加し、新しく医療アドバイザーに就任していたトッド・パクと知り合った。彼は革新的なｅヘルス企業、アテナヘルスの共同創業者だ。私はトッドとともにインドへ行き、インドで用いられている遠隔医療解決策と関連技術（電子カルテや臨床判断支援ツールなど）の現状を学んだ。そこからヘルスポイントのモデルが生まれた。私は二つのＮＧＯとの解決策の共創を手伝ったことになる。両者はともにヘルスポイントのインキュベーターになった[16]。

▼最初からグローバル‐ローカルを目指す……われわれが直面した問題の多くには、すでに解決策

になり得るものが存在していた。私はこれらの解決策を数年間にわたってグローバルな観点から集中的に調査していた。そのほとんどが先進技術を革新的な方法で用いるものだった。だが、現地の起業家はどうすればこれらの解決策を世界から効率良く生産的に調達できるだろうか。医療ときれいな飲料水を提供する存続可能な解決策への関心は非常に高く、したがって資金調達の可能性も大きい。ところが奇妙なことにそれぞれに関心を示した出資者コミュニティは、ほとんど重なり合わない二つのグループだった。現地の起業家がこれらのコミュニティから効果的に資金を調達するのは難しい。これが、グローバル‐ローカルな構造をつくる強い理由だった。骨格となるグローバルな経営陣を持つグローバルな持株会社と、強力な現地経営チームを擁して現地で業務にあたる子会社を最初からつくるのだ。

▼グローバルなレベルでハイブリッド型パートナーシップをつくり出す……アショカは前述の医療事業のインキュベーターになり、可能性のある企業を支援するエコシステムを築く土台を提供した。先にも述べたように、アショカの同僚たちは助言をし、さまざまな人を紹介してくれた。ある研究者は、BOPの「最後の一マイル」で用いる先進的な診断装置——先にも触れた重要な技術的解決策の一つ——を開発しているいくつかの新興企業を探し、提携する手助けをしてくれた。アショカの同僚、トッド・パクは、この事業最大の投資家になり、人脈を駆使してほかの出資者を探すのを手伝ってくれた。アショカの創設者、ビル・ドレイトンも、貴重な洞察と助言をくれ、投資家も紹介してくれた。規模拡大の態勢が整ったときには、世界中に広がるアショカの

社会起業家フェローのネットワークがユニークな市場情報や市場アクセスを提供してくれることがすぐに明らかになった。このように、アショカはこの組織のパートナーになるとともに、きわめて重要な人脈と信頼性の源にもなった。結局、初回のシードマネー調達に応じた出資者の大部分は、アショカとの関係が深い個人投資家だった。

▼ローカルなレベルでハイブリッド型パートナーシップをつくり出す……診断技術とｅヘルス用

ツールのほかに必要な重要技術は、農村部でのブロードバンド接続（遠隔医療を可能にするため）と、低コストの浄水技術である。しかし、新たな問題が発生する。たとえば、これらの解決策を同時に展開することは、それがリスクを軽減し、相乗効果と効率化を実現し、社会的影響を及ぼす可能性を高めるとしても、業務遂行上の課題が複雑になり、より多くの資本が必要になるという強い反対論があった。また、経営上きわめて重大な障害にも直面した。たとえば、農村部の顧客にわれわれのサービスを利用するよう促し、政府にわれわれの取り組みを納得させることができるという確信を持つ（あるいは投資家を説得する）にはどうすればよいか、という問題だ。これらのリスクを緩和し、業務遂行上の課題と政治的な課題を軽減するために、われわれはインドのＮＧＯ、ナーンディ財団と提携した。同財団はすでに解決策の一つ（水処理）を規模拡大し、水事業の展開において優れた社会的マーケティングのスキルを駆使できることを示し、現地自治体と州政府から強い信頼を得て、高いブランド価値を獲得していた。このビジネスのコンセプトつくりのパートナーであったアミット・ジャインがナーンディ財団で働いていたことで、速やかにこの選択にいたった。彼こそが、ローカル‐グローバルのローカルの部分、水分野での解決策の提唱者であり、われわれが事業を立ち上げる国としてインドを選んだ最大の要因だった。

▼多様性のある支援エコシステムを築く……アショカが提供してくれる個人的なつながりと同様に、そのプラットフォームも、われわれが大手の財団に接触する道を開いてくれた。そのいくつかが何らかの形でわれわれの組織のパートナーになってくれることを期待している。たとえば、出資者、インドでの規制改革のパートナー、また事業を村々に広げるために行う、子どもの健康や栄養に関する活動の資金寄付者などの形が考えられる。またアショカを通して、各地で同様のモデルに取り組んでいる何人かの医療関係の起業家と協同し、問題と解決策を共有してお互いに利益を得ている。

ナーンディ財団との提携が契機となって、われわれはパンジャブ州政府からこの事業のパイロット試験を行うよう招致を受けた。政府は煩雑な手続きを簡素化すると約束し、実際に、十分に約束を守った。われわれはインドでの法人登録後わずか三カ月で、施設を建設し、薬局の免許を取得し、スタッフを雇い、患者の治療を開始することができた。

そのほかのネットワークのおかげで（もちろん、粘り強さも必要だったが）、ソーシャルジャスティス基金や成長しつつあるインパクト投資コミュニティ（本章で紹介した革新的な社会的資金調達も含む）、ＩＦＣ（国際金融公社）などの国際的ドナーに接触する道が開けた。インドの現地経営チームは低コスト診断技術へのアクセスを深化・拡大するとともに、大手のベンチャーキャピタル会社の関心を引く方法も見つけた。彼らはわれわれの組織のコンセプトと技術的優位はもちろんのこと、グローバル‐ローカル構造を評価した。グローバルとローカル両方のコネクションから、助言者や出資者になる見込みのあるインドの高名な指導者と接触する道が開けた。

今後もエコシステムの構築は続いていく。現地でのバリューチェーンを拡大するプロセスも続く。規模拡大は今のところ、現実というよりまだ約束にすぎない。この先、さらなる課題と難しい決断が待っていることは確かだ。最後は、市場が評決を下すだろう。とはいえ、九カ月の営業経験からは、顧客がサービスを気に入っていることは明らかだ。待合室は満員で、パイロット施設は黒字に転じようとしている。われわれがきわめて困難な環境の中で世界から資金を調達することに成功し、複雑な事業を現地で立ち上げることもできたことは、規模拡大に必要な正しいＤＮＡをいくつかは持っていることを証明している。

ここで、本章の中核をなす仮説に戻る。純粋にトップダウンで推進されるＢＯＰ企業は、現場の知識と人脈に欠け、現地で他者と協働し発明する能力が比較的乏しいことに起因する挫折に見舞われやすい。同時に、純粋にローカルなＢＯＰ企業は、生き残りと繁栄を可能にする規模拡大を実現するまでに出会うあらゆる課題に同時に取り組むことが非常に難しい。

ビジネスを成功させようとしているあらゆるＢＯＰ起業家は、規模拡大を目指して計画する必要がある。本章で論じた戦略とモデルが、その旅を導く道しるべとして役立つことを望む。

終章

旅は続く

A Continuing Journey

テッド・ロンドン Ted London
スチュアート・ハート Stuart Hart

共同編著者、テッド・ロンドンとスチュアート・ハートが、BOP ビジネスの未来と、現場をよりよく理解するために必要な研究という 2 つの観点から、「これからの旅」を考察する。まず、BOP の分野の柱である 5 つの重要な前提を示し、論じていく。それが最終的には、BOP ビジネスの成功を助けるだろう。

われわれは、次世代のＢＯＰビジネス戦略を提案することを基本理念として、本書のコンセプトを着想し、発展させてきた。ＢＯＰビジネスの潮流は定着し、今後も続くと考える。新しいビジネスチャンスを見つけようとする動機は、おそらくかつてないほど大きく、貧困緩和と持続可能な開発への新しいアプローチを探ることは社会の最大の課題になったといえる。しかし、変化を見通す目を持たなければ、古いアイデアや時代遅れの考え方から抜け出すことはできない。

たとえば「ＢＯＰで富を見つける」ことをベースにした事業開発は、当初、貧困層へのサービス提供にビジネスが果たす役割について、新しい考え方を提供した。しかし、時間の経過とともに、現場での経験から、この視点だけでは不十分であることが分かってきた。現在の市場セグメントの大きさの見積もりに基づいたＢＯＰビジネスの開発には限界がある。それよりも、共創というフレーミング、言い換えれば、**ＢＯＰと協働して、より多くの富を創造する**と考える方が良い、というのがわれわれの立場だ。

また、ビジネスリーダーと開発専門家が協働すれば、ＢＯＰにサービスを提供し、それぞれの業績目標を達成するのに、より適した事業を創造することができるとも確信している。課題は、こうした協働体制の基礎となる正しいフレーミングと、それに関連する戦略を探し出すことだ。古いアプローチが期待された成果をあげられずに失敗するのを、座視している時間はない。ＢＯＰビジネスの成長は、主要なプレーヤーが次世代の企業戦略に移行しはじめたときに本当の意味で始まる。企業、非営利組織、開発セクターのリーダーたちは、事業開発とセクター間パートナーシップについてのこの新しい視点を受け入れ、協力し合わなければならない。

これからの旅

ＢＯＰビジネスにはユニークな特徴と、持続可能な開発と世界経済に影響を及ぼす可能性がある。そのことを考えわれわれは、本書の各章がきっかけとなって、ＢＯＰビジネスについての考え方が進化することを望みたい。むしろ革命が起きてほしい。そういう思いから、本書は多くの領域を扱い、「富を創造する」という観点の必要性を、次世代のＢＯＰビジネス戦略の重要な側面についての徹底した議論と組み合わせて詳しく論じてきた。執筆陣はＢＯＰビジネスの成功を確実にする枠組みとロードマップを明らかにし、市場創出と環境の持続可能性の戦略的課題を探った。そして、現地の状況を理解すること、ＢＯＰ市場での成功を目指してデザインすること、規模を拡大してさらに顧客層を広げることについて、具体的な指針を示した。

われわれは、本書がＢＯＰビジネスの分野の発展に大きく貢献することを期待し、またそう信じているが、これで問題が決着したわけではないことも承知している。およそ一〇年前に、プラハラードとハートが、初めて「ピラミッドの底辺にある富」の可能性を語った。この「富の発見」への呼びかけはこの領域への関心に火をつけ、われわれがここまで来るのを後押しした。どんなイノベーションでもそうだが、最初の概念化は問題を解決するだけでなく、新しい課題も明らかにした。だからこそ、ビジネスリーダーや起業家、開発専門家、先見の明のある研究者は、「富の創造」の視点に移行するだけでなく、次の動きに対処する柔軟性を持ちつづけなければならない、とわれわれは考える。一つ確かなことは、われわれの姿勢と問題意識は進化しつづけなければならないということだ。

以上を念頭に置いて、この章ではすでに議論したことのまとめに労力を注がないことにした。この最終章の最も有益な使い方は、「本書で検討しなかった重要な問題は何か」「どんな問題が新たに出てくるだろうか」「今後、BOPの分野はどうなっていくのか」といった将来への展望について、われわれの考えを語ることだと考えたのだ。

新しいビジネスチャンスを探しているビジネスリーダーにとっても、より持続性のある開発の形を探している貧困緩和の専門家にとっても、これが将来を大きく左右する。したがってわれわれは、成功するBOPビジネスをつくり上げるには何が必要かの理解を深める努力を続けなければならない。

深く議論する価値のある重要なテーマ

本書では、BOPビジネスの開発に関する問題やビジネスチャンス、課題をすべて取りあげることはとうてい不可能であるため、次世代の戦略に集中した。各章が形を現わしてくる間、執筆者同士の交流やほかの思想リーダーたちとの対話が続けられた。その中で、本書では直接取りあげなかったが、さらに検討する価値がある重要な分野が浮かび上がってきた。特に、次の三つの分野が、BOPビジネスの開発の成功に決定的に重要であることが明らかになった。

●BOPビジネスに関連する組織内部の課題

●ＢＯＰビジネスが地域コミュニティと自然環境に及ぼす影響を全体的に理解することの重要性
●政府機関やドナー（援助資金供与者）がＢＯＰビジネス振興に果たす役割

もちろん、この三つの問題がすべてではない。われわれの目標は、特にＢＯＰビジネス戦略の策定に「富を創造する」というフレーミングを採用したとき、ＢＯＰの分野の理解と、そこでの能力を強化し拡大する旅を続けるよう促すことだ。そこでこの三つの分野を次に詳しく見ていく。

ＢＯＰビジネスの組織上の課題

起業家にとっても、既存の組織から生まれようとしている事業にとっても、組織内部の問題はかなり大きい。アル・ハモンド、ロバート・ケネディとジャクリーン・ノヴォグラッツは担当した各章で、必要なスキルを備えた経営能力の養成、「ペイシェントキャピタル」の調達、規模拡大可能な企業の構築といった、新興企業や社会起業家が直面する組織上の課題を取りあげた。

しかし、既存企業の社内ベンチャーの場合は、組織上の課題がより大きくなることがある。現行ビジネスの漸進的な改善、製品ラインの拡大、地理的な拡大を念頭に置いた大きな既存の構造の中でＢＯＰビジネスを育てなければならないからだ[1]。企業内ＢＯＰイニシアチブは、適切に保護されなければ、短期間で成長し利益を出すという非現実的な期待をかけられたり、早々に慈善的事業に転換させられたりすることがある。

本書の編者はどちらも、以前の著作でこれらの問題のいくつかを考察している。ロンドンは、博士論文とその後の著作で、企業六社のBOP志向の社内プロジェクト一八件の経過を長期にわたって追跡した。その結果、企業がBOP市場に向けたビジネスを立ち上げることができるかどうかに、三つの要素が決定的な影響を及ぼしていることが分かった。それは、①社内BOPプロジェクトが組織のどこに置かれるか、②学習志向の指標を採用しているか、③問題解決にどのような越境的アプローチが使われているか、である。[2] ロンドンは、社内BOPプロジェクトを「ビジネスモデルの研究開発」と捉えることを勧めている。BOPビジネス開発を研究開発の一形態と位置づけることで、新製品開発や地理的拡大につきものの急成長や短期間で利益をあげることを期待されずに済む。

ハートも著書『未来をつくる資本主義』(英治出版)でこの重要な問題に触れている。[3] ハートも同様に、企業の取り組みにかかわった豊富な経験から、保護された「ホワイトスペース」をつくることが、企業内BOPビジネスの成功に欠かせないという結論を出している。さらにそういう保護されたスペースには、幹部クラスの事業擁護者と、主要な事業・職能分野のリーダーで構成され、BOPリーダー陣を含む社内応援団が必要だという。この応援団は、BOPビジネス用に通常とは異なる指標や基準を定め、それを用いることを擁護できるだけの影響力を持っていなければならない。収益と規模拡大が期待できるようになるまで、共創と埋め込みに必要な時間を稼ぐことができる一連の規範をつくるのだ。

本書ではBOPの組織上の課題はそれほど詳しく取りあげなかったが、既存企業がビジネスを開発し軌道に乗せられるかどうかに決定的な役割を果たすことは認識している。こうした課題は、組織が「富を創造する」という姿勢でビジネスを開発しようとするとき、いっそう困難になる。この場合、組織のリーダーは、従来とは異なる種類の共同出資者を見つけ、異なるセクター間や地域組織のパートナーと連携してビジネスモデルを構築し、事業の最初の成功は学習と実験に重きを置く指標によって測るべきであることを経営陣に納得させる必要があるだろう。これらをはじめとするBOPビジネスの組織上の課題の諸側面に、今後はさらに関心を向けなければならないのは明らかだ。

BOPビジネスの影響を評価し、強化する

過去二世紀の間、ビジネスは世界中で富と幸福の創造に決定的な役割を果たしてきた。しかし、ビジネス開発が、経済的利益の分配の不均衡や、社会と環境への好ましくない影響といった、大きな負の影響を生じさせ得ることも分かっている。したがって、BOPビジネスは、ほかのすべての事業形態と同じように、良い結果も悪い結果も生むことを想定しておくべきだ。

本書は、貧困緩和と持続可能な開発に及ぼす影響を評価することの重要性を掘り下げて議論する場を用意しただけだ。たとえば、テッド・ロンドンによる第一章とマドゥ・ヴィシュワナータンによる第五章は、事業開発では相互価値を創造することが重要であることと、事業をデザインする最も早い時期から現地の状況を深く理解することが必要であることを論じている。ハートの第三章は、BOPビジネスを成功させるには環境の持続可能性が重要であることをはっきりと認識している。しかし、このテーマについてはほかにも議論しなければならないことが多いのは明らかだ。

本書の編著者は既刊の著書で、前述の組織に関する課題と同じく、BOPビジネスの影響評価の重要性にも注目している。たとえば、ハートは、BOP企業の「トリプルボトムライン」の影響を評価するアプローチを開発した。これは、ビジネスの社会、環境、経済的成果の影響を評価するモデルであり、特に、「意図しない結果」を明らかにし解決に取り組むことに重点を置いている。また、BOPビジネスが、貧困層の制約を取り除き、彼らの経済力を高め、低所得者コミュニティに新しい潜在力をつくり出すのにどの程度貢献するかに注目することも提案した[4]。

もっと最近では、ロンドンが、BOPビジネスの活動が現場に及ぼす影響を理解し、測定し、改善するための体系的なプロセスを提供する「BOP影響評価フレームワーク」を開発している[5]。この枠組みは、売り手と買い手とコミュニティという三つの関係者グループに与える良い影響を強化し、悪い影響を軽減するための体系的なアプローチを提供する。この枠組みを用いて、企業の活動が各グループの経済状態、能力、人間関係面での福祉をどう変化させる可能性があるかを評価することができる。これには自然環境への影響の評価も含まれる。この枠組みの土台になっているのは、企業が対象のBOPのニーズによく応えるほど、全体的な業績が向上するという論理である。及ぼす影響を理解し、強化することは、取り組む価値のある投資だ。むしろ、BOPの主要な関係者の声を活用する能力がないリーダーは、事業を立ち上げるべきではないといえる。

影響評価についての研究や実践は増えている。こういう評価の多くは、ドナーなどの外部の出資者に、投資から得られる社会的見返りについて情報を提供することに主眼を置いている。しかし、「富を創造する」という事業開発の姿勢を身につけるには、**当事者であるビジネスリーダーとそのパー**

トナーが、現地の消費者と生産者の満たされていないニーズに応える能力を積極的に向上させるために使うことができる、リアルタイムの情報を生み出すことに重点を置く必要がある。BOPとともに富を創造するには、どのような価値がどれくらい創造され、それをどのように配分するのかを深く理解していなければならない。したがって、BOPビジネスの財務業績が、その社会的、環境的業績にどう影響されるかを評価することも含めた「総合的な」影響評価は、もっと重視する価値があるだろう。(6)

政府とドナーの役割

これまでのBOPビジネス戦略は、民間と非営利部門が事業開発に果たす役割に注目することが多かったが、政府とドナーのコミュニティも、現存する障壁を撤廃したりインセンティブを提供したりして、好ましい市場環境を育てることによって、きわめて重要な役割を果たしている。ハートが第三章で述べているように、現在はインフラ整備や工業開発などの大規模な開発事業に明らかに偏っている。世界のあらゆるところで、より中央集権的な解決策を優遇するため、小規模な企業ベースのアプローチが軽視されている。ハモンド、ロンドン、ケネディとノヴォグラッツも、それぞれが執筆した章で、ドナーがBOPビジネスの促進に果たすことができる重要な役割について論じている。たとえば、ロンドンは、ビジネスリーダーとドナーコミュニティの専門家が協働するための新しいパラダイムの必要性を指摘している。この領域でも、分析を深めることができるだろう。

近年、米州開発銀行（IDB）、国連開発計画（UNDP）、国際金融公社（IFC）といった多国間機関がBOPビジネスの開発に関連したプログラムを立ち上げているが、このほかにも国レベルの開発政策で「ハンディをなくす」ためにできることは数多くある。事例はすでに存在する。たとえば、オランダに本拠を置く非営利の国際開発組織、オランダボランティア財団（SNV）は、二〇〇七年にエクアドル政府に協力して「経済的包摂《インクルージョン》」（主流の経済活動から排除されているあらゆる人々を経済活動に参加させること）に関する国家政策を策定した。[7] この政策には、小規模・零細生産者振興プログラム、政府調達を通した経済的包摂イニシアチブ、包括的《インクルーシブ》なビジネス振興の取り組みが含まれている。

政府とドナーは、持続可能な経済開発戦略としてのBOPビジネス創出に、今よりはるかに大きな関心を向けることができるし、そうすべきだ。[8] そのような支援としては、次のようなものが考えられる。①企業構築の障害になっている規制を緩和する、②BOPビジネス実験の立ち上げに関心がある新興企業に「スマートな補助金」（補助金には功罪両方があるとして一律に拒否するのではなく、目的を達成するために効果的に活用する）や市場金利以下の利率の融資を提供する、③生存に必須の製品やサービス（栄養、医療、きれいな水、再生可能エネルギーなど）へのアクセスを強化し、これらの市場を民間セクター投資にとってより魅力的なものにするために、対象を絞った財政支援（たとえば、バウチャープログラム）を提供する。

政府とドナーのBOPビジネス支援に「富を創造する」という視点を適用すれば、問題の立て方もリフレームすることができる。この視点を持てば、「BOPは補助金による支援を受けるべきか」という問いは、ほとんど意味がなくなる。ピラミッドの頂点の市場にサービスを提供している既存の産業は、これらの事業を奨励することが社会全体の利益になるという考え方に基づくインセンティブや補助金（研究開発支援、国有地などの資源の利用権、税の優遇など）を昔から受けてきた。政府やドナーがBOPとともに富を創造したいなら、同様のアプローチを採用してBOPビジネスの開発を支援する必要があるだろう。したがって、「どの事業にどういう種類と量と期間の支援をすべきか」と問う方が適切になる。政府とドナーには、貧困緩和と持続可能な開発を加速させる力がある。したがって、BOPビジネスを活性化させるその役割については今後、広く検討する価値がある。

現場からの考察

二〇〇九年一〇月、本書の編著者はミシガン大学で会議を主催した。「共通のロードマップをつくる――ピラミッドの底辺コミュニティの協働的振興」と題したこの会議は、これからのBOP関連研究で優先的に取りあげられるべき課題に関する多くの洞察の源になった。この会議は、本書の執筆者たちが各自の担当の章についての最初の考え方を共有する場になった。最初の一日半はこれを目的として予定が組まれ、そこからいくつかの貴重なフィードバックが得られた。同時に、われわれの意見や注目分野に、すべての人が同意するわけではないことも分かっていた。そこで最終日に、その時までに「話題にならなかったこと」を議論することにした。

その最終日を前にわれわれは、参加した民間、非営利、開発、研究コミュニティの思想リーダーたちに、もっと検討する価値のある話題や問題、懸念を見つけ、翌朝、これらのアイデアを発表し討論する準備をしてきてほしいと頼んだ。当日、まずそれらのアイデアに耳を傾け、いくつかに分類した。参加者は最も関心を持ったテーマに沿って、いくつかの分科会をつくった。その後分科会ごとに小部屋に分かれて、それぞれのテーマについて会話を深めた。

各分科会には、自分たちが選んだテーマの重要性の明白な根拠を示し、そのアイデアを推進するための仮計画を策定するという課題が与えられた。各グループはまとめた考えを全体会で発表して、コメントとフィードバック、その方向をさらに追求するための提案を求めた。この議論で、本書がBOPの分野についての新しい視点を提供するきっかけになれることがはっきりと認識され、本書で扱った題材以外にも探求すべき問題があることが再確認できた。

前述した三つのテーマに加え、会議参加者は今後さらに注目すべきそのほかの領域を指摘した。たとえば、開発セクターの分科会の代表者は、BOPの生産者を対象とするアプローチとBOPの消費者を対象とする取り組みをもっと積極的に結びつけることの重要性を強調した(9)。それは鋭い指摘だった。BOPのビジネスモデルに両方の要素を統合すれば、貧しいコミュニティの社会・環境問題にもっとうまく取り組むことができるかもしれない。これは事業戦略と影響評価を検討する際のもう一つのレンズになり得る。

規模の問題に注目した参加者もいた。たとえばあるグループは、低所得者市場に参入する企業がより速く規模を拡大できるようにする「プラットフォーム」アプローチの開発を提案した(このグループの定義する「プラットフォーム」とは、商品とサービスの流通と販売を目的とする官民システム)。また別の参加者グループは、BOP市場での医療分野に特有の課題に焦点を合わせ、小規模な診断技術の開発、移動型医療施設、遠隔医療を実施する能力、マイクロ医療保険の提供を含めた総合的なアプローチまたは「ロードマップ」を提案した。

最後に、ある分科会は、ＢＯＰエコシステムのさまざまなプレーヤーの役割に注目し、「国内」小企業がＢＯＰビジネスを立ち上げる機会に特に関心を向けることを提案した。こうした国内企業は、視野はグローバルでなくても、事業の健全性がその国の福祉にじかに影響されるため、現地コミュニティの生活を改善することにより大きな利益を見出すかもしれないと指摘した。

将来に目を向ける

本書の各章とこの章で概略を示した追加のテーマは、全体としてＢＯＰの分野の行方に大きな意味を持つ。そこで最後に、将来の行動のための検討課題について、いくつかの考えを記しておきたい。この検討課題は、われわれがＢＯＰの分野を支える基本的な前提と考える次の五つのポイントに沿って構成されている。

- ＢＯＰを向上させることは、価値ある目的である。
- ＢＯＰビジネスは、このプロセスに重要な役割を果たすことができるし、実際に果たすだろう。
- ＢＯＰビジネスは、経済的に自立できる。
- ＢＯＰビジネスは、規模拡大が可能になったとき、最大の成功を収め影響を及ぼすだろう。

●ＢＯＰビジネスは、環境の持続可能性がより高い形の世界的開発を促進することができる。

最初の前提に異議を唱える人はほとんどいないだろう。しかし、後の四つについては、まだ活発な議論が続いている。したがって、これらを評価して洗練させるには集中的な努力と注意が必要だ。この試みへのわれわれのささやかな貢献として次を記す。

ＢＯＰの向上におけるＢＯＰビジネスの重要性

六〇年近くの間、政府の補助金と慈善が開発途上国の貧困と不平等という困難な問題に取り組むための主要な役割を担ってきた。しかし、これらのアプローチはたしかに重要だったが、今ではこれが十分でないことが明らかになっている。率直に言って、世界には、これほどの範囲と規模の問題を克服するのに十分な補助金と慈善資金はないのだ。それを補うために、世界は、貧困を緩和すると同時に、開発志向の投資を可能にして、より多くの人々にサービスを提供する、ビジネス志向のアプローチを必要としている。

近年、ドナーコミュニティは、貧困緩和と開発に企業型のモデルが果たす役割の重要性への認識を高めている。現地起業家の能力と小規模農家や職人を含めた現地生産者の生産量を高めることを目的としたイニシアチブに、資金を提供する補助金・慈善プログラムが増えている。たとえば、マイクロファイナンスは過去一〇年で爆発的に増加し、今日では貧困者が収入を得る活動を拡大するための重要な手段になっている。

だが、たしかにこれらの市場を基盤とするイニシアチブは重要だったが、ほかにしなければならないことは多い。貧困層が経営する事業のほとんどは、零細レベルから抜け出せず、現地の大企業はBOPを魅力的な市場と見なさない。開発機関も大半は、場所と期間が限定された支援しか提供していない。したがって、将来に向けてわれわれは、フォーマルな経済とインフォーマルな経済にまたがるビジネスモデルと、自立と規模拡大を達成できる財務モデルの両方を備えた事業を、ドナーなどのパートナーとともに開発する方法を学ばなければならない。

しかし、これらの事業の財務業績は、一方的に利益を得ようとする姿勢に基づくものであってはならない。社会的、倫理的な意味だけではない。異なるセクター間のパートナーシップに基づく事業がこういう姿勢をとれば、すぐに失敗するだろう。そうではなく、BOPビジネスに取り組む企業は相互価値の創造を重視する必要があるだろう。また、社会的な成果と財務業績の両立は成り立たないという思い込みを退けて、両立が可能なビジネスモデルを生み出すことも必要になる。また、先にも述べたが、あらゆる介入と同じく、BOPビジネスも良い影響だけではなく悪い影響も生むのは避けられない。したがって、現場に与える影響を評価し、良い影響を強化する能力が備わっていなければ、BOPビジネスの開発はもちろん、どんな貧困緩和アプローチも推進してはならない。影響評価とコミュニティの関与を最初からビジネスモデルに組み込むことによって、BOPビジネスは、いずれかの利害関係者をほかより優位に立たせるのではなく、「すべての」利害関係者に同時に価値を提供することができるだろう。

経済的自立の機会

ＢＯＰビジネスは、長期間にわたって良好な財務業績をあげられる競争力のある存続可能な戦略を築くことによって、経済的に自立することができる。しかし本書の執筆陣が主張してきたように、経済的に自立するには次世代のＢＯＰビジネス戦略を採用する必要がある。これらの「富を創造する」戦略は、民間セクターだけでなく、市民社会や政府も協調的に努力することを必要とする。セクター間の協働を生産的なものにするには、すべてのパートナーが現在持っている、おそらくは時代遅れのイデオロギーや考え方から脱却し、新しい「非伝統的な」方向で変革を行うことに力を注がなければならない。企業は戦略、ビジネスモデル、ＢＯＰの参加プロセスを根本から見直さなければならないだろう。市民社会は企業との協働と相互価値の創造の新時代に入らなければならないだろう。政府とドナーは、これまでグローバル経済から排除されていた四〇億以上の人々を、民間セクターの取り組みによってより効果的に参加させるような新しい政策とインセンティブを策定する必要があるだろう。

したがってわれわれは、ＢＯＰビジネスが経済的に自立するために必要なリーダーシップ能力、内部の組織能力、外部との関係を育てるにはどうすればよいかを深く理解することに力を注がなければならない。リーダーは、ＢＯＰ状況を理解すると同時に、パートナーの組織の価値提案を認識することができなければならない。企業は、多様な関係を築き維持することを前提として、市場で競争力を確立できる組織能力を育てなければならない。この競争優位を維持するためには、ビジネスモデルとその社会的影響の整合性を保ちながら、進化させつづけなければならない。ＢＯＰビジネスが現地社会に埋め込まれるのを促し、現地コミュニティとともに相互の価値を創造するというコミットメントを強調する戦略の後押しがあれば、最高の成功を収められるだろう。

同時に、政府と開発コミュニティがとるべき新しい戦略も採らなければならない。政府はＢＯＰビジネスを推進することの利益を評価し、それに関連する政策枠組みを策定すべきだ。ドナーはこれを奨励すべきだ。さらに、開発コミュニティは、貧困撲滅に関するさまざまな目標を達成するために、市場の創出と民間セクターとの協働にもっと大きな役割を果たさなければならない。こうした取り組みには、どんな投資についても、それが全体に与える影響を継続して評価することが求められる。これには、用いた手段を慎重に追跡し、強化しつづけることも含まれる。

規模拡大によって影響を及ぼす

補助金ベースの援助と慈善モデルで貧困・環境問題に取り組むには、ドナーから資金が供給されつづけなければならない。一方、企業モデルの解決策は、自立的で拡大可能な「投資ベース」のモデルを開発することを基盤としている。企業には最低限、取り組みをいつまでも続けられるよう、経費を賄えることが期待される。新しい状況に事業を拡大したり新しい市場に参入したりするのに十分な利益をあげることができればもっと良い。新興の「ペイシェントキャピタル」だけでなく、ベンチャーキャピタルや投資銀行などの従来型の資金提供者を含めた新しい資金源からさらに資金を集め、より速くより大きく規模を拡大することができれば、さらに良い。

企業の力と、開発コミュニティや従来型の投資セクターの資源を組み合わせれば、世界の最も急を要する問題の流れを変えるのに必要な規模を持つ事業を生み出せる可能性がある。しかしそのためには、存続可能なBOPビジネスのモデルをさまざまな出資者に紹介する機会とそれにともなう課題をもっとよく理解することが必要だ。企業は、異なる成功指標を持つセクターからの投資を呼び込むことができるビジネスモデルを構築するとともに、異なる状況や市場に移転できるさまざまな能力を育まなければならない。リーダーは営利、非営利、開発、投資セクターのパートナーと協働すると同時に、BOPの多様な関係者グループと親密な関係を維持していけるだけの十分なスキルと柔軟性を身につけていなければならない。

環境の持続可能性を促進する

最後にこのテーマを取りあげるにあたって、いくつかの基本的な前提をもう一度繰り返す必要がある。これまで、人類の三分の二近くの人々は、経済のグローバル化に無視され、置き去りにされてきた。その結果、原材料とエネルギーの消費は経済ピラミッドの頂点に極度に集中している。人口の二〇%が世界の資源の八〇%以上を消費し、その過程で大量の廃棄物を生み出している。環境の限界を無視し、ないがしろにするわれわれの現行モデルは、すでに人間活動を支える地球の自然システムの限度を引きのばしている。ピラミッドの底辺を引きあげるには、世界人口の八〇%を占める十分なサービスを受けていない人々のための、これまでにない新しい生産と消費の機会を創造する必要がある。この成長へのアプローチは、先進国の産業化時代を推進したアプローチとは根本的に異なるものでなければならない。

グローバル資本主義の拡大にともなって増大する環境問題に立ち向かう主なメカニズムは、政府の規制と国際協定だった。しかし、気候変動に関する議論が示すように、これらの戦術だけに頼るのは不十分だ。特に、世界の成長がより多くの人々を巻き込むようになってきていることを考えれば、なおさらだ。したがって、ＢＯＰ企業が、環境と資源の制約に配慮した技術とビジネスモデルを基盤にすることが決定的に重要になる。歯止めのない採取と野放図な廃棄は、再生可能な資源と循環型経済に道を譲らなければならない。

現在ほとんどのＢＯＰコミュニティが不十分なインフラとサービスしか享受していないことは、もちろん問題だ。しかしこの不適切な現状は、同時に、このビジョンを実現するユニークな状況を提供する。克服しなければならないレガシーシステムを持たないＢＯＰ市場には、先進国社会に組み込まれてイノベーションを妨げている制約と発想の外で、未来のクリーンな技術を育て、新しいビジネスモデルを商業化できる展望がある。

このサイクルをよく理解すれば、もっと大きな恩恵も生み出せる。ＢＯＰ市場で開発されたイノベーションは、ピラミッドの上層の市場にも波及し、世界全体により持続性のある生活様式をつくり出すかもしれないのだ。したがって、このような「グリーン」なＢＯＰビジネスを探し出して投資することは、ＢＯＰと富裕層の双方に恩恵をもたらす可能性がある。忘れているかもしれないが、両者は同じ地球とその限りある資源を共有しているのだ。

終わりに

本書を読み進めるうちに、次世代のＢＯＰビジネス戦略の輪郭が浮かびあがってきたことと思う。新しく生産的な方法で、ビジネス開発投資を、貧困緩和と環境の持続可能性を強化する取り組みと結びつけることによって、われわれはピラミッドの底辺と「富を共創する」ことができる。本書で概略を示したビジネスチャンス、戦略、行動段階が、今後、さらに多くの実験と学習を促し、最終的にはより大きな成功をもたらすことができる最初のロードマップとなることを期待する。

本書で提案した次世代のＢＯＰ戦略には、一種逆説的なところがある。新しいと同時に、なじみ深くもあるのだ。一方では、ＢＯＰ市場は明らかに、経験したことのない状況とユニークな課題を企業に突きつける。本書で議論してきたように、ＢＯＰとともに富を創造するには、新しいスキルと組織能力、ビジネスモデルと技術のイノベーション、関係と考え方の変革、それに相互価値の創造を効果的に測る指標を必要とする。

他方では、ＢＯＰビジネスのリーダーは、世界中のあらゆる企業が直面する同じ基本的な課題にも取り組まなければならない。どうすれば、われわれが役に立ちたいと思っている人たちを驚かせ、喜んでもらうことができるだろうか。どうすれば適切な協働関係とパートナーシップを築き、維持することができるだろうか。どうすれば、事業を行うコミュニティや環境を含めたすべての利害関係者を満足させる価値提案ができるだろうか。

ＢＯＰビジネスが直面しているのは疑いもなく難問であるが、乗り越えられないものではないことは確かだ。新しい領域であっても、その特徴の多くはなじみがあるものだ。正しく問題を捉えれば、本物の機会に満ちた空間が姿を現わしはじめる。**われわれはＢＯＰとともに富を創造することができる。そしておそらくその過程で、すべての人が、より多くの人が参加する持続可能な未来に近づくことができるのだ。**

謝辞

本書は、多くの方々の支援とアドバイスがなければ、誕生しなかっただろう。すべての方の名前をあげることは不可能だが、特に重要な役割を果たしてくれた方々をここに記しておきたい。

まず、この試みに加わってくれた共同執筆者に感謝したい。どの章もそれ自体がユニークで貴重な示唆を与えてくれると確信している。これらの思想リーダーたちが、それぞれの最新の考えを本書で快く共有してくれたことをうれしく思う。編集段階では、一人ひとりにアイデアを強化し明晰にするよう強く迫った。各章は絶えずさらなる説明と議論の精緻化の要求にさらされていた（われわれ二人の章も例外ではない！）。ときには無理を言いすぎているのではないかと思うこともあったが、共同執筆者たちはわれわれの注文を、いつも最大限の寛大さとプロ意識で受けいれてくれた。

ジェフ・クルクシャンクは、本書に重要な貢献をしてくれた一人だ。すべての執筆者と緊密に協働し、全部の章を関連づける役割を果たした。われわれが共通の思いを探り当てるのを助け、すべての章が調和するよう、ともに力を尽くしてくれた。ウィリアム・デビッドソン研究所の同僚、ヘザー・エスパーは、原稿の進捗を管理するほかに、執筆陣の集まりや二〇〇九年にわれわれが主催した会議の運営に中心的な役割を果たした。彼女自身、新進の思想リーダーであり、本の内容についても貴重な知的貢献をしてくれた。プラブ・カンダチャルはこの旅の早い段階で貴重な貢献をしてくれた一人だ。執筆者の集まりと会議に出席し、本書の全体的なデザインの決定に重要な役割を果たした。

二〇〇九年に開催した会議、「共通のロードマップをつくる——ピラミッドの底辺コミュニティの協働的振興」の参加者にも感謝しなければならない。時間とエネルギーをかけてこの会議に出席し、専門知識を提供してくれたことを大変ありがたく思う。彼らの意見と重要な洞察を本書に活かすよう、われわれは最善を尽くした。

このプロジェクトのアイデアが生まれたときから支援し、この企てを推進する最初の資源を提供してくれたロバート・ケネディとウィリアム・デビッドソン研究所に感謝したい。二〇〇九年の会議を共催し、さらなる支援をしてくれたコーネル大学持続的なグローバル事業センターにも感謝する。

本書の編集責任者であるFTプレスのジーン・グラッサーにも感謝したい。ジーンはこのプロジェクトがまだアイデアの萌芽にすぎなかったきわめて早い段階からわれわれを支え、全段階を通して助言と励ましを与えつづけてくれた。

最後に、本書の完成を見ずに急逝した同僚、故C・K・プラハラードへの感謝をここに記しておきたい。このプロジェクトのアイデアが生まれたときから積極的にかかわり、応援してくれたC・Kの貢献は、かけがえのないものだった。

二〇一〇年七月　ミシガン州アナーバーにて

テッド・ロンドン

スチュアート・ハート

2 Ted London (2005). *How are Capabilities Created? A Process Study of New Market Entry*（未刊行論文）. University of North Carolina, Chapel Hill: and Ted London, 2010. "Business model development for the base-of-the-pyramid market entry." In G. T. Solomon (Ed), *Academy of Management Best Paper Proceedings*を参照。

3 Stuart L. Hart (2005). *Capitalism at the Crossroads: The Unlimited Business Opportunities in Solving the World's Most Difficult Problems*, Upper Saddle River, NJ: Wharton School Publishing.〔『未来をつくる資本主義——世界の難問をビジネスは解決できるか』スチュアート·L·ハート著、石原薫訳、英治出版、2008年〕。2010年に出版された第3版では、組織上の課題についてさらに詳しく考察している。

4 Hart同上書。

5 Ted London (2009). "Making better investments at the base of the pyramid," *Harvard Business Review* 85(5): 106–113.

6 2009年11月のBOP会議でこのアイデアを提案してくれた大阪市立大学都市研究プラザ、岡野浩副所長と彼の同僚に感謝する。事業戦略と貧困緩和の結果との関係を探ることも、テッド·ロンドンのミシガン大学ウィリアム·デビッドソン研究所での研究活動の中心的な要素の一つである。

7 この情報を提供してくれたSNV-USAの理事ニール·ゴッシュとインターナショナル·ビジネス·リーダーズ·フォーラムの元専務理事で上級顧問のエイドリアン·ホッジズに感謝する。

8 また、先進国政府とドナーは、米国などの荒廃した都市が直面する問題のいくつかにも「BOP戦略」を取り入れることができるかもしれない。

9 BOP生産者を対象とするビジネスの戦略については、Ted London, Ravi Anupindi, and Sateen Sheth (2010). "Creating mutual value: Lessons from ventures serving base of the pyramid producers," *Journal of Business Research* 63(6): 582–594も参照。

第7章　拡大可能な組織構成とは

1　筆者が関係しているアショカは、社会起業家の世界的な団体。詳しくは本章で後述する。

2　たとえば、スチュアート・ハート執筆の本書第3章の「ピラミッドの底辺への緑の飛躍」の議論を参照。

3　C.K. Prahalad (2009). *The Fortune at the Bottom of the Pyramid*, 2nd edition, Upper Saddle River, NJ: Wharton School Publishing.〔『ネクスト・マーケット——「貧困層」を「顧客」に変える次世代ビジネス戦略』増補改訂版、C・K・プラハラード著、スカイライト コンサルティング訳、英治出版、2010年〕

4　http://www.scu.edu/sts/gsbi/ を参照。

5　市場創出についての議論については、エリック・シマニス執筆の本書第4章とテッド・ロンドン執筆の本書第1章も参照。

6　Pat Guerra、私的な会話。

7　たとえば、エリック・シマニス執筆の本書第4章とテッド・ロンドン執筆の本書第1章のPUR事業の概要を参照。

8　Al Hammond, Jim Koch, Francisco Noguerra (summer 2008). "The need for safe water as a market opportunity," *Innovations*, 107–117.

9　共創については、スチュアート・ハート、テッド・ロンドン、エリック・シマニスがそれぞれ執筆した本書第1、3、4章を参照。

10　フォーマル経済とインフォーマル経済にまたがる事業については、テッド・ロンドン執筆の本章第1章も参照。

11　http://www.huskpowersystems.com/ を参照。

12　http://www.thamel.com/

13　Steve Godeke and Raul Pomares (2009). *Solutions for Impact Investors*, Rockefeller Advisors, New York.

14　http://www.nptimes.com/09Sep/npt-090901-3.html を参照。

15　異なるセクターのパートナーによるハイブリッド型のアプローチと複合的な競争優位の構築については、テッド・ロンドン執筆の本書第1章も参照。

16　受益者コミュニティとともに直接、事業を共創することは、規模拡大達成のアプローチとして有望であるが、まだほとんど有効性が立証されていない。これについては、パトリック・ホイットニー、マドゥ・ヴィシュワナータン、エリック・シマニス執筆の各章を参照。

終章　旅は続く

1　進化と革命的ルーティンの違いについては、Mark Milstein, Ted London, and Stuart Hart (2007). "Revolutionary routines: Capturing the opportunity for creating a more inclusive capitalism." *Handbook of Transformative Cooperation: New Design and Dynamics*, ed. S. K. Piderit, R. E. Fry, & D. L. Cooperrider (Stanford: Stanford University Press), 84–103も参照。

第6章　デザインのリフレーム

1　ニューヨーク州ホワイトプレーンズでのiPhoneの発売時の映像を参照。http://vimeo.com/1322131

2　本章の内容は、特に記載がない場合、筆者の現場での経験に基づいている。これには、G&B社のジャムシド・ゴドレジ、ナヴローズ・ゴドレジ、G・S・サンデラマへのインタビューも含まれる。アンジャリ・ケルカールの本章への貢献にも感謝している。

3　ロジャー・マーティンは、仮説的推論または「可能なことの論理(logic of the possible)」について、詳しく著述している。詳細はRoger Martin, "Design thinking: achieving insights via the knowledge funnel," *Strategy & Leadership*, Vol.38, #2, 37–41を参照。

4　バリー・シュワルツは、優れた著書*The Paradox of Choice*〔『なぜ選ぶたびに後悔するのか』瑞穂のりこ訳、ランダムハウス講談社、2004年〕で、ピラミッドの頂点の人々が選択肢の多さに混乱し、ときには怒りを覚えている様子を描いている。

5　フォードの*My Life and Work*, Kessinger Publishing (January 2003): 71–72〔『我が一生と事業』ヘンリー・フォード述、サミュエル・クローザー編、加藤三郎訳、文興院、1924年〕より。

6　たとえば、クライスラーのKカーと他社の類似の車を思い出してほしい。スタイルが多少異なるだけだった。

7　今日の経営者が複雑さをどう見ているかを概観するには、IBMが2010年に出版した*Capitalizing from Complexity: Insights from the Global CEO Study*〔日本語版「複雑さをいかに武器とするか」http://www-935.ibm.com/services/jp/ceo/pdf/globalceostudy2010.pdf〕を参照。

8　イノベーションとユーザーについての知見の詳細は、Vijay Kumar and Patrick Whitney (2007). "Daily life, not markets: customer-centered design," *Journal of Business Strategy* 28(4): 46–58を参照。

9　四つの部分からなる戦略的デザインモデルには、いくつかの先駆けがある。私のモデルはチャールズ・オーウェンとヴィジェイ・クマルの成果に直接基づいている。Owen, Charles (1994). "Structured design planning. Reforming the development process." Conference Board, Conference on User-Centered Design. Session K Paper, Chicago: The Conference Board, June 9–10 を参照。

10　デザインプロセスと戦略については、Kumar, Vijay (2009). "A process for practicing design innovation," *The Journal of Business Strategy* 30(2/3): 91–99も参照。

11　ユーザー調査とBOPについては Whitney, Patrick and Anjali Kelkar (Fall 2004). "Designing for the base of the pyramid," *Design Management Journal*: 41–47も参照。

12　Kelkar, Anjali, "A quick dip at the iceberg's tip"–Rapid Immersion Approaches to Understanding Emerging Markets Book Series Lecture Notes in Computer Science (Berlin-Heidelberg: Springer), 103–108.

13　ピラミッドの底辺の人々とともに解決策をつくり上げるアプローチについては、テッド・ロンドン執筆の本書第1章も参照。

14　ナヴローズ・ゴドレジから筆者への私信。

15　たとえば、エリック・シマニスが本書第4章で論じている市場参入と市場創出の区別を参照。

伝える、回答者の代わりに答えを記録するなど。感情面の配慮は、研究対象の環境に入りこむ、誠実に会話する、親密な関係をつくる、目的をあいまいにせず信頼を醸成する、弱みに付け込まない、欠点ではなく能力に目を向ける、不安にさせるような状況(たとえば、人工的なタスクやテストを受けさせるようなシナリオなどによって)を避けるなど。運営面での配慮は、NGOや地域ベースの組織など、BOP消費者と起業家へのアクセスと専門知識を提供してくれる組織との関係を樹立することなど。Madhubalan Viswanathan, Roland Gau, and Avinish Chaturvedi (2008). "Research methods for subsistence marketplaces," in *Sustainability Challenges and Solutions at the Base-of-the-Pyramid: Business, Technology and the Poor*, ed. Prabhu Kandachar and Minna Halme, Greenleaf Publishing. 242–260.

19 パトリック・ホイットニー執筆の本書第6章を参照。

20 ロバート・ケネディとジャクリーン・ノヴォグラッツ執筆の本書第2章を参照。

21 エリック・シマニス執筆の本書第4章を参照。

22 ロバート・ケネディとジャクリーン・ノヴォグラッツ執筆の本書第2章を参照。

23 補足的視点として、エリック・シマニス執筆の本書第4章の「価値開放的」なイノベーションについての議論を参照。

24 スチュアート・ハート執筆の本書第3章を参照。

25 Viswanathan, Madhubalan, Srinivas Sridharan, Roland Gau, and Robin Ritchie (2009). "Designing marketplace literacy education in resource-constrained contexts: Implications for public policy and marketing," *Journal of Public Policy and Marketing*, 28(1): 85–94.

26 市場リテラシー教育プログラムの設計でのわれわれの経験は、いくつかの点で新製品の開発プロセスをなぞっていた。その中で最も重要だったのが、われわれのアプローチを具体化、現地化、「社会化」することだった。

27 スチュアート・ハート執筆の本書第3章を参照。

28 Ritchie, Robin and Srinivas Sridharan (2007). "Marketing in subsistence markets: Innovation through decentralization and externalization," *Product and Market Development for Subsistence Marketplaces: Consumption and Entrepreneurship Beyond Literacy and Resource Barriers*, Vol. 20. ed. Jose Rosa and Madhubalan Viswanathan. Oxford, UK: Elsevier. 195–214. テッド・ロンドン執筆の本書第1章も参照。

29 http://www.sunoven.com を参照。

30 Viswanathan, Madhubalan, Anju Seth, Roland Gau, and Avinish Chaturvedi (2009). "Ingraining product-relevant social good into business processes in subsistence marketplaces: The sustainable market orientation," *Journal of Macromarketing*, 29: 406–425.

31 ここでの私の議論は、本書のエリック・シマニス、スチュアート・ハート、ロバート・ケネディ、ジャクリーン・ノヴォグラッツの各章での議論とほぼ重なる。

32 テッド・ロンドンが第1章で論じた「複合的競争優位」の考え方と相通じるものがある。

33 この考え方と、社会への埋め込みの重要性については、Ted London and Stuart L. Hart (2004). "Reinventing strategies for emerging markets: Beyond the transnational model," *Journal of International Business Studies*, 35も参照のこと。

5 本章の内容はこのプログラムの、多数の記事を参考にしている。しかし、文章の流れを妨げず、繰り返しを避けるため、記事の引用は最小限に抑えた。Viswanathan, Madhubalan (2007). "Understanding product and market interactions in subsistence marketplaces: A study in South India," in *Product and Market Development for Subsistence Marketplaces: Consumption and Entrepreneurship Beyond Literacy and Resource Barriers*, ed. Jose Rosa and Viswanathan, Madhubalan. Amsterdam: JAI Press. 21–57 and Viswanathan, Madhubalan, S. Gajendiran, and R. Venkatesan (2008). *Enabling Consumer and Entrepreneurial Literacy in Subsistence Marketplaces* (Dordrecht: Springer).

6 Viswanathan, Madhubalan, Jose Antonio Rosa, and James Harris (2005). "Decision-making and coping by functionally illiterate consumers and some implications for marketing management," *Journal of Marketing*, 69(1): 14–31.

7 Viswanathan, Madhubalan, Anju Seth, Roland Gau, and Avinish Chaturvedi, (2009). "Ingraining product-relevant social good into business processes in subsistence marketplaces: The sustainable market orientation," *Journal of Macromarketing*, 29: 406–425.

8 しかし、注意しなければならないのは、自分たちにどんなニーズがあるか分からないか、思い描くことができないBOP消費者が多いということだ。特に、健康に関する基本的ニーズや、長期的な問題に関してその傾向が著しい。

9 また、農村部に住む人々にとって、もっと安い価格を提供している再販業者のところまでわざわざ行くのは非現実的かもしれない。

10 Viswanathan, Madhubalan, S. Gajendiran, and R. Venkatesan (2008). *Enabling Consumer and Entrepreneurial Literacy in Subsistence Marketplaces*. Dordrecht: Springer.

11 米国の識字能力が低い低所得者も含めた研究では、大規模チェーン店と、顧客に代わって計算をしてくれる技術、ある程度の識字能力を前提とした記号的ラベルがあふれている米国の市場と、売り手との直接交渉と計算、売り手としての経験、一対一交渉を特徴とする南インドの市場を比較して論じている(Viswanathan, Gajendiran, and Venkatesan, 2008)。この研究での比較によれば、インドでは社会全体の識字能力は低いが、研究対象となったインドのBOP消費者の方が、米国の識字能力が低い低所得の消費者よりも市場リテラシーが高いと推測される。

12 Viswanathan, Madhubalan, Jose Antonio Rosa, and Julie Ruth (2010). "Exchanges in marketing systems: The case of subsistence consumer merchants in Chennai, India," *Journal of Marketing* .

13 テッド・ロンドン執筆の本書第1章を参照。

14 スチュアート・ハート執筆の本書第3章を参照。

15 エリック・シマニス執筆の本書第4章を参照。

16 同上。

17 パトリック・ホイットニー執筆の本書第6章を参照。

18 認知面の配慮は、現実的で具体的な刺激(たとえば製品の絵や実物)を使う、分かりやすい話し言葉を使う、読み書きの必要性を最小限に抑える、すべての指示や質問を口頭で

27 「慈善的資本家」、社会起業家、「ペイシェントキャピタリスト」の説明と、通常彼らが受け入れなければならない長い計画対象時間については、ロバート・ケネディとジャクリーン・ノヴォグラッツ執筆の本書第2章での説明を参照のこと。

28 Yunus (1998). M., *Banker to the Poor: Micro-Lending and the Battle Against World Poverty*. London: Arum Press.〔『ムハマド・ユヌス自伝――貧困なき世界をめざす銀行家』ムハマド・ユヌス、アラン・ジョリ著、猪熊弘子訳、早川書房、1998年〕

29 Simanis, E.N. and S.L. Hart (2006). "Expanding possibilities at the base of the pyramid." *Innovations*. 1(1): 43–51.

第5章　ミクロレベルで市場を理解する

1 インドのさまざまな非政府組織とコミュニティ組織、米国の成人教育センター、数カ国の企業の支援と関与に感謝する。本章で紹介したプロジェクトは以下の支援を受けて行われた。米国ワシントンDCの米国国立科学財団（助成金番号0214615、本件に表明された意見、発見、結論、提案は筆者のものであり、必ずしも国立科学財団の見解を反映するものではない）、米国教育省の助成金（Nos. P220A6000398、P220A020011、P220A060028）を受けているイリノイ大学国際ビジネス教育研究センター、カナダ社会・人文科学研究会議（No. R3414A05）、消費者調査協会のTransformative Consumer Research Grant、イリノイ大学のthe Department of Business Administration, the College of Business, the Campus Research Board, the Cooperative Extension Program, the Academy for Entrepreneurial Leadership.

この旅をともに歩んでくれた多くの個人や組織にも大いに感謝している。10年近くも私のチームの中心的メンバーであるR・ベンカテサン とS・ガジェンディランには大変お世話になっている。数多くの研究プロジェクトの共同執筆者であるアヴィニシュ・チャトゥベディ、ローランド・ゴゥ、キジュ・ジュン、ロビン・リッチー、ホセ・ロサ、スリニバス・スリダラン、スリニバス・ベヌゴパルたちとともに仕事をすることができたことに感謝する。イリノイ大学での私の教育イニシアチブを支援してくれたジョン・クラークとロビン・オーにも感謝したい。われわれの試みに貴重な支援をしてくれたビラジュ財団のベルギース・ジェイコブ、マドゥラマイクロファイナンスリミテッドのタラ・チャガラージャンにも感謝する。最後に、本章の執筆という貴重な機会を与え、てくれたスチュアート・ハートとテッド・ロンドンに心からの感謝を捧げる。彼らが編成してくれた編集チームは、執筆のあらゆる段階で、慎重で思慮に富む徹底した仕事をしてくれた。中でも、本章の編集に並々ならぬ努力を傾注してくれたジェフ・クルクシャンクには特に感謝したい。

2 たとえば、http://www.business.illinois.edu/subsistence の Subsistence Marketplace Initiativeの概要を参照。BOP市場はすでに存在する状況だが、特定の製品やサービスの市場は（エリック・シマニス執筆の第4章で論じられているように）存在しないかもしれない。

3 いくつかの点に留意する必要がある。世界のBOPをめぐる状況は、戦禍にさらされている地域から比較的安定している地域まで、さまざまである。集会が制限されているところも、社会的グループの活動が盛んなところもある。これらは多くの違いのうちの二つにすぎない。また、本章で紹介する知見は主にインドでの活動から得られたものであるが、あらゆるところのBOPでの比較と対照の出発点として有益だと考える。

4 BOP戦略が環境に及ぼす影響についての詳細な議論は、スチュアート・ハート執筆の本書第3章を参照。

資源研究所と提携して行われた数年間に及ぶアクションリサーチプロジェクトであり、BOP層に持続的にサービスを提供するのに適したイノベーションアプローチを試し、改良することを目標としていた。BOPプロトコル・イニシアチブの詳細は、http://www2.johnson.cornell.edu/sge/research/bop_protocol.html を参照。

14 Kemper, S., *Code Name Ginger* (2003). Boston, MA: Harvard Business School Press.〔『世界を変えるマシンをつくれ——「セグウェイ」をつくった天才発明家とエンジニアたち』スティーブ・ケンパー著、日暮雅通訳、インフォバーン、2004年〕

15 Prahalad, C.K. and S.L. Hart (2002). "The Fortune at the bottom of the pyramid," in *Strategy+Business*. 1–14.

16 DeSoto, H. (2000). *The Mystery of Capital: Why Capitalism Triumphs in the West and Fails Everywhere Else*. New York: Basic Books.

17 Hart, S.L. and H.K. Christensen (2002). "The great Leap: driving innovation from the base of the pyramid." *MIT Sloan Management Review*. Fall: 51–56.

18 Gudeman, S. (2001). *The Anthropology of Economy*. Cambridge: Cambridge University Press.

19 これに関して興味深い視点がある。米国の村・町・市などの自治体の総数は2万に届かない。

20 Gladwell, M. (2000). *The Tipping Point: How Little Things Can Make a Big Difference*. Boston, New York, and London: Little, Brown and Company.〔『ティッピング・ポイント——いかにして「小さな変化」が「大きな変化」を生み出すか』マルコム・グラッドウェル著、高橋啓訳、飛鳥新社、2000年〕

21 Heath, C. and D. Heath (2007). *Made to Stick: Why Some Ideas Survive and Others Die*. New York: Random House.〔『アイデアのちから』チップ・ハース、ダン・ハース著、飯岡美紀訳、日経BP社、2008年〕

22 そして当然ながら、「価値開放的」なアプローチを通してたどり着いた解決策は、いずれ製品やサービスの設計に取り入れられる。たとえば、パトリック・ホイットニー執筆の本書第6章での、「チョトクール」の進化を説明した部分を参照。

23 Pyles, L. (2009). *Progressive Community Organizing*. New York and London: Routledge.

24 Simanis, E.N. and Hart, S.L. (2009). "Innovation from the inside out." *MIT Sloan Management Review*. 50(4): 77–86.

25 これらの三段階は、私が同僚とともにBOPプロトコル・イニシアチブを通して開発した当初の「心を開く」「エコシステムを築く」「事業創出」からなる三段階構造から進化したものだ(Simanis, E. N., Hart, S. L. et al. (2008). *The Base of the Pyramid Protocol, 2nd Edition: Towards Next Generation BoP Strategy*. Ithaca, New York, Center for Sustainable Global Enterprise, Johnson School of Management, Cornell Universityを参照)。すでに述べたように、初期のこのモデルは市場参入の論理に基づいていた。

26 McDonough, W. and M. Braungart (2002). *Cradle to Cradle: Remaking the Way We Make Things*. New York: North Point Press.〔『サステイナブルなものづくり——ゆりかごからゆりかごへ』ウィリアム・マクダナー、マイケル・ブラウンガート著、岡山慶子、吉村英子監修、山本聡、山崎正人訳、人間と歴史社、2009年〕

24 BOPビジネスの失敗にともなう悪影響を最小化する方法についての詳しい議論は、テッド・ロンドン執筆の本書第1章を参照。

25 とはいえ、BOPビジネスの成功には信頼と社会的資本が重要であるため、先発者は長期にわたって競争優位を保つことができる。

26 Stuart L. Hart (2010). *Capitalism at the Crossroads*. Upper Saddle River, NJ: Wharton School Publishing.〔『未来をつくる資本主義』スチュアート・L・ハート著〕

27 BOPビジネスの成功にとっての適切な指標、スケジュール、「ペイシェントキャピタル」の重要性についての知見については、ロバート・ケネディ、ジャクリーン・ノヴォグラッツ共同執筆の本書第2章も参照。

28 Jeffrey Immelt et al. 前掲書。

29 アル・ハモンド執筆の本書第7章は、BOPビジネスのエコシステムのアイデアを深く掘り下げている。

第4章　どこにでもあるニーズ、どこにもない市場

1 Hanson, M. and K. Powell (2006). Procter & Gamble PuR Purifier of Water (A): Developing the Product and Taking it to Market. INSEAD.

2 Hanson, M. and K. Powell (2006). Procter & Gamble PuR Purifier of Water (A): A Second Chance. INSEAD.

3 Simanis, E.N. (2009). "At the base of the pyramid," *Wall Street Journal*. October 26. Dow Jones and Co.: New York City.

4 BOPビジネスの規模拡大の問題を扱ったアレン・ハモンド執筆の本書第7章も、PURの経験を引用しているので、参照のこと。

5 このプログラムの詳細は、http://www.csdw.org/csdw/home.shtml を参照。

6 「ライフストロー」の詳細は、http://www.vestergaard-frandsen.com/lifestraw.htm を参照。

7 Sarasvathy, S.D. (2001). "Causation and effectuation: a theoretical shift from economic inevitability to entrepreneurial contingency." *Academy of Management Review*. 26(2): p.243–263.

8 Alvarez, S. and J. Barney (2007). "The entrepreneurial theory of the firm." *Journal of Management Studies*. 44(7): 1057–1063.

9 Turkle, S., ed (2007). *Evocative Objects: Things We Think With*. MIT Press: Cambridge, Massachusetts and London, England.

10 Miller, D. (2008). *The Comfort of Things*. Cambridge, U.K.: Polity Press.

11 BOPとの協働による市場創出の機会（およびアプローチ）については、テッド・ロンドン執筆の本書第1章も参照。

12 Gladwell, M. (2008). "Most likely to succeed: the trouble with spotting talent," in *The New Yorker*. December 15. 36–42. http://www.newyorker.com/reporting/2008/12/15/081215fa_fact_gladwell.

13 BOPプロトコル・イニシアチブの一環として、私がこの仕事を主導した。このイニシアチブは、コーネル大学が中心となり、ウィリアム・デビッドソン研究所、ミシガン大学ロス経営大学院、世界

8 C.K. Prahalad and Allen Hammond (2002). "Serving the poor profitably," *Harvard Business Review* 80 (9): 48–57.〔『DIAMONDハーバード・ビジネス・レビュー』2003年1月号「第三世界は知られざる巨大市場」プラハラード、ハモンド著〕

9 C.Snow (1959). *The Two Cultures and the Scientific Revolution*. Cambridge, UK: Cambridge University Press.〔『二つの文化と科学革命』C·P·スノー著、松井巻之助訳、みすず書房、1999年〕

10 www.cornellglobalforum.org を参照。

11 このアイデアを最初に明確に示したのはStuart L. Hart and Clayton Christensen (2002) "The Great Leap: Driving disruptive innovation from the base of the pyramid," *Sloan Management Review*, 44: 51–56.

12 Allen Hammond et al (2007). *The Next 4 Billion*. Washington, D.C.: World Resources Institute.

13 William Easterly (2006). *White Man's Burden*. New York: Penguin Press.〔『傲慢な援助』ウィリアム・イースタリー著、小浜裕久、織井啓介、冨田陽子訳、東洋経済新報社、2009年〕

14 これは、ピーター・ドラッカーが1985年の古典的名著*Innovation and Entrepreneurship: Practice and Principles*〔『イノベーションと企業家精神――実践と原理』P·F·ドラッカー著、上田惇生、佐々木美智男訳、ダイヤモンド社、1985年〕で最初に考案した表現だと思う。

15 エリック・シマニス執筆の本書第4章を参照。

16 共同開発の具体的なツールと手法については、マドゥ・ヴィシュワナータン執筆の本書第5章とパトリック・ホイットニー執筆の第6章に詳しい。

17 Stuart L. Hart and Clayton Christensen (2002). "The Great Leap: Driving disruptive innovation from the base of the pyramid," *Sloan Management Review*, 44: 51–56

18 BOPでの市場創出の重要性については、エリック・シマニス執筆の本書第4章も参照。

19 Jeffrey Immelt, Vijay Govindarajan, and Chris Trimble (2009). "How GE is disrupting itself," *Harvard Business Review*, October: 3–11.〔『DIAMONDハーバード・ビジネス・レビュー』2010年1月号「GE　リバース・イノベーション戦略」ジェフリー・R・イメルト、ビジャイ・ゴビンダラジャン、クリス・トリンブル著〕

20 ザ・ウォーター・イニシアチブに関する以下の部分は、Stuart L. Hart (2010). *Capitalism at the Crossroads*. Upper Saddle River, NJ: Wharton School Publishing.〔『未来をつくる資本主義』スチュアート・L・ハート著〕の一部に編集を加え再構成している。

21 実を言えば、筆者はこの新規事業に早い時期からかかわり、マクガバンとともに経営チームを組織し、戦略を策定した。

22 BOPプロトコルはコーネル大学とミシガン大学で、企業数社との協力により開発されたビジネス共創のための方法論。このプロセスの詳細はErik Simanis and Stuart L. Hart (2008). *The Base of the Pyramid Protocol: Toward Next Generation BoP Strategy*. www.bop-protocol.org を参照。市場創出についての詳細な情報は、エリック・シマニス執筆の本書第4章も参照。

23 私が指導する博士課程の学生、ダンカン・デュークが、TWIの共創プロセスで現場チームのリーダーを務めた。

complete-pdf〔『国連開発計画(UNDP)人間開発報告書2006——水危機神話を越えて:水資源をめぐる権力闘争と貧困、グローバルな課題』国連開発計画著、二宮正人監修、横田洋三、秋月弘子訳、国際協力出版会、2007年〕

27 出典: Child Survivor Fact Sheet, UNICEF. http://www.unicef.org/media/media_21423.html

28 Prahalad, C.K. (2004). *The Fortune at the Bottom of the Pyramid*, 11.〔『ネクスト・マーケット』C・K・プラハラード著〕

29 Modi, Vijay (2005). "Improving electricity services in rural India." Working Paper Series, The Earth Institute at Columbia University. http://me.columbia.edu/fac-bios/modi/resources/RuralEnergy_India.pdf

30 "Rural Electrification Scheme to Miss Target" (2009). The Press Trust of India.

31 Household Consumer Expenditure in India (2006–2007). National Sample Survey Organisation, Ministry of Statistics and Programme Implementation, Government of India. October 2008.

32 http://www.dlightdesign.com/about_who_we_are.php

33 http://www.dlightdesign.com/about_who_we_are.php

34 BOPとともに解決策を創作することについては、テッド・ロンドン執筆の本書第1章も参照。

35 http://en.wikipedia.org/wiki/William_Gibson

第3章　緑の飛躍戦略

1 本章について、素晴らしいフィードバックと建設的な批評をしてくれた同僚のテッド・ロンドンに感謝したい。彼の思慮に富む助言のおかげで、本章最終版の質は大きく向上した。

2 C・K・プラハラードとスチュアート・ハートの試論"Raising the Bottom of the Pyramid"が最初に公表されたのは1998年である。それが『Strategy+Business』、26:1–15で"The fortune at the bottom of the pyramid,"として出版されるまでに4年を要した。

3 Peter Menzel (1999). *Material World: A Global Family Portrait* (San Francisco: Sierra Club Books).〔『地球家族——世界30か国のふつうの暮らし』マテリアルワールドプロジェクト、ピーター・メンツェル著、近藤真理、杉山良男訳、TOTO出版、1994年〕

4 Tom Friedman (2009). *Hot, Flat, and Crowded.* New York: Farrar, Strauss and Giroux.〔『グリーン革命』(増補改訂版)トーマス・フリードマン著、伏見威蕃訳、日本経済新聞社、2010年〕

5 National Research Council (1999). *Our Common Journey.* Washington, D.C.: National Academy Press.

6 詳しくはStuart L. Hart (2010). *Capitalism at the Crossroads: Next Generation Business Strategies for a Post-Crisis World*. Upper Saddle River, NJ: Wharton School Publishing.〔『未来をつくる資本主義——世界の難問をビジネスは解決できるか』スチュアート・L・ハート著、石原薫訳、英治出版、2008年〕を参照。

7 Clayton Christensen (1997). *The Innovator's Dilemma: When New Technologies Cause Great Firms to Fail*. Boston, Harvard Business School Press.〔『イノベーションのジレンマ——技術革新が巨大企業を滅ぼすとき』クレイトン・クリステンセン著、伊豆原弓、玉田俊平太訳、翔泳社、2000年〕

7 Hammond, Allen, William Kramer, Robert Katz, Julia Tran and Courtland Walker (2007). *The Next 4 Billion: Market Size and Business Strategy at the Base of the Pyramid*. World Resources Institute and International Finance Corporation, http://www.wri.org/publication/the-next-4-billion, http://pdf.wri.org/n4b-j.pdf を参照。Prahalad, C.K. (2004). *The Fortune at the Bottom of the Pyramid*, 11.〔『ネクスト・マーケット』C・K・プラハラード著〕も参照のこと。

8 出典:E+Co のウェブサイト、http://www.eandco.net/impact

9 出典:ニュー・ベンチャーズのウェブサイト、http://www.new-ventures.org

10 出典:ルートキャピタルのウェブサイト、http://www.rootcapital.org

11 出典:テクノサーブのウェブサイト、http://www.technoserve.org

12 ニルマはインドの低価格洗濯用洗剤のトップ商品。メーカーは生産コストを徹底的に削減するために、香りや漂白効果などの必須ではない機能をほとんど省いた。肌と衣類にはあまりやさしくないが、まったく洗剤を使わないよりは良い。この「低価格、低機能」のポジショニングで業界トップの位置を獲得した。

13 Karamchandani, Ashish, Michael Kubzansky and Paul Frandano (2009). *Emerging Markets, Emerging Models: Market-Based Solutions to the Challenges of Global Poverty*. Monitor Inclusive Markets. パラスキリングの詳細については55ページを参照。

14 BOP市場向けのデザインについては、パトリック・ホイットニー執筆の本書第6章を参照。

15 http://www.ideo.com/work/item/human-centered-design-toolkit/

16 BOP市場を理解するためのミクロレベルのアプローチについては、マドゥ・ヴィシュワナータン執筆の本書第5章を参照のこと。

17 サモサは練り生地に肉や野菜を詰めて揚げた、インドでよく食べられるスナック。

18 http://dlightdesign.com/about_who_we_are.php

19 詳しくはhttp://www.socialedge.org/blogs/let-there-d-light/archive/2009/05/04/samosa-150 を参照のこと。

20 http://www.childinfo.org/maternal_mortality.html

21 http://www.childinfo.org/maternal_mortality_countrydata.php

22 Maternal Mortality in India, Center for Reproductive Rights, via http://acumenfund.socialtext.net/data/workspaces/acuwiki/attachments/maternal_mortality_in_india_center_for_reproductive_rights_2009_report:20090225160931-4-28516/original/maternal_mortality_in_india_2009.pdf (internal site).

23 Karamchandani, Ashish, Michael Kubzansky and Paul Frandano (2009). *Emerging Markets, Emerging Models: Market-Based Solutions to the Challenges of Global Poverty*. Monitor Inclusive Markets. Pages 48–49.

24 世界保健機関、ユニセフ「水と衛生:共同モニタリング・プログラム」。

25 Progress on Drinking Water and Sanitation: special focus on sanitation. UNICEF, New York, and WHO, Geneva (2008). http://www.who.int/water_sanitation_health/monitoring/jmp2008.pdf

26 出典:Human Development Report (2006). http://hdr.undp.org/en/media/HDR06-

The Mystery of Capital: Why Capitalism Triumphs in the West and Fails Everywhere Else, Basic Books: New Yorkを参照。

9 貧困層の起業についての詳細な情報については、Abhijit Banerjee and Esther Dufflo (2007). "The economic lives of the poor," *Journal of Economic Perspectives*, 21(1): 141–167を参照。

10 BOPビジネスの規模拡大のための経済エコシステムとハイブリッド組織の構築については、本書のアレン・ハモンド執筆の第7章を参照。

11 多国籍企業がBOP市場に参入するときに、社会的埋め込みで既存の能力を補う必要性の経験的評価については、Ted London and Stuart L. Hart (2004). "Reinventing strategies for emerging markets: Beyond the transnational model, *Journal of International Business Studies*," 35(5): 350–370を参照。

12 BOPビジネスの開発にともなう環境問題と、こうした課題への対応に必要な飛躍的イノベーションについては、スチュアート・ハート執筆の本書第3章も参照のこと。

13 この枠組みの詳細についてはTed London (2009). "Making better investments at the base of the pyramid," *Harvard Business Review*, 85(5): 106–113を参照。

14 ペイシェントキャピタルの供給源と、BOPビジネスに取り組む企業がこの種の資金にどのようにアクセスし、使っているかについての詳細は、ジャクリーン・ノヴォグラッツとロバート・ケネディ執筆の本書第2章を参照のこと。

第2章　4つのイノベーション——ペイシェントキャピタル（忍耐強い資本）の視点

1 World Development Indicators (2008). http://data.worldbank.org/indicator

2 現在の米ドル換算で1兆5000億ドル。世界銀行のWorld Development Indicators database (http://data.worldbank.org/indicator/DT.ODA.ALLD.CD)に基づいて計算。数値は、データがあるすべての国の1960年から2008年までの政府開発援助（Official Development Assistance）と政府援助（Official Aid）の純額。

3 イースタリーは世界銀行にエコノミストとして長く勤め、現在はニューヨーク大学スターン経営大学院教授。たとえば *The Elusive Quest for Growth: Economists' Adventures and Misadventures in the Tropics* (2001), MIT Press〔『エコノミスト　南の貧困と闘う』ウィリアム・イースタリー著、小浜裕久、冨田陽子、織井啓介訳、東洋経済新報社、2003年〕、あるいは*The White Man's Burden: Why the West's Efforts to Aid the Rest Have Done So Much Ill and So Little Good* (2006), Penguin Press〔『傲慢な援助』ウィリアム・イースタリー著、小浜裕久、織井啓介、冨田陽子訳、東洋経済新報社、2009年〕を参照。また、D. Moyo (2009). *Dead Aid: Why Aid Is Not Working and How There Is a Better Way for Africa, Farrar*, Straus and Giroux〔『援助じゃアフリカは発展しない』ダンビサ・モヨ著、小浜裕久訳、東洋経済新報社、2010年〕およびR. Calderisi (2007). *The Trouble with Africa: Why Foreign Aid Isn't Working*, Palgrave Macmillanも参照のこと。

4 Bishop, Matthew and Michael Green (2009). *Philanthrocapitalism: How Giving Can Save the World*, Bloomsbury Press.

5 規模拡大についての詳しい議論は、アル・ハモンド執筆の本書第7章を参照。

6 BOPの状況のユニークな側面についての詳しい議論は、エリック・シマニス執筆の本書第4章を参照。

13 Stuart L. Hart (2010). *Capitalism at the Crossroads: Next Generation Business Strategies for a Post-Crisis World*. Upper Saddle River, New Jersey: Wharton School Publishing.〔『未来をつくる資本主義——世界の難問をビジネスは解決できるか』スチュアート・L・ハート著、石原薫訳、英治出版、2008年〕

14 Ted London and Stuart L. Hart (2004). "Reinventing strategies for emerging markets: Beyond the transnational model," *Journal of International Business Studies*, 35(5): 350–370を参照。

15 Hernando de Soto (2000). *The Mystery of Capital: Why Capitalism Triumphs in the West and Fails Everywhere Else*. New York: Basic Booksを参照。

16 Hart, *Capitalism at the Crossroads*.〔『未来をつくる資本主義』ハート著〕

17 異なるセクター間提携に特有の課題についてはTed London and Dennis Rondinelli (2003). "Partnerships for learning: Managing tensions in nonprofit organizations' alliances with corporations," *Stanford Social Innovation Review*, 1(3): 28–35を参照のこと。

第1章　より良い事業を構築する

1 本章の草稿を読んでコメントしてくださった次の方々に感謝したい。S・シバクマールとパルバティ・メロン(ITC)、イスラエル・モレーノとヘニング・アルツ(セメックス)、ヴィジャイ・シャルマとプラサッド・プラダーン(ヒンドゥスタン・ユニリーバ)、ファルーク・ジワ(ハニーケア)、グレッグ・オールグッド(P&G)、ジョルダン・カッサロー(ビジョンスプリング)。本章の完成を洞察あふれるフィードバックで助けてくれたスチュアート・ハートと、2009年の「Building a Shared Roadmap: Collaboratively Advancing the Base of the Pyramid Community」会議で貴重なコメントを寄せてくださった出席者にも大変感謝している。

2 「BOPで富を発見する」という姿勢と「BOPと富を共創する」という姿勢の違いについての詳しい議論は、本書の序章を参照のこと。

3 市場創出を促すことができる相互オーナーシップのプロセスに地域社会を参加させるために用いることができるアプローチの考察は、エリック・シマニス執筆の本書第4章を参照のこと。

4 BOP生産者が直面する制約と、その克服のために用いることができる戦略については、Ted London, Ravi Anupindi, and Sateen Sheth (2010). "Creating mutual value: Lessons learned from ventures serving base of the pyramid producers," *Journal of Business Research*, 63 (6) 582–594も参照のこと。

5 BOPの声を設計プロセスに取り入れる方法については、マドゥ・ヴィシュワナータン執筆の本書第5章とパトリック・ホイットニー執筆の本書第6章も参照のこと。

6 BOP社会との関係構築に信頼が果たす役割とその重要性については、エリック・シマニス執筆の本書第4章と、スチュアート・ハート執筆の本書第3章も参照のこと。

7 イノベーション志向の手法を用いたBOPビジネスモデル構築については Ted London (2010). "Business model development for base-of-the-pyramid market entry," In Leslie A. Toombs (Ed.), *Proceedings of the Seventieth Annual Meeting of the Academy of Management*も参照。

8 インフォーマル経済でのビジネス環境の特徴の詳細については Hernando de Soto. 2000.

序章　BOPと富を共創する

1　C·K·プラハラードとスチュアート·ハートの試論"Raising the Bottom of the Pyramid"が最初に公表されたのは1998年である。それが*Strategy+Business*, 26:1–15で"The fortune at the bottom of the pyramid"として出版されるまでに4年を要した。

2　この点はJeffrey Immelt, Vijay Govindarajan, Chris Trimbleが"How GE is disrupting itself," *Harvard Business Review*, October: 3–11(2009)で強く主張している。

3　BOPの生産者からの調達を目的としたビジネスについての著作もあることに留意すべきである。たとえば、Ted London, Ravi Anupindi, and Sateen Sheth (2009). "Creating mutual value: Lessons learned from ventures serving base of the pyramid producers," *Journal of Business Research*, 63(6): 582–594を参照。

4　規模の拡大を実現した企業には、グラミンフォン、ヒンドゥスタン·リーバ、ITCなどがある。

5　Ted London (2009). "Making better investments at the base of the pyramid," *Harvard Business Review*, 87(5): 106–113 and Stuart L. Hart (2010). *Capitalism at the Crossroads*, Upper Saddle River, NJ: Wharton School Publishing.〔『未来をつくる資本主義——世界の難問をビジネスは解決できるか』スチュアート·L·ハート著、石原薫訳、英治出版、2008年〕

6　「発見」と「創造」の区別についての詳しい議論は、Sharon A. Alvarez and Jay B. Barney (2008). "Discovery and creation: Alternative theories of entrepreneurial action," *Strategic Entrepreneurship Journal*, 1(1): 11–26 and Saras D. Sarasvathy (2001). "Causation and effectuation: Toward a theoretical shift from economic inevitability to entrepreneurial contingency," *Academy of Management Review*, 26(2): 243–263も参照。

7　デルフト工科大学の同僚であるプラブ·カンダチャールが会議に積極的に参加し貢献してくれたことにも感謝したい。

8　C·K·プラハラードは2010年4月16日に死去した。本書の執筆陣への参加の誘いを最初に承諾したのはC·Kであり、彼の意見は本書を方向づけるのに大いに貢献した。そのような事情から、本書を彼に捧げたのである。

9　Allen L. Hammond, William J. Kramer, Robert S. Katz, Julia T. Tran, and Courtland Walker (2007). *The Next Four Billion: Market Size and Business Strategy at the Base of the Pyramid*. Washington, DC: World Resources Institute and International Finance Corporation, http://www.wri.org/publication/the-next-4-billion, http://pdf.wri.org/n4b-j.pdf

10　WRIは米州開発銀行と共同で行った同様の研究で、ラテンアメリカ·カリブ海地域の20カ国のBOPを調査した。その結果、これらの諸国のBOP人口は3億6100万人、年間所得の合計は5100億ドルにのぼると報告している。World Resources Institute (2006). *The Market of the Majority: The BOP Opportunity Map of Latin America and the Caribbean*. Washington, DC: Inter-American Development Bankを参照。

11　こうした批判をよく表している例がAneel Karnani (2007). "Misfortune at the bottom of the pyramid," *Greener Management International*, 51: 99–110である。

12　貧困の多次元性についての詳細な議論は、Amartya Sen (1999). *Development as Freedom*. New York: Anchor Books〔『自由と経済開発』アマルティア·セン著、石塚雅彦訳、日本経済新聞社、2000年〕を参照。

原注

故C・K・プラハラードへの献辞、大いなる展望

1 C.K. Prahalad (2005). *The Fortune at the Bottom of the Pyramid: Eradicating Poverty Through Profits*. Upper Saddle River, NJ: Wharton School Publishing.〔『ネクスト・マーケット 「貧困層」を「顧客」に変える次世代ビジネス戦略』C・K・プラハラード著、スカイライト コンサルティング訳、英治出版、2005年〕

2 この序文の基になったのは、C・K・プラハラードが2006年8月31日にNextBillion.netのウェブサイトに投稿したものである。

3 Allen L. Hammond, William J. Kramer, Robert S. Katz, Julia T. Tran, & Courtland Walker (2007). "The Next Four Billion: Market Size and Business Strategy at the Base of the Pyramid." Washington, DC: World Resources Institute and International Finance Corporation. http://www.wri.org/publication/the-next-4-billion

4 最終報告書の数字は本稿に記された数字とはわずかに異なっている。報告書の執筆者は、一人当たり購買力平価換算で3,000米ドル(2005年の米ドルに調整すれば3,260ドル)を境界としてBOPを定義し、その人口を40億人としている。

5 C. K. Prahalad & Allen L. Hammond (2002). "Serving the world's poor, profitably." *Harvard Business Review*, 80(9): 48–57.〔『DIAMONDハーバード・ビジネス・レビュー』2003年1月号、「第三世界は知られざる巨大市場」C・K・プラハラード、アレン・ハモンド著、ダイヤモンド社、2003年1月〕

6 Matt Fellowes (2006). From "Poverty, Opportunity: Putting the Market to Work for Lower Income Families." Washington, DC: The Brookings Institute, http://www.brookings.edu/~/media/Files/rc/reports/2006/07poverty_fellowes/20060718_PovOp.pdf

7 「フェア・アンド・ラブリー」はユニリーバが世界30カ国以上で販売している美白クリーム。

8 ビーディは南アジアで普及している細かく砕いたたばこの葉をテンドゥ(黒檀)の葉でゆるく巻いたたばこ。

9 AMD、ニコラス・ネグロポンテ、インテルは、世界、特に開発途上国のすべての子どもに教育機会を提供することを目標とした非営利組織One Laptop Per Child(OLPC)の活動で協力関係にあった。しかしインテルは2008年に活動から撤退した。OLPCの活動についてはhttp://laptop.org/en/index.shtmlを参照。

10 Fortune, preface, page xiii.『ネクスト・マーケット』「はじめに」太字は原著通り。

11 米州開発銀行の「マジョリティのための機会」の詳細は、http://www.iadb.org/topics/om/home.cfm を参照。

12 米国経営学会とこのイニシアチブの詳細は、http://www.aomonline.org/ を参照。

エリック・シマニス
Erik Simanis

コーネル大学ジョンソン経営大学院持続的なグローバル事業センターの市場創出戦略部門マネジングディレクター。新しい製品カテゴリーの商業化に関するイノベーションとビジネス開発戦略の推進を中心に応用研究を行っている。インド、アフリカ、メキシコ、旧ソ連、米国で新規ベンチャー企業の経営やコンサルティングに携わり、木製品と運輸業界で管理職の地位に就いている。最新の論文は、『ウォール・ストリート・ジャーナル』紙、『MITスローン・マネジメント・レビュー』誌、『イノベーションズ』誌に掲載された。

マドゥ・ヴィシュワナータン
Madhu Viswanathan

イリノイ大学アーバナ-シャンペーン校経営学教授、およびサブシステンス・マーケット・イニシアチブのディレクター。研究対象は測定および研究方法論と、リテラシー・貧困・底辺市場での行動の2分野である。また、非営利組織の「市場リテラシー・プロジェクト」の設立者および代表、長年インドで成果をあげ、ほかの国や地域への拡大を目指している。主な著作にユネスコとの提携による『底辺市場の消費者・起業リテラシーを引き出す』(Enabling Consumer and Entrepreneurial Literacy in Subsistence Marketplaces, Springer、2008)がある。

パトリック・ホイットニー
Patrick Whitney

イリノイ工科大学、インスティチュート・オブ・デザイン学部長およびスティールケース／ロバート・C・ピュー寄付講座教授。技術革新をより人間的にする方法、デザインとビジネス戦略の関係、双方向のコミュニケーションと製品の設計法について、世界各国で著作を出版し、講義を行っている。ビジネスウィーク』誌はホイットニーを「デザインビジョナリー」と評し、『フォーブス』誌から6人の「Eギャング」〔インターネット関連の次の流行をつくると目される人〕の1人に選んだ。

§訳者

清川幸美
Yukimi Kiyokawa

メーカー勤務を経て翻訳に携わる。おもな訳書に『マネジメントの正体』(ソフトバンククリエイティブ)、『ITにお金を使うのは、もうおやめなさい』(ランダムハウス講談社)、『イエロー・サブマリン航海記』(ブルース・インターアクションズ)、『ミシェル・オバマ』(日本文芸社)、『世界を動かした21の演説』(英治出版)などがある。

§著者

テッド・ロンドン
Ted London

本書共同編著者。ウィリアム・デビッドソン研究所（WDI）上級研究員およびミシガン大学ロス経営大学院教授。20年以上にわたって、数十の企業、非営利、開発セクター組織で、低所得者市場に向けた市場ベースの戦略を策定・実行するリーダーチームの指揮や助言に携わる。

スチュアート・L・ハート
Stuart L. Hart

本書共同編著者。コーネル大学ジョンソン経営大学院、サミュエル・C・ジョンソン持続的なグローバル事業センター主任、および経営学教授。ミシガン大学ウィリアム・デビッドソン研究所特別研究員、「持続可能な世界構築に向けたエンタープライズ」創設者および会長。2002年にC・K・プラハラードと共同執筆した「ピラミッドの底辺に潜む富」（The Fortune at the Bottom of the Pyramid）はBOPビジネスの可能性を初めて論じた。2005年に出版された彼のベストセラー『未来をつくる資本主義——世界の難問をビジネスは解決できるか』（英治出版）はケンブリッジ大学が選ぶ持続可能性ベスト50冊に選出された。

アレン・ハモンド
Allen Hammond

アショカのシニアアントレプレナーおよびリーダーシップグループのメンバーとして、新興国の農村医療に新しい解決策の提供を目指すヘルスポイントサービスの共同創業者および会長。同社はインド農村部に「eヘルスポイント」の診療所を展開、近くほかの国にも進出する予定である。BOPに関する著作多数。

ロバート・ケネディ
Robert Kennedy

ミシガン大学ロス経営大学院トム・ラントス寄付講座経営学教授、および新興国のビジネス・政治問題を扱う名門シンクタンク、ウィリアム・デビッドソン研究所エグゼクティブディレクター。新興市場問題に関する著作が多数あり、2002年から2010年の間、『ビジネスウィーク』誌が選ぶ米国のビジネススクール上位25校のすべてでケネディが執筆した教材が使われていた。最も新しい著作は、『移行するサービス——究極のオフショアチャンスをつかむ』（The Services Shift: Seizing the Ultimate Offshore Opportunity, FT Press, 2009）である。

ジャクリーン・ノヴォグラッツ
Jacqueline Novogratz

「ペイシェントキャピタル」を用いて世界の貧困問題の解決を目指す非営利組織、アキュメンファンドの創業CEO。アキュメンファンドは、40社以上の会社に5000万ドル近くを投資してきた。アーンスト・アンド・ヤングのアントレプレナー・オブ・ザ・イヤー賞（2008年）、ほか多数受賞。最近では、外交専門誌『フォリンポリシー』の「グローバルシンカー100人」、ニュース評論サイト『ザ・デイリー・ビースト』の「この10年の25人」に選出された。著作に『ブルー・セーター——引き裂かれた世界をつなぐ起業家たちの物語』（英治出版）がある。

● 英治出版からのお知らせ

本書に関するご意見・ご感想をE-mail（editor@eijipress.co.jp）で受け付けています。

また、英治出版ではメールマガジン、ブログ、ツイッターなどで新刊情報やイベント情報を配信しております。ぜひ一度、アクセスしてみて下さい。

メールマガジン	：会員登録はホームページにて
ブログ	：www.eijipress.co.jp/blog/
ツイッターID	：@eijipress
フェイスブック	：www.facebook.com/eijipress

BOPビジネス　市場共創の戦略

発行日	2011年　8月31日　第1版　第1刷
編著	テッド・ロンドン、スチュアート・L・ハート
訳者	清川幸美（きよかわ・ゆきみ）
発行人	原田英治
発行	英治出版株式会社
	〒150-0022 東京都渋谷区恵比寿南1-9-12 ピトレスクビル4F
	電話　03-5773-0193　　FAX　03-5773-0194
	http://www.eijipress.co.jp/
プロデューサー	下田理
スタッフ	原田涼子　高野達成　岩田大志　藤竹賢一郎　山下智也
	杉崎真名　鈴木美穂　渡邉美紀　山本有子　牧島琳
	千葉英樹　野口駿一
印刷・製本	シナノ書籍印刷
装丁	重原隆
翻訳協力	株式会社トランネット　http://www.trannet.co.jp

ISBN978-4-86276-111-8　C0034　Printed in Japan

ネクスト・マーケット[増補改訂版] *The Fortune at the Bottom of the Pyramid*

「貧困層」を「顧客」に変える次世代ビジネス戦略

C・K・プラハラード著　スカイライト コンサルティング訳

新たなる巨大市場「BOP（経済ピラミッドの底辺=貧困層）」の可能性を示して全世界に絶大な影響を与えたベストセラーの増補改訂版。企業の成長戦略を構想する上でいまや不可欠となった「BOP」を、骨太の理論と豊富なケースで解説。

定価：本体 3,200 円＋税　ISBN978-4-86276-078-4

ブルー・セーター *The Blue Sweater*

引き裂かれた世界をつなぐ起業家たちの物語

ジャクリーン・ノヴォグラッツ著　北村陽子訳

世界を変えるような仕事がしたい。理想に燃えてアフリカへ向かった著者が見たものは、想像を絶する貧困の現実と、草の根の人々の強さと大きな可能性だった。世界が注目する社会起業家、アキュメン・ファンド CEO が記した全米ベストセラー。

定価：本体 2,200 円＋税　ISBN978-4-86276-061-6

世界一大きな問題のシンプルな解き方 *Out of Poverty*

私が貧困解決の現場で学んだこと

ポール・ポラック著　東方雅美訳

15 カ国、2000 万人の貧困脱却を可能にした単純かつ大胆な解決策とは――？「残りの 90% の人たちのためのデザイン」を提唱し、スタンフォード大学や MIT（マサチューセッツ工科大学）など最先端の研究者から絶大な支持を集める社会起業家が贈る、本当に貧困を解決したい人たちへのメッセージ。

定価：本体 2,200 円＋税　ISBN978-4-86276-106-4

世界を変えるデザイン *Design for the Other 90%*

ものづくりには夢がある

シンシア・スミス編　槌屋詩野監訳　北村陽子訳

世界の 90%の人々の生活を変えるには？　夢を追うデザイナーや建築家、エンジニアや起業家たちのアイデアと良心から生まれたデザイン・イノベーション実例集。本当の「ニーズ」に目を向けた、デザインとものづくりの新たなかたちが見えてくる。

定価：本体 2,000 円＋税　ISBN978-4-86276-058-6

世界とつながるビジネス *Creating Value for All*

BOP市場を開拓する5つの方法

国連開発計画（UNDP）編　吉田秀美訳

何かが足りない所にはニーズがあり、ニーズがある所にはチャンスがある。成功のカギは「つながり」をつくること！　明確なフレームワークと 17 のケースで学ぶ「BOP ビジネス」実践ガイド。

定価：本体 2,000 円＋税　ISBN978-4-86276-095-1

環境破壊、エネルギー問題、
貧困、人口増加、テロリズム……
世界の不都合は、ビジネスが解決する！

21世紀に求められるのは、
多くの犠牲を払い少数に富をもたらした
産業革命の資本主義ではなく、
経済ピラミッドの底辺に想像を絶するほど
莫大なビジネスチャンスをつくり、
既存企業の地位をも奪う、
新しいダイナミックなグローバル資本主義である。
テロリズム、環境問題、
反グローバリズムの勢力によって、
グローバル資本主義は現在、
重大な岐路に立たされている。
同時に、今日のグローバル企業もまた岐路にある。
著しい方向転換をしない限り
多国籍企業の未来は暗いままだろう。
我々は、未来のために何を残せるのか？
挑戦はすでに始まっている。

未来をつくる資本主義

世界の難問をビジネスは解決できるか

スチュアート・L・ハート［著］　石原薫［訳］

四六判ハードカバー　352頁
定価：本体2,200円＋税　ISBN978-4-86276-021-0